瞿秋白对马克思主义中国化的早期探索

金蕾蕾 著

中国社会科学出版社

图书在版编目（CIP）数据

瞿秋白对马克思主义中国化的早期探索/金蕾蕾著. —北京：中国社会科学出版社，2017.10
ISBN 978-7-5203-0744-4

Ⅰ.瞿… Ⅱ.①金… Ⅲ.①马克思主义—发展—研究—中国 Ⅳ.①D61

中国版本图书馆 CIP 数据核字（2017）第 176443 号

出 版 人	赵剑英
责任编辑	杨晓芳
特约编辑	席建海
责任校对	张爱华
责任印制	王　超

出　　版	中国社会科学出版社
社　　址	北京鼓楼西大街甲 158 号
邮　　编	100720
网　　址	http://www.csspw.cn
发 行 部	010-84083685
门 市 部	010-84029450
经　　销	新华书店及其他书店
印　　刷	北京君升印刷有限公司
装　　订	廊坊市广阳区广增装订厂
版　　次	2017 年 10 月第 1 版
印　　次	2017 年 10 月第 1 次印刷
开　　本	710×1000　1/16
印　　张	14.75
插　　页	2
字　　数	198 千字
定　　价	65.00 元

凡购买中国社会科学出版社图书，如有质量问题请与本社营销中心联系调换
电话：010-84083683
版权所有　侵权必究

目 录

第一章 引言 ·· 1
  一 选题意旨 ··· 1
  二 选题研究的学术史梳理 ·· 6
  三 选题研究的难点及研究方法 ·· 13

第二章 瞿秋白确立马克思主义信仰的心路历程 ······················ 16
  一 批判中国传统文化，形成革命民主主义思想 ······················ 17
  二 接受马克思主义理论，初步形成马克思主义思想 ··············· 28
  三 接触苏俄社会主义实践，最终确立共产主义信仰 ··············· 40

第三章 瞿秋白从中国实际出发对马克思主义的传播 ··············· 52
  一 对马克思主义哲学的传播 ··· 57
  二 对马克思主义经济学说的传播 ·· 69

三　对科学社会主义理论的传播 ………………………… 76
　四　对马克思主义文艺理论的传播 ……………………… 84
　五　瞿秋白传播马克思主义理论的特点 ………………… 93

第四章　瞿秋白从中国实际出发对马克思主义的应用 ……… 105
　一　对中国国情的探索 …………………………………… 106
　二　对中国革命道路的探索 ……………………………… 126
　三　对新民主主义文化的探索 …………………………… 157

第五章　瞿秋白马克思主义中国化早期探索的
　　　　贡献和历史局限性 ………………………………… 189
　一　瞿秋白马克思主义中国化早期探索的贡献 ………… 191
　二　瞿秋白马克思主义中国化早期探索的历史局限性 …… 209

第六章　结语 …………………………………………………… 216

参考文献 ……………………………………………………… 223

第一章　引言

《瞿秋白对马克思主义中国化的早期探索》一书是拟在马克思主义中国化的专业领域和研究视域内，对中国共产党的早期领导人——瞿秋白，在接受马克思主义理论、传播马克思主义理论，推进马克思主义基本原理与中国革命实际有机结合的历史进程中所做出的历史贡献和深远影响，进行尽可能全面、系统、深入地梳理和阐释的学术探索成果。

一　选题意旨

1. 选题的学术价值

马克思主义中国化，就是将马克思列宁主义基本原理与中国革命、建设和改革的具体实践相结合，解决中国的问题，推动中国社会的发展，并在实践基础上进行理论创新，形成"中国化的马克思主义"。作为中国革命、建设和改革的领导核心——中国共产党，其全部历史就是马克思主义与中国实际相结合的发展史。"一部中国共产党史归根到底就是马克思主义中国化史。"[①] 在90多年的发展历程中，中国共产党坚持应用马克思主义于

[①] 石仲泉：《马克思主义中国化的历史进程和基本经验研究》，《马克思主义与现实》2010年第4期。

中国国情、中国实际，使马克思主义具有了中国作风和中国气派；坚持理论创新，实现了马克思主义中国化的两次历史性飞跃，探索出革命和建设两条具有中国特色的发展道路，创立了作为全党指导思想的毛泽东思想和中国特色社会主义理论体系。

回顾中国共产党人对马克思主义中国化的探索历程，每一时期都有应用马克思主义于中国实际、推动马克思主义中国化发展的代表人物，其中，瞿秋白就是在马克思主义中国化的历史肇始阶段，做出突出贡献的代表人物之一。

瞿秋白是五四运动的积极参与者，是俄国十月革命后第一个直接考察、报道苏维埃社会主义国家建设的中国人。他努力把马克思列宁主义应用于中国国情，探讨和阐明中国革命的基本问题，推动中国革命运动的发展。他积极而有益的早期探索对其后以毛泽东同志为代表的中共领导集体最终创立毛泽东思想起到了推动作用。

但是，令人遗憾的是，由于历史上的诸多原因，国内学术界对瞿秋白关于马克思主义中国化早期探索的研究成果不多，其研究现状与该选题在中国马克思主义思想发展史和马克思主义中国化史中的重大研究价值和意义之间存在一定差距。因此，全面梳理瞿秋白从革命民主主义者转变为马克思主义者的心路历程、瞿秋白结合中国实际对马克思主义的传播和应用，有助于揭示马克思主义为近代中国社会所接受的思想根源，有助于丰富和深化马克思主义传播史的研究，也有助于了解瞿秋白在马克思主义中国化历史中的地位，总结和揭示早期中国共产党人结合中国国情探索马克思主义中国化的历史经验和现实启示，对于新时期马克思主义中国化的理论与实践创新，有着重要的参考价值和借鉴意义。

具体来说，主要有以下几个方面的考虑：

第一，有助于揭示马克思主义为近代中国社会所接受的思想根源。马克思主义理论为近代中国所接受是历史选择的结果。以瞿秋白为代表的中国早期进步知识分子从近代中国积弱贫穷、民族危机严重的现实出发，在俄国"十月革命"之后找到了马克思主义这一观察世界、重新认识国家命运前途的有力武器。同时，他们对比分析了马克思主义理论与中国传统思想文化的异同，比如马克思主义的实践学说与中国儒家"躬行"思想、马克思主义改造世界思想与中国传统文化"天下兴亡，匹夫有责"思想、马克思唯物辩证法与中国传统"通变"论、马克思主义的共产主义理想与中国传统文化"大同社会"理想等之间的区别。在文化的比较之中，中国近代知识分子意识到，马克思主义理论更先进、更能够打破传统文化的局限性，选择并接受马克思主义理论将成为历史的必然。这是马克思主义理论为近代中国社会选择和接受的内在动因。这一研究对于探索中国近代历史、中国传统思想文化与马克思主义理论之间的关系具有重要的学术意义。

第二，有助于丰富和深化马克思主义传播史的研究。瞿秋白是较早具有马克思主义信仰的中国共产党人，也是见证过俄国"十月革命"之后的苏维埃社会主义国家从百废待兴到蓬勃发展建设的中国知识分子。他从切身感受出发，不断修正自己对马克思主义的理解和认识，用自己的声音传播马克思主义思想，用自己的生命历程为早期的中国共产党人做了最鲜活的马克思主义注解。特别是他从1923年开始自觉从俄文翻译马克思、恩格斯、列宁、斯大林等经典作家的作品，克服了自19世纪末20世纪初就进入中国的马克思主义理论碎片化、符号化的历史局限性，使得马克思主义在中国得以全面而系统的传播。他将"互辩律唯物论"和马克思主义的宇宙观引入中国哲学领域，带动了中国传统哲学的现代化转型，促进了无产阶级宇宙观和世界观的形成。通过对他200多万字译著的研究，还原了瞿秋白传播马克思主义的时代背景，了解了马克思主义"在"中国，即传播与马克思主义"化"中国，即应用之间的联系，推动了马克思主义传播史的深入发展。

第三，有助于了解瞿秋白在马克思主义中国化历史中的地位。瞿秋白是五四运动之后接受马克思主义，自觉传播马克思主义，探索应用马克思主义于中国革命的代表人物。相较于五四运动早期的李大钊、陈独秀等马克思主义者从日文著作中以间接方式了解马克思主义，瞿秋白直接奔赴红色苏俄开始广泛地研究。他将当时苏俄最新的、与中国革命实际联系最密切的唯物辩证法、列宁的新经济政策以及马克思、恩格斯、普列汉诺夫等的文艺思想，用最符合中国读者阅读习惯的方式介绍到中国，推动了马克思主义理论在中国全面、系统地传播与普及。他跳出了李大钊等早期马克思主义者仅从政治层面进行论战的圈子，从哲学层面对各种反动思潮进行彻底清算。他批判了以陈独秀为代表的右倾中共领导者对农民运动抱以轻视、怀疑和指责的态度，明确提出农民在民主革命中的重要地位和作用。瞿秋白从1923年党的"三大"与毛泽东相识，直至1934年中央红军开始长征两人最后分手的前后11年时间里，他们始终坚持理论与实践相结合的原则，探讨中国社会、中国革命的性质，以及中国革命的前途和命运等问题。特别是瞿秋白提出的工农武装割据、中国革命须分两步走、中国革命须解决的三大基本问题，与毛泽东思想的形成和发展关系密切。通过把瞿秋白思想放在马克思主义中国化的历史进程中进行考察，对比分析他与李大钊、陈独秀、张太雷、蔡和森等其他革命马克思主义者的异同，以及他对其后毛泽东思想的形成产生的影响，可以对瞿秋白思想的历史地位做出新的概括，具有一定的学术价值。

2. 选题的现实意义

第一，研究瞿秋白的革命实践经验，对推动21世纪马克思主义中国化的理论创新和实践创新，具有一定的参考意义。瞿秋白的探索成果，经过时间的检验、提炼，得到进一步升华，被吸收进了作为中国共产党集体智慧结晶的毛泽东思想；他在探索中的失误，也为党和人民继续探索提供了教训和经验，是马克思主义中国化史中的珍贵遗产。通过挖掘和整理瞿秋白的革命实践经验，对加强中国共产党人理论与实践的联系，提高独立思考解决改革开放实际问题的能力，具有一定的参考价值。

第二，瞿秋白开放的世界性眼光，对今天在全球化背景下推进马克思主义中国化研究，具有重要的启示价值。瞿秋白认为中国的无产阶级革命要与世界的无产阶级革命融为一体。这种世界性眼光体现了当时中国共产党人的国际化视野，具有时代高度。它启示今天的马克思主义中国化研究，在落脚和聚焦于解决"中国问题"的同时，学会透过中国现实去观察世界问题，进而从世界的眼光和全球化的角度重新审视中国问题。这是一种将中国问题与世界问题联系起来考察的新战略。研究瞿秋白早在20世纪20年代开始的一系列相关探索，对我们今天推广和应用这一战略意义重大。

第三，瞿秋白的马克思主义文艺现代化、大众化理论，对研究当代文艺思潮和文化现象，推动中国特色社会主义文化建设具有重要的指导意义。瞿秋白从"以文化救中国"[①]始，到"革命的大众文艺"[②]终，一直强调精英文化的大众化，赋予人民群众新的话语权，这一点对当下中国特色社会主义的文化建设意义重大。中国特色社会主义文化，要扭转革命战争年代的文化"工具论"倾向，强化和平建设时期"人的现代化"意识，真正实现精英文化与大众文化的"共融"发展。只有如此，才能让有中国特色的社会主义文化焕发生机和活力，成为未来人类社会共同的"精神财富"。

---

① 《饿乡纪程·四》（1920年12月），《瞿秋白文集·文学编》第一卷，人民文学出版社1985年版，第25页。
② 《欧化文艺》（1932年5月5日），《瞿秋白文集·文学编》第一卷，人民文学出版社1985年版，第493页。

二 选题研究的学术史梳理

国内学界对于瞿秋白的研究，已经有了 90 年的历史，相较于他短暂的 36 年的人生旅程，显得厚重而漫长。据不完全统计，从 1922 年王统照（笔名剑三）发表评论瞿秋白散文集《新俄国游记》的文章至今，已经发表的研究瞿秋白思想的相关论文共有 4000 余篇，出版相关著作近 200 部。这些研究成果主要涉及瞿秋白的哲学、政治、文化思想和中西文化观等诸多方面。但在这其中，明确用"马克思主义中国化"的研究视角来评析瞿秋白思想的专著和论文，并不多见。

究其原因，一是由于历史原因；二是由于政治原因。

从瞿秋白研究的历史来看，新中国成立以前，"马克思主义中国化"的思想命题并没有上升到理论层面。相应地，对瞿秋白的研究也多偏重于文学，或者说文化层面。新中国成立以后，特别是经历了"文化大革命"的破坏与干扰，对瞿秋白的研究仅仅从文化的线索上有所延伸，而对他在中共党史、中国革命史方面的贡献和影响的研究，较为鲜见。进入改革开放和社会主义现代化建设的新时期，对瞿秋白的研究呈现出异彩纷呈、百家争鸣的局面。这一时期纠正了强加在瞿秋白头上的错误论断，匡正是非，给予了瞿秋白公正的历史评判；系统梳理和阐述了瞿秋白思想的发展轨迹，给中共党史和中国革命史研究提供了珍贵的文献资料。更重要的是，这时期的瞿秋白研究趋于专业化、系统化和学术化，用唯物的、辩证的方法和观点，综合研究了瞿秋白作为伟大的马克思主义者、革命家、理论家、宣传家、文学家、翻译家，这种种历史身份背后的整体联系和内在逻辑。应该说，中国改革开放之后的 30 多年，是瞿秋白思想研究的黄金期。当然，在看到巨大成绩的同时也必须指出，有些研究虽有新意，但仍局限在史实辩误、文献考证和思想梳理方面，尚没有深入挖掘瞿秋白思想遗产对中国特色社会主义理论体系的丰富和发展所产生的重要影响。

从瞿秋白研究的政治背景看，由于中共党史上对瞿秋白"左"倾盲动主义错误有过明确定性，及瞿秋白被捕之谜和《多余的话》中的消极成分，都使很多学者在一段时期内对瞿秋白的研究力避进行意识形态和政治理论层面的解读。虽然1979年3月，陈铁健在《历史研究》第三期发表文章，指出《多余的话》中，"光辉是主要的，灰暗是次要的"[1]。但是，学界对瞿秋白的"政治"错误依然感性批判多于理性评析。直到1980年2月29日，邓小平同志在中共十一届五中全会第三次会议上指出，处理瞿秋白的历史问题要"引导大家向前看，不要过分纠缠"[2]。1980年10月19日，中共中央向全党发出通知，为瞿秋白同志彻底平反，恢复其名誉。随后，周扬在中国文联、作协、社会科学院联合举行纪念瞿秋白同志就义45周年座谈会上指出，瞿秋白是"党的一位才识卓越的领导人"[3]；杨尚昆在党中央举行的瞿秋白就义50周年纪念会上指出，瞿秋白是"无产阶级革命家、理论家""中国现代革命知识分子的一位杰出的代表人物"[4]；胡绳在瞿秋白就义60周年纪念会上高度肯定，瞿秋白是"一个早期的中国马克思主义者"[5]。由此，从政治理论层面重新解读瞿秋白思想成了新的研究思路。1983年，李维汉发表于《中国社会科学》上的长篇论文《对瞿秋白的"左"倾盲动主义的回顾和研究》，堪称扛鼎之作。李维汉具体考察和分析

---

[1] 陈铁健：《重评〈多余的话〉》，《历史研究》1979年第3期。
[2] 《坚持党的路线，改进工作方法》（1980年2月29日），《邓小平文选》第二卷，人民出版社1994年版，第278页。
[3] 《中国文联、作协、社会科学院联合举行座谈会 纪念瞿秋白同志就义四十五周年》，《人民日报》1980年6月18日。
[4] 《伟大的马克思主义者瞿秋白就义五十周年 党中央举行纪念会作出公正评价》，《人民日报》1985年6月19日。
[5] 《对瞿秋白最好的纪念》（1995年6月18日），《胡绳全书》第三卷，人民出版社1998年版，第622页。

了瞿秋白"左"倾盲动主义产生、形成及其被纠正的曲折过程。他认为所谓瞿秋白"左"倾盲动主义"是执行'八七'会议总方针过程中所犯的错误,主要是认识问题",责任不是他一个人的,主要责任在"共产国际"代表。① 这不仅是关于瞿秋白"左"倾问题这桩历史公案的公正而权威之论,也影响和重启了瞿秋白政治理论研究层面的新进程。

由于上述两个方面的原因,瞿秋白马克思主义中国化早期探索的研究少有人涉及。从现有文献资料看,大多数的相关研究成果或以论题的形式散落在对瞿秋白研究的专著和文集之中,或以论文的形式散落在其他专题研究之中。

这里,仅对论文发表情况统计分析如下:

期刊论文方面。1980—2017 年,从"中国期刊全文数据库"查阅的"篇名"为"瞿秋白"的论文共 1740 篇,其中主题是马克思主义中国化的论文 106 篇;主题是马克思主义传播研究的论文 81 篇;主题是文化思想研究的论文 119 篇;其中涉及文化领导权的论文 17 篇;主题是哲学与社会学的论文 150 多篇;主题涉及与西方马克思主义思想比较的论文有 10 篇左右。

学位论文方面,1980—2017 年,与本选题相关的博士论文 1 篇②;硕士论文 9 篇。

通过对如上文献的梳理,可知国内学界对于瞿秋白与马克思主义中国化的专题研究已取得了如下成果:

(1) 瞿秋白传播马克思主义理论的内容及特点。

周一平、林祖华分析了瞿秋白传播马克思主义的两个特点,指出作为把俄国"十月革命"之后的马克思列宁主义最新成果介绍到中国的传播者

---

① 李维汉:《对瞿秋白的"左"倾盲动主义的回顾和研究》,《中国社会科学》1983 年第3 期。
② 王永乐:《瞿秋白与马克思主义中国化早期历史进程研究》,博士学位论文,上海社会科学院,2013 年。

之一，瞿秋白非常注重翻译的时效性和针对性。他择取了马克思主义最新的、与中国社会现实最贴近的理论成果，用符合中国人阅读习惯的语言进行了翻译。① 胡为雄认为瞿秋白是继李大钊、李达之后全面介绍苏联马克思列宁主义哲学理论的传播者。他阐述了唯物论的基本问题和辩证法的基本规律；阐述了认识自然现象及社会现象的因果律；阐述了系统观和世界历史理论；阐述了唯物史观的社会结构理论。这些都使得中国哲学思想由传统模式转向苏联模式，促进中国哲学的发展。② 在关于瞿秋白对马克思主义文艺理论传播方面，胡明和赵新顺用四篇文章梳理了瞿秋白的传播历程：从列宁到普列汉诺夫到斯大林到弗理契。通过对这条传播历程的梳理，明晰了瞿秋白马克思主义文艺理论思想形成的过程。③ 这些研究成果，一方面确立了瞿秋白在马克思主义传播史上的重要地位；另一方面也寻到了瞿秋白推进马克思主义中国化理论研究的思想源头。

（2）瞿秋白马克思主义哲学思想中国化研究。

作为较早传播马克思列宁主义哲学思想的人，瞿秋白代表了20世纪20年代上半期中国马克思主义者所能达到的历史高度。季甄馥认为，瞿秋白的哲学思想既是中国哲学现代转型过程中的重要节点，同时由于历史等客观因素也存在着某些缺陷与不足。④ 尼克·奈特运用历史和中西文化比较的方法，论证20世纪20—40年代马克思主义哲学在中国的传播与接受、应用与发展的情况。他提出瞿秋白身兼政治家和哲学家双重身份，在进行革命

---

① 周一平、林祖华：《瞿秋白传播马克思主义的两大特色》，《毛泽东邓小平理论研究》2008年第4期。

② 胡为雄：《瞿秋白传播马克思主义哲学的贡献》，《中共中央党校学报》2010年第6期。

③ 胡明：《经典的当时与未来——重读瞿秋白马克思主义文艺观的译介与诠释》，《清华大学学报》（哲学社会科学版）2007年第5期；胡明：《经典的流播与纠察——瞿秋白译介普列汉诺夫文艺理论的历史是非》，《陕西师范大学学报》（哲学社会科学版）2008年第1期；胡明、赵新顺：《关于新俄文学理论的接受与传播：瞿秋白与弗理契》，《鲁迅研究月刊》2010年第10期；胡明、赵新顺《"五四"时代瞿秋白的文学思想资源与学术理论准备》，《南京师范大学文学院学报》2011年第2期。

④ 季甄馥：《瞿秋白哲学思想评析》，华东师范大学出版社1998年版。

实践的过程中切实运用和发展了马克思主义哲学思想,并形成了独特见解。① 此外,衡朝阳②和周一平③从哲学角度论述了瞿秋白的"历史工具"论思想,以及这种思想形成的原因和对中国哲学现代化转型产生的深远影响。如上这些研究,偏重于从学理方面研究瞿秋白的马克思主义哲学思想,并没有涉及他的哲学思想在实践方面产生的深远影响。

(3)瞿秋白马克思主义文化思想中国化研究。

瞿秋白的文化思想研究主要分为:马克思主义文艺理论中国化思想和无产阶级文化领导权思想。

关于瞿秋白马克思主义文艺理论中国化思想的研究。瞿秋白是最早译介马克思主义文艺理论的人,也是较早推动无产阶级革命文学转型的人之一。对此,很多学者都有所论述。④ 其中杨慧于2012年出版的关于瞿秋白"文化革命"思想研究专著是这方面的最新成果。在《"现实"的诞生——瞿秋白对马克思主义文学理论的译介》一章中,杨慧探寻了瞿秋白与马克思主义文艺理论中国化的关系,称其是将人道主义色彩的李大钊式文学理论与带有"五四"批判锋芒的陈独秀式文学理论融合,并带进马克思主义

---

① Nick Knight, *Marxist Philosophy in China : From Qu Qiubai to Mao Zedong*, 1923 – 1945, Springer Netherlands, 2005.

② 衡朝阳:《瞿秋白"历史的工具"论探源》,《兰州学刊》2008年第3期。

③ 周一平:《对瞿秋白"历史工具"论的一点看法》,《徐州工程学院学报》(社会科学版) 2009年第5期。

④ 瞿秋白的马克思主义文艺理论中国化研究专著共两部,分别是:彭维锋《在文学与政治之间——瞿秋白左翼时期的文艺思想研究》,新华出版社2008年版;杨慧《思想的行走:瞿秋白"文化革命"思想研究》,商务印书馆2012年版。代表性研究论文有7篇,分别是:丁景唐《瞿秋白在介绍马克思列宁主义及其理论上的贡献》,《瞿秋白研究文选》,天津人民出版社1984年版;季世昌《瞿秋白对中国马克思主义文艺理论的贡献》,《雨花》1985年第6期;鲁云涛《瞿秋白在建设我国马克思主义文艺理论上的重要贡献》,《西南民族大学学报》1985年第4期;谢建芬《论瞿秋白对马克思主义中国化的贡献》,《东岳论丛》2001年第5期;[日]白井澄世《20世纪20年代瞿秋白之"市侩"观——以与高尔基之关系为中心》,《中国现代文学研究丛刊》2005年第1期;余曲、李俊《瞿秋白马克思主义文艺思想的中国化特征》,《重庆三峡学院学报》2008年第2期;郤智毅《中国马克思主义文艺理论传播史中的一次关键转折——评瞿秋白对马列文论的译介》,《河北大学学报》(哲学社会科学版)2007年第3期。

"文化革命"道路上的路标式人物。谢建芬指出,瞿秋白首倡文艺要服务于中国革命事业,为人民大众服务。这一主张直接影响到毛泽东文艺思想中的"二为"方针。这些研究都提到瞿秋白从本国国情出发,对马克思主义文艺理论进行了符合中国革命需求的改造,形成了具有中国特色的无产阶级文艺理论观。但是,在探究瞿秋白文艺大众化与马克思主义群众观之间的关系方面,这些研究鲜有涉及。而这恰恰又回归到了瞿秋白与马克思主义中国化的整体研究层面。

关于瞿秋白无产阶级文化领导权思想的研究。文化领导权是指在无产阶级夺取政权的过程中,不仅要进行军事斗争、政治斗争,也要在文化领域与资产阶级及一切革命对象进行斗争,以争取文化阵地的领导权。由于文化的特殊性,这种斗争也是一种意识形态的斗争。通过文化斗争不仅要消灭旧的政治经济制度,而且要使无产阶级成为先进文化的主导者和引领者,最终以先进的文化建设来实现最彻底的自由和解放。这种文化领导权思想源自马克思、恩格斯,但主要由葛兰西所创立,所以从这一角度来研究瞿秋白思想主要是借用西方马克思主义思想家的理论观点,在与之对比的过程中,剖析瞿秋白的文化思想对中国革命的意义。[①] 其中梁化奎提出,瞿秋白是在"五四"前后较早进行先进文化探索的人。他探索中国先进文化的特点,寻求建设先进文化的方法,但由于时代等客观原因,在建设先进文化的过程中也有明显的历史局限性。他的一系列努力都为今天的中国特色社会主义文化建设提供了有效借鉴。张亚骥首先从左翼文学运动入手,

---

① 瞿秋白的无产阶级文化领导权思想研究专著共两部,分别是:梁化奎《文化伟人瞿秋白》,中央文献出版社2005年版;汪诚国著的《瞿秋白与先进文化》,中央文献出版社2006年版。代表性研究论文有5篇,4篇出自张亚骥的博士论文《瞿秋白的文艺思想与文化领导权》。分别是:《瞿秋白策略性文论的建构》,《社会科学论坛》2009年第8期;《瞿秋白到毛泽东:文化领导权思想的成型》,《三峡大学学报》(人文社会科学版)2011年第3期;《瞿秋白的文化领导权思想》,《怀化学院学报》2012年第1期;《瞿秋白的新现实主义理论》,《井冈山大学学报》(社会科学版)2012年第1期。另外1篇是张志忠《在热闹与沉寂的背后——葛兰西与瞿秋白的文化领导权理论之比较研究》,《文艺争鸣》2008年第11期。

研究瞿秋白现实主义创作方法、大众化口号和对鲁迅杂文的评论，得出文艺运动与政治革命密切相关的主张。随后他分析了瞿秋白与毛泽东在文艺领导权思想形成过程中的前后承继关系，论述了文艺运动如何参与政治变革。张志忠用中西文化比较的方法谈及瞿秋白与葛兰西文化领导权在理论和实践层面的异同。应该说，这些论文都找到了文艺与政治的结合点，为研究瞿秋白的马克思主义文艺理论和无产阶级革命理论，架起了理解和沟通的桥梁。

（4）瞿秋白无产阶级革命理论中国化研究。

对于瞿秋白无产阶级革命理论中国化的研究，涉及中共党史和中国革命史的核心内容。这方面的研究，在不同时代有不同的研究话语出现。20世纪80年代，主要强调瞿秋白在领导新民主主义革命过程中形成的理论主张。丁守和的《瞿秋白思想研究》①是这一时期的代表成果。丁守和主要是以历史发展的线索梳理了瞿秋白在第一次国内革命战争和第二次国内革命战争期间所形成的政治思想、理论观点，以及他在哲学、文化、文学和语言等方面的理论主张。其中，关于瞿秋白较早强调马克思列宁主义理论与中国革命实践相结合的问题，最早提出无产阶级在民主革命中的领导权问题、农民革命的问题、暴力革命的问题都是这本专著所主要提出并阐述的观点。但是瞿秋白对马克思、列宁主义思想的继承与应用，论述较为简略。

20世纪90年代之后，对瞿秋白无产阶级革命理论的研究，集中到从马克思主义中国化的视域展开。学者们指出瞿秋白立足于"革命的理论永不能和革命的实践相离"的立场之上，结合中国的具体国情，进行了马克思主义中国"化"的早期探索。专著方面，龙德成②用八个社会身份分析瞿秋白与马克思主义的关系，从瞿秋白"马克思主义哲学家"身份入手，分专

---

① 丁守和：《瞿秋白思想研究》，四川人民出版社1985年版。
② 龙德成：《马克思主义者瞿秋白》，中央党史出版社2005年版。

章讨论了瞿秋白作为"马克思主义文艺理论家"和"马克思主义政治理论家"的主要工作成绩。这是现有文献中最直接触及瞿秋白与马克思主义研究的一本专著。但是本专著中也有两个缺陷：一是著者仅仅观照到瞿秋白运用马克思列宁主义思想"化"中国，却并没有指出瞿秋白如何立足中国国情进行马克思列宁主义"中国"化；二是由于按照社会身份进行划分，无形中肢解了瞿秋白的马克思主义观，将其分离在哲学、政治、文化三个孤立的层面，这样的研究并不符合马克思主义研究方法，即全面、整体地看问题。如何将瞿秋白在哲学、政治、文化三个方面的理论主张整合到马克思主义中国化的研究主线上来，是亟待解决的问题。论文方面，秦正为、夏祥鹤分析了瞿秋白在新民主主义革命时期，对革命指导思想、性质前途、阶级角色等问题的论述与探索，以及对毛泽东思想形成的影响。[①] 从这些研究可以看出，近年来学者们已经注意到瞿秋白与马克思主义中国化的关系，但是仍停留在中国革命史和中共党史研究视域之内。学者们仍没有寻到推动瞿秋白思想发展的马克思主义世界观和方法论，没有形成瞿秋白对马克思主义中国化早期探索的整体认识。

三 选题研究的难点及研究方法

1. 研究的难点

第一，学科支撑方面。本书的研究涉及马克思主义理论、政治学、中共党史、中国革命史、中国近现代史等多个学科领域，是一门跨学科、多领域的综合性研究。由于笔者自身专业训练和所在学科领域的局限，缺乏对中共党史、中国革命史等学科的知识储备，而且相关学科学术训练不足，

---

① 秦正为、夏祥鹤：《瞿秋白与马克思主义中国化》，《湖南师范大学社会科学学报》2008年第3期。

无疑增加了研究本论题的难度。

第二，史料的收集及运用方面。研究本论题涉及 200 多万字的瞿秋白译稿。这些译稿大多来自于人民出版社和人民文学出版社的《瞿秋白文集》14 卷本。其中文学类译稿由于鲁迅编有《海上述林》和人民文学出版社在 20 世纪 50 年代、80 年代出版的集子作基础，相对容易收集和整理。但是瞿秋白政治理论类译稿的收集工作，相对困难较大。一方面是因为译稿的数量很大；另一方面也是由于有些属于共产国际文件和苏联人写的中共中央文件，对哪一个版本出自瞿秋白的译笔，已很难辨别或判定。本书所研究的瞿秋白译著主要来源于人民出版社 20 世纪 80 年代出版的《瞿秋白文集》政治理论编 6 卷本，还有部分译著来自译文出版社 1999 年出版的《瞿秋白译文集》下。因笔者不懂俄文，不能直接阅读瞿秋白译著的原文，只能靠原文的英文翻译版来研究瞿秋白的译著，这对于材料研究的完整性及准确性方面也有缺憾。

第三，研究的视野方面。本书从马克思主义中国化的历史进程中考察瞿秋白的思想发展轨迹，对比分析其与同时代其他革命马克思主义者的异同，以及他对其后毛泽东思想的形成产生的影响，这须要有宏大的史学眼光和马克思主义中国化的相关研究积累。同时，本书拟将马克思主义传播史研究融入马克思主义中国化研究视野之内，须要依托更扎实的理论功底来准确把握二者之间的关系，这些都是本论题研究当中的难点。

2. 研究的方法

比较分析法。通过比较瞿秋白与李大钊、陈独秀、蔡和森等同时期马克思主义者在接受、传播马克思主义理论方面的异同，比较客观、全面地分析了瞿秋白马克思主义中国化早期探索的经验和教训，从而清楚地认识瞿秋白在马克思主义中国化历史上的地位和贡献。

文献研究法。本选题的研究涉及大量文献资料，特别是共产国际方面的史料。作者花费大量精力收集相关文献，并对其进行梳理和归纳，从中获取支持本书论点的有用信息。

逻辑推理法。通过梳理文献和整理前人的研究成果，可以得出相关性的结论，这是在科学研究中常见的思维方法。在本书中，通过研究相关文献，厘清瞿秋白应用马克思主义于中国实际的逻辑线索，得出马克思主义中国化的现代启示。

多学科综合研究法。本书的研究涉及马克思主义理论、政治学、中共党史、中国革命史、中国现代文学史等多学科。充分运用历史与逻辑相结合的方法，既增强了本书研究的历史感，又符合马克思严谨、科学的治学精神，是非常重要的一种研究方法。

第二章　瞿秋白确立马克思主义
　　　　信仰的心路历程

马克思曾说过:"理论在一个国家实现的程度,总是决定于理论满足这个国家的需要的程度。"① 由此可知,马克思主义在中国的实现程度,取决于它在中国的"需要程度",而决定这个需要程度的除了具体的政治、经济、文化等要素之外,还包括接受主体的认知程度。研究马克思主义中国化,必须要研究接受主体,即"受体"层面。

"受体"是一个"桥梁",它作为将马克思主义理论普及中国的媒介决定了这种理论的话语色彩及其现实效应。这种以接受者为第一本位的研究策略,强化了接受本体的主观色彩,也不违背历史唯物主义的精神,还原了具体的客观情境。毕竟人不可能脱离具体历史环境而独立存在。人所有的观念都与他所处的历史环境关系密切相关。正如鲁迅在批判"第三种人"的超阶级、超时代的文学观时所说,"生在有阶级的社会里面要做超阶级的作家,生在战斗的时代而要离开战斗而独立,生在现在而要做给予将来的作品,这样的人,实在也是一个心造的幻影,在现实世界上是没有的。要

---

① 《〈黑格尔法哲学批判〉导言》(1843年10月),《马克思恩格斯文集》第一卷,人民出版社2009年版,第12页。

做这样的人，恰如用自己的手拔着头发，要离开地球一样。"① 瞿秋白在"五四"新文化运动前后从李大钊、陈独秀等早期马克思主义传播者的传播文本中接触到了马克思主义理论。他在当时对马克思主义的认知和接受，决定了他日后传播的内容和方式。所以，从认知和接受角度研究瞿秋白，是研究瞿秋白思想，特别是他探索马克思主义中国化道路的逻辑起点。

回顾瞿秋白对马克思主义的接受历程，不同的成长阶段遇到的不同事件，会引起瞿秋白思想的变化，而这些变化也直接影响到日后他对马克思主义理论的理解和接受。按照时间的纵向线索，瞿秋白对马克思主义的接受历程可分为：对中国传统文化的批判性认知、对碎片状马克思主义理论的早期接受和对苏俄社会主义实践经验的现实认知三个阶段。

一 批判中国传统文化，形成革命民主主义思想

1899年1月29日，瞿秋白生于江苏常州一个世代诗书的仕宦之家。其祖辈和父辈都是深受中国传统文化影响的知识分子，不仅研习"四书五经"、经史子集，而且深谙琴棋书画、多才多艺。瞿秋白的叔祖瞿赓甫和父亲瞿世玮擅长绘画；三伯父瞿世璜善于篆刻。瞿秋白的母亲金衡玉出生江阴名门，熟读诗书，对诗文有相当高的鉴赏能力。受此影响，瞿秋白5岁入私塾；8岁插入常州觅渡桥冠英小学读书；11岁入常州府中学堂，接受的都是中国传统的文化教育。虽然在常州府中学堂上学时，学校也设有英文、几何、地理、军事体操等课程，也采用国外的教学方法，但是中国传统文化课程依然是整个学校教学的主要内容。到1917年9月考入北京政府外交部立俄文专修馆，瞿秋白已经阅读了大量的中国传统文化典籍。1935年，

---

① 《南腔北调集·论"第三种人"》（1932年11月1日），《鲁迅全集》第四卷，人民文学出版社2005年版，第452页。

瞿秋白在狱中完成的《多余的话》中谈道："中国的旧书，十三经、二十四史、子书、笔记、丛书、诗词曲等，我都看过一些。"① 他回顾了自己从少年起阅读过的书籍，从老子、庄子到"宋儒语录""佛经"、《大乘起信论》直至五四时期颇受青年学生推崇的胡适、梁漱溟的著作等。② 应该说，瞿秋白深厚的中国传统文化学养与其成长过程中阅读的这些中国传统文化书籍不无相关。瞿秋白曾跟友人说过，"做一个中国人，尤其是知识分子，起码要懂得中国的文学、史学、哲学"。在文学方面，他主张比较阅读，比较中国儒家经典与汉赋、建安文学等的不同，总结并归纳"唐诗、宋词、元曲、明清小说的特点"，真正把握中国传统文学作品的神韵；在史学方面，他推崇从太古开始，一直研究到中国近现代史，收集并阅读"私人著述的野史笔记"；③ 在哲学方面，他推崇先秦诸子学，汉代经学，魏晋南北朝的佛学和宋明理学等④。特别是中国旧体诗词，从楚辞、汉赋、乐府，到唐诗、宋词、元曲，以及近代人的诗作，瞿秋白从童年起就熟读并背诵。如果时代不发生变故，也许瞿秋白会在传统文化的旧学方面有所作为，但是，帝国主义的坚船利炮打开了中国的大门，也改变了瞿秋白思想发展的轨迹。他从经历的事件中发现封建等级制度和专制主义对平民的压迫，从家庭的变故中体悟到中国传统社会道德规范的不合理与伪善，形成鲜明的批判意识。

1. 批判封建等级制度和专制主义对平民的压迫

瞿秋白对生活在中国社会底层的平民，关注已久。"平民"在瞿秋白成长的不同时期，所指不同。少年时期，"平民"是瞿秋白从《水浒传》里认

---

① 《多余的话》（1935年5月17—22日），《瞿秋白文集·政治理论编》第七卷，人民出版社1991年版，第713页。
② 同上书，第704页。
③ 羊牧之：《霜痕小集》，常州市政协文史研究会编印：《秋华馆文存：常州文史资料》，1996年第12辑，第87页。
④ 同上。

识的"梁山好汉";五四时期,平民是指穷人,或"劳工";等到了他加入无产阶级革命运动之后,平民就成了"拿着了武器的工农"①。之所以会如此变化,这与瞿秋白在不同阶段对"平民"概念的理解有关。"梁山好汉"反映了瞿秋白少年时期的单纯与叛逆,他欣赏《水浒传》里犯上作乱、劫富济贫的好汉,也曾经幻想即便不能"做拿着双斧的李逵",至少也可以做一个"水边酒店里专门接送好汉的酒保"②。"劳工"反映了瞿秋白五四时期的"劳工神圣"思想,他认为:"劳动界的不平,完全是资本家的专横压迫出来的。"③而且中国"劳工问题"的背后暗含着整个民族的问题,要从民族解放的角度看待被压迫人民获得解放的重要性。而"拿着了武器的工农"则反映了土地革命时期瞿秋白的"工农武装暴动"④思想,他认为"只有坚决发动群众的斗争,才能引导起更多更广大的群众,使他们深切地感受到暴动与夺取政权的必要,决然进于武装的斗争——群众的武装斗争"⑤。不管何种思想,从平民的角度和立场,也就是从社会上被压迫阶级的立场看问题,是瞿秋白少年时期就自发形成的,并一以贯之地坚持下去。

这种平民立场的形成,一方面源于少年时,母亲经常带他去拜访外祖父,在外祖父家结识一群农家的孩子。从小就"混进了野孩子的群里,呼吸着小百姓的空气",让瞿秋白同鲁迅以及同时期其他革命民主主义者一道,"斩断'过去'的葛藤""憎恶天神和贵族的宫殿"⑥,感受来自下层"新鲜""活泼"的生命力;另一方面源于他从大量的"民间文学"和"新

---

① 《乱弹·"匪徒"》(1932年3月20日),《瞿秋白文集·文学编》第一卷,人民文学出版社1985年版,第430页。
② 王铁仙、刘福勤主编:《瞿秋白传》,人民出版社2011年版,第16页。
③ 《中国的劳动问题?世界的劳动问题?》(1919年12月1日),《瞿秋白文集·政治理论编》第一卷,人民出版社1987年版,第31页。
④ 《武装暴动的问题》(1927年12月10日),《瞿秋白文集·政治理论编》第五卷,人民出版社1995年版,第156页。
⑤ 同上书,第162页。
⑥ 《〈鲁迅杂感选集〉序言》(1933年4月8日),《瞿秋白文集·文学编》第三卷,人民文学出版社1989年版,第99页。

学"中萌发的反叛意识。瞿秋白自小喜欢读野史、稗史，如《太平天国野史》《中国近代秘史》等。通过阅读这些书籍所培养出来的平民造反意识，时常表现在他的行动中。青少年时期，瞿秋白对父亲拿"浙江候补盐大使"的"片子"就可以打人家的屁股产生了质疑。① 1911 年武昌起义爆发，12 岁的瞿秋白异常兴奋，他与学校的几个同学率先剪掉了脑后的辫子，奔回家中大声喊道："皇帝倒了，辫子剪了！皇帝倒了，辫子剪了！"再到辛亥革命的胜利果实被袁世凯篡夺之后，瞿秋白在自家门前挂起一盏白灯笼，上书"国丧"两字。当时，他已经明确流露出对封建政治统治的不满，以及反抗封建统治秩序的情绪。② 这种情绪发展下去，直至五四运动时期全面爆发。在 1919 年的五四学生爱国运动中，瞿秋白一方面积极参与，率领俄文专修馆的同学上街演讲；另一方面发表了一系列文章，探讨中国在巨大的时代变革面前出现的诸多社会问题。通过对社会问题的分析，瞿秋白发现造成中国"政治恶象"③ 的原因与中国传统文化中封建等级制度和专制主义的存在有关。它们严重阻碍了中国社会由传统向现代的转型，使得当世界上其他国家"一天新一天"的时候，中国社会却"一天旧一天，一直回复到原人时期"④ 了。这些思想在瞿秋白 1919—1920 年发表在《晨报》和《新社会》上的一系列文章中表现得非常突出。他通过分析各种社会问题，指出封建等级制度和专制主义对中国社会发展的危害。这些危害主要表现在：

封建等级制度和专制主义造成近代中国社会阶级的"固化"。社会阶级的"固化"主要是指社会成员在各阶级之间的流动受阻，每一个社会成员

---

① 《关于整理中国文学史的问题》（1932 年 6 月 10 日），《瞿秋白文集·文学编》第三卷，人民文学出版社 1989 年版，第 79 页。

② 瞿轶群：《怀念哥哥秋白》，《忆秋白》编辑小组编，人民文学出版社 1981 年版，第102 页。

③ 《饿乡纪程·四》，《瞿秋白文集·文学编》第一卷，人民文学出版社 1985 年版，第 23。

④ 《革新的时机到了！》（1919 年 11 月 21 日），《瞿秋白文集·政治理论编》第一卷，人民出版社 1987 年版，第 20 页。

都被固定在一定的阶级群体之内。由于中国封建社会的自然经济基础，生产资料都归地主或贵族所有，掌握生产资料的便成为统治阶级；相反，没有生产资料的就成为被统治阶级。另外，中国传统文化"劳心者治人，劳力者治于人"思想进一步确立了这一阶级划分的"合法性"，使得中国封建社会各阶级之间壁垒森严。长期的阶级"固化"会造成阶级内部很多成员安于现状，丧失改变自我的动力，整个社会也会随之呈现出停滞不前的"萎靡"状态。瞿秋白深刻意识到这一"固化"问题造成各阶级内部成员思想上的困顿与消沉。1919年11月，瞿秋白发表在《新社会》旬刊第2期的文章《中国知识阶级的家庭》中指出，"中国的知识阶级是什么？中国的知识阶级就是向来自命为劳心者治人的一班人"①。他们读书中举的目的就是为了能够一家"有一个头品顶戴状元及第的人出来，大家靠着享点福就好了"②。至于社会、国家的发展对他们而言，远不及自己日常起居等事情重要。同时，由于社会阶级"固化"，各个阶级内部的成员对"上等人"和"下等人"的阶级区分逐渐认同，并形成常态。瞿秋白在这篇文章中指出，"当差的、车夫所遇待遇极不平等，车夫和当差的自己一点多不觉着。老爷说：'混账东西！滚出去。'他就答应：'是，是。'廉耻，人格，完全不算一回事；你骂你的，我总有我的法子，收回这被骂的代价。……所以现在所谓上等人呢，他所希望的，就是要这样一个老爷，下等人呢，他所希望的，就是要做这样老爷的当差的。"③ 瞿秋白指出由于封建等级制度和专制主义的存在，造成了社会成员自觉从已有的社会阶级中寻到固有位置，不奢望打破社会壁垒，寻找新的发展空间。长此以往，"社会改革是永久无

---

① 《中国知识阶级的家庭》（1919年11月11日），《瞿秋白文集·政治理论编》第一卷，人民出版社1987年版，第14页。

② 同上。

③ 同上书，第14—15页。

望的了"。①

封建等级制度和专制主义造成近代中国社会思想的"僵化"。社会思想的"僵化"主要是指思想认识不能随着客观形势的发展而发展,不开动脑筋,不独立思考,一切从经验出发而不从实际出发,被习惯势力或主观偏见所束缚。这种思想的僵化会造成唯书唯上而不唯实,与实际情况相脱节,形成诸多错误的理论和认识。瞿秋白对近代中国社会思想"僵化"问题的剖析主要是从知识分子的思想入手。他指出,在第一次世界大战后,中国人特别是在知识分子群体中出现了一种"隔岸观火"②的态度。这种"隔岸观火"态度的形成,一方面是由于中国人盲目的民族自信心,他们认为"因欧战而发生的,什么民治主义、人道主义、妇女问题、劳动问题,等等","在中国人眼光看来,非但不足重轻,并且是欧美人抄袭中国的古书来了"。"什么'王者之师,无敌于天下''劳心者治人,劳力者治于人''唯女子与小人为难养也',等等"③,"多可以正说反说"地引用来标榜老祖宗比"洋鬼子"更有远见。西方各种进步的思想被中国知识阶级一"改造",也变成了另外一个样子,"人家说一夫一妻家庭制度,是要社会上健全分子增多,寄生的人减少,他就当他是势利主义;谁的欺诈无耻的手段高妙,谁有福享,父子兄弟不必多管。人家说自由恋爱,是要求精神生活的改善,他就当他是兽欲主义,尽力的发挥。照这样下去,恐怕世界上所有的一切好名词,都被中国人用坏了"。④ 另一方面是由于中国人因循守旧,不求进步,但求苟安。瞿秋白指出,当巴黎和会上为签字与否国人争论不

---

① 《中国知识阶级的家庭》(1919年11月11日),《瞿秋白文集·政治理论编》第一卷,人民出版社1987年版,第15页。
② 《欧洲大战与国民自解》(1919年11月1日),《瞿秋白文集·政治理论编》第一卷,人民出版社1987年版,第5页。
③ 同上书,第6页。
④ 《中国知识阶级的家庭》(1919年11月11日),《瞿秋白文集·政治理论编》第一卷,人民出版社1987年版,第16—17页。

休的时候,在报纸上却"没有看见一篇有具体办法的论文。差不多这种问题,也可以当做应酬朋友的闲谈的。"①针对这一问题,瞿秋白不无愤慨地说,如果国人再不思改进,则"快要进棺材了"。

瞿秋白进一步指出,随着帝国主义的侵略,社会剥削加重,底层人民生活愈加困难,"这北京帽作里的工人和北京的东洋车夫,一个是一天做十六个钟头的工,一个是一天拉十二三个钟头的车,还要半夜三更露宿在外面"。②他们的生活困难到如此的程度,"精神上的堕落,又要到什么地步呢?难道这个对于社会一无关系么?"③另外,由于封建等级制度和专制主义的存在,造成神权、族权、父权和夫权对女性人格的束缚,"男女不平等的观念,轻蔑女子的观念……已经先入为主,根深蒂固的了"。④由此,瞿秋白认为,解决社会问题,特别是解决生活在底层人民生活的问题,就必须打破禁锢社会发展的思想、意识,加大先进思想的普及和推广。他认为:"中国现在要振兴实业,使用机械,一定要具备两个条件:第一要叫他们的知识欲增进,去求科学上的知识,就不能不想法改善他们的生活状况,使他们有余裕去求精神上的安慰,知识上的增进。第二要叫他们求学的机会,求学的能力。"⑤虽然,这两个主张要想在当时的中国得以实现,可谓困难重重,但是从这些主张里已经可以看出,瞿秋白希望借助西方进步思想,诸如民主主义、自由主义打破阻碍中国社会发展的封建等级制度和专制主义意识,具有相当的反叛意识。

---

① 《欧洲大战与国民自解》(1919年11月1日),《瞿秋白文集·政治理论编》第一卷,人民出版社1987年版,第7页。
② 《中国的劳动问题?世界的劳动问题?》(1919年12月1日),《瞿秋白文集·政治理论编》第一卷,人民出版社1987年版,第29页。
③ 同上。
④ 《小小一个问题——妇女解放的问题》(1920年1月1日),《瞿秋白文集·政治理论编》第一卷,人民出版社1987年版,第49页。
⑤ 《中国的劳动问题?世界的劳动问题?》(1919年12月1日),《瞿秋白文集·政治理论编》第一卷,人民出版社1987年版,第32页。

2. 批判宗法社会人际关系的冷漠无情和道德伪善

瞿秋白对封建宗法社会人际关系的体悟来自他少年时期的一段家庭变故。由于瞿秋白的父亲瞿世玮一直赋闲在家，照顾老母，所以瞿秋白一家生活的经济来源主要是瞿秋白四伯瞿世琥的接济。但是到了瞿秋白14岁的时候，瞿世琥辞官，将母亲接走，中断了对瞿秋白一家的资助。这一突发的变故使瞿秋白一家的生活窘迫不堪。秋白一家退赁了原先居住的星聚堂，搬入"瞿氏宗祠"里居住。这被认为是最丢人的事情。瞿秋白的母亲含泪变卖东西、借债，甚至借物典当来维持家庭生活。逢年过节，债主纷纷送来催债的条子。母亲还不起债，把这些条子贴在门背后，暗自哭泣。当时，秋白的学业也不得不中断，在中学毕业前一年停学。家庭破产，走投无路，爱子失学，使这位母亲伤心绝望，决心以一死来救子女。因为母亲以为，自己死去可以让家族中其他的人帮助照顾自己的孩子。瞿秋白的母亲曾对人说："我只有去死，我不死，不会有人来帮助我，孩子就不得活。"① 于是1916年的阴历大年初五，瞿秋白的母亲将火柴头拌入虎骨酒，吞服，次日下午就与世长辞了。母亲的突然自杀，让瞿秋白感叹，传统畸形的文化教育使旧式知识分子丧失独立生活的能力，也体悟到宗法社会人与人之间关系的冷漠无情。从家道中落到母亲自杀，一系列的家庭变故使年少的瞿秋白意识到，儒家文化所倡导"仁、义、礼、智、信"的道德规范与现实社会的人际关系出入很大。"人与人的关系"究竟应该是什么样的状态？据此，瞿秋白开始了对中国传统社会"人与人的关系"的探究。

首先，中国封建社会生产的私有制造成"人与人的关系"呈现明显功利化特征。瞿秋白在1919年11月11日《新社会》旬刊第2号上发表的文章《中国知识阶级的家庭》中，详细分析了以旧式知识分子家庭为代表的

---

① 王铁仙、刘福勤主编：《瞿秋白传》，人民出版社2011年版，第27页。

中国传统家族成员之间的"功利化"特点。他指出，中国传统的家庭教育中，"势利主义"① 教育大量存在。这种"势利教育"表现在以"升官发财"作为"成才"的标准，同时，在家族内部为了维护个人利益，"父母教诲儿子，哥哥教导弟弟""做一个城府深沉，阴险欺诈的人"。② 在婚姻中，瞿秋白认为，"家族制度的根本，就是婚姻"，而中国旧式的婚姻是"买卖婚姻"③。婚姻中的人，完全是为了一己私利，或者是肉欲或者是家族利益，"等到要负担子女的衣食教育"的时候，就"视若无足重轻"了。④ 瞿秋白进一步指出，在中国的家庭内部，"父亲要维持他'家君'的尊严，就造成子弟的欺诳；戕贼子弟，要专心纵欲，就抛弃他对于子女的责任。其余的也可类推了"。⑤ 随后，瞿秋白在《知识是赃物》中指出，私有制的社会中，知识是属于垄断阶级所有的，是私有的状态。由于垄断阶级占有知识，也就占有了道德评价的标准，他们可以设定，"这么样就善，那么样就恶，这么样就乐，那么样就苦……"⑥ 这就使道德成了垄断阶级管理民众的工具，成了"赃物"。⑦ 在《社会与罪恶》一文中，瞿秋白指出，"功德"即是"善"；"罪恶"即是"恶"。社会既定的"善"与"恶"是随着时代和地域的不同随时发生变化的。真正衡量一个社会道德水准高低的是人与社会能否和谐共处，能否真正持有"伟大的绝对的'爱'"。⑧ 尽管在这篇文章中，瞿秋白流露出无政府主义的倾向，但是他能够从"爱"的角度质疑传统社

---

① 《中国知识阶级的家庭》（1919年11月11日），《瞿秋白文集·政治理论编》第一卷，人民出版社1987年版，第15页。

② 同上书，第16页。

③ 同上。

④ 同上。

⑤ 同上。

⑥ 《知识是赃物》（1919年12月21日），《瞿秋白文集·政治理论编》第一卷，人民出版社1987年版，第42页。

⑦ 同上书，第41页。

⑧ 《社会与罪恶》（1920年3月1日），《瞿秋白文集·政治理论编》第一卷，人民出版社1987年版，第67页。

会"善""恶"标准,也是一种思想进步的表现。

其次,禁锢的封建道德体系对人的肉体和精神的双重伤害。道德的禁锢对人的影响是潜移默化的。当一种社会的道德观念内化至社会成员的思想深处时,很多人会被动地从属于这种道德体系。一旦新的道德观念侵入,就会让很多身处旧的道德体系中的人顿感不适与痛苦。北京大学学生林德扬在1919年11月16日的突然自杀就是这种"不适与痛苦"的决绝反映。他的这一举动引起社会舆论的强烈反响。瞿秋白在12月3日《晨报》上发表了一篇文章,题为《林德扬君为什么要自杀呢?》。文中指出:"大凡一个旧社会用他的无上威权——宗教、制度、习惯、风俗……,造成了精神上身体上的牢狱,把一切都锢闭住了,当时的人绝不觉着不自由的痛苦,倒也忘其所以,悠悠自在。"① 但是,"一旦这个牢狱破坏了,牢狱的墙上开了一个洞,在里面的人可以看得见外面,他心里就起了一种羡慕的心,顿时觉着自己处的地位没有一处是适意的、合理的。可是他又不能出去,心是在外面,身体是在里面……简直是手足无措了"②,于是要冲撞这一牢狱,有的人选择"急激的嫉俗"③ 的行动——自杀,以表示"他的热烈的感情"。瞿秋白并不认同这种激进的反抗方式,但是他同时也指出,当社会的宗教、习惯等传统思想禁锢了社会的发展,"我们要在这固定的社会里,警醒他的昏睡状态",应该"用热烈的感情自己先警醒自己,或者应当有自杀的动机来自己觉悟自己"。④ "自杀动机,只是觉悟的第一步,并非就是觉悟,以后的乐趣还多得很。"⑤ 瞿秋白进一步指出,最先觉醒的一群人,要乐观地

---

① 《林德扬君为什么要自杀呢?》(1919年12月3日),《瞿秋白文集·政治理论编》第一卷,人民出版社1987年版,第34页。
② 同上书,第35页。
③ 同上。
④ 同上书,第37页。
⑤ 同上书,第38页。

去奋斗，还要冷静地去研究，才能在"痛苦困难之中"①，发现奋斗的乐趣。

随后，瞿秋白还针对女性解放的问题指出，由垄断阶级所设定的道德标准对中国的女性造成了严重的伤害，使中国女性不仅在肉体上而且在精神上成了男性的"玩物"。② 由此，瞿秋白认为，宗法社会的道德秩序存在诸多问题，已经濒临破产，必须要及时建立新的道德秩序。这种主张与五四新文化运动中的提倡新道德、反对旧道德的思想相近。尽管当时的瞿秋白对于"什么是新道德"尚未形成明确的概念，而只是提出在五四新文化运动大力破坏旧道德的过程中，要讲究策略。"攻击旧道德的力量应当居十分之四，创造新道德的力量应当居十分之六。创造新道德就是攻击旧道德，有创造再有研究，只有攻击没有创造，就只能引起怀疑，因此每每发生误会。"③ 但是，当时的瞿秋白已经能够从"人与人的关系"角度出发，批判传统宗法社会的道德秩序，理性思考如何重建新的道德体系，确立新社会的人际关系，也是一种思想进步的表现。

20岁的瞿秋白在五四新文化运动之初，已经能够从中国传统文化的禁锢中，"跳出去"④，从第三方的角度观察社会，发现中国封建的等级制度和专制主义对平民的压迫；从家庭的变故思考人生，发现中国宗法社会人际关系的冷漠无情和道德伪善。随后，他开始有意识地选择更新的、更先进的文化思想。起初，受五四新文化运动全盘西化思想的影响，他开始接受西方资产阶级的各种思想，包括自由主义、人道主义和民主主义等。这些资产阶级的思想曾经在一定时期激发瞿秋白的斗志，"打破"了他"孤寂的

---

① 《林德扬君为什么要自杀呢?》（1919年12月3日），《瞿秋白文集·政治理论编》第一卷，人民出版社1987年版，第38页。
② 《小小一个问题——妇女解放的问题》（1920年1月1日），《瞿秋白文集·政治理论编》第一卷，人民出版社1987年版，第48页。
③ 《中国知识阶级的家庭》（1919年11月11日），《瞿秋白文集·政治理论编》第一卷，人民出版社1987年版，第18页。
④ 《饿乡纪程·四》，《瞿秋白文集·文学编》第一卷，人民文学出版社1985年版，第24页。

生活"①。但是,很快他意识到这些资产阶级的思想与真正的马克思主义理论有很大的不同。自由主义、人道主义或民主主义等西方资产阶级思想打着"民主""平等"和"自由"的旗帜,维护的依旧是统治阶级的利益。这些带有极强改良倾向的思想,不能从根本上解决社会问题。只有马克思主义理论从分析资本主义生产关系入手,发现了资本家剥削工人的秘密,提出了从根本上解决剥削的具体方法和措施,并且提供给劳动人民共产主义的幸福"彼岸"。自此,瞿秋白开始了自觉接受马克思主义的历程。

二 接受马克思主义理论,初步形成马克思主义思想

瞿秋白自觉接受马克思主义理论之初,其不系统、支离的碎片化特点非常明显。之所以呈现这种特点,一方面是由于当时的马克思主义理论在中国的传播本身不系统,碎片化的现象突出;另一方面也与瞿秋白"为我所需"地接受马克思主义的心理动机有关。瞿秋白从个体的成长经历出发,发现了中国传统文化的弊端,想通过更新的、更先进的理论主张纠正这些弊端,由此转入对马克思主义理论的学习。这种"为我所需"的心理动因造成瞿秋白无意之中将"完备而严密"②的马克思主义理论"支离"开来,仅择取了他最困惑的、最希望得到答案的部分马克思主义理论内容。这种"支离"地接受,并不全面,没有从根本上改变瞿秋白的人生观和世界观,他仍旧是深受中国传统文化思想影响的旧式知识分子。但是,只要是接受了马克思主义理论就会为他下一步转变为马克思主义者提供了前提条件。所以,这一阶段的接受尽管"支离"却非常重要。

---

① 《饿乡纪程·四》,《瞿秋白文集·文学编》第一卷,人民文学出版社1985年版,第25页。
② 《马克思主义的三个来源和三个组成部分》(1913年3月),《列宁选集》第二卷,人民出版社1995年版,第309页。

2. 接受马克思主义唯物史观

瞿秋白接受马克思主义唯物史观，主要为了解决个体和家庭在社会大环境下遇到各种问题背后的原因。正如瞿秋白在《饿乡纪程》中坦言，"'生命大流'的段落，不能见的，如其能见，只有世间生死的妄执，他的流转是不断的；社会现象，仍仍相因，层层衔接，不与我们一明切的对象，人生在他中间，为他所包涵，意识（觉）的广狭不论，总在他之中，猛一看来，好像是完全汩没于他之内。"① 为了能够跳出这"生命"的"大流"，"取第三者的地位"，② 瞿秋白借助于从马克思主义理论中零星学习到的唯物史观，认识历史、社会和这个新的世界。

瞿秋白关于"唯物史观"的认知主要得益于1919年之后李大钊、陈独秀等人对这一学说的介绍和宣传。1919年5月，陈博贤把日本学者河上肇的《马克思的唯物史观》介绍到中国。同时，李大钊在《晨报》副刊开辟了"马克思研究"专栏，开始着力从日文译介马克思主义理论文章。比如当时的《劳动与资本》《马氏资本论释义》和《马氏唯物史观的批评》都是由李大钊推介到《晨报》并陆续发表出来的。通过一段时间的译介，李大钊将他所理解的马克思主义理论通过《我的马克思主义观》系统阐述出来。在这篇文章中，李大钊认为，马克思的唯物史观包括两个方面的内容：一是解释了人类文化的形成原因，"一切社会上政治的、法制的、伦理的、哲学的，简单说，凡是精神上的构造，都是随着经济的构造变化而变化。"③；二是解释了社会组织的进化原理，"社会组织即社会关系，也是与布帛菽粟一样，是人类依生产力产出的产物。"④ 这段表述，显示了当时国

---

① 《饿乡纪程·二》，《瞿秋白文集·文学编》第一卷，人民文学出版社1985年版，第13页。
② 同上。
③ 《我的马克思主义观》（1919年5月、11月），《李大钊文集》下，人民出版社1984年版，第59页。
④ 同上。

内马克思主义传播者对唯物史观这一概念所能掌握的程度。随后,李大钊、陈独秀、杨匏安等人继续研究这一问题。1920年12月,李大钊将当时社会上所有与唯物史观相类似的说法进行了梳理,指出"'唯物史观'是社会学上的一种法则,是 Karl Hrederick Marx 和 Friedrich Engels 一八四八年在他们合著的《共产党宣言》里所发现的"。① 他比较了当时社会上流行的关于唯物史观的四种名称——"历史之唯物的概念""历史的唯物主义""历史之经济解释"和"经济的决定论"②,指出,前两者"泛称物质,殊与此说的真相甚相符"。如果仅将唯物史观用"历史之经济"做解释,则会使"凡基于物质的原因的变动,均应包括在内。例如历史上生物的考察,乃至因风土、气候,一时一地的动植物的影响所生的社会变动,均应论及了"。同样,"经济的决定论""在法兰西颇流行,以有倾于定命论、宿命论之嫌,恐怕很有流弊"。李大钊比较了四种概念,指出,"还是'经济史观'一词妥当些"。③ 可见,李大钊认为唯物史观是一种从经济变革视角审视社会发展的历史观。除了李大钊对唯物史观有过专门介绍外,同时期其他的传播者也关注了这一问题。杨匏安的《马克思主义》一文,比较了马克思的唯物史观、暴力革命理论和经济学说之间的关系,指出"马氏以唯物的史观为经,以革命思想为纬,加之以在英法观察经济状态之所得,遂构成一种以经济的内容为主之世界观,此其所以称科学的社会主义也"。④ 1919—1920年间,李达从日文翻译了《唯物史观解说》并于1921年5月由中华书局出版。他还翻译了《唯物史观的宗教观》,撰写了《马克思还原》等文章。在《马克思还原》中李达对"马克思所述社会革命的原理、手段、方

---

① 《唯物史观在现代史学上的价值》(1920年12月1日),《李大钊文集》下,人民出版社1984年版,第359页。

② 同上。

③ 同上。

④ 《马克思主义(Masxism)》(1919年11月11日—12月4日),《杨匏安文集》,广东人民出版社1986年版,第131页。

法及其理想中的社会"①列举了七条，他指出，唯物史观是分析社会宗教、哲学等一系列上层建筑得以确立的方法。"一切生产关系财产关系，是社会制度的基础，一切社会宗教、哲学、法律、政治等组织，均依这经济的基础而定。"② 由此，李达认为，只有坚持唯物史观才能找到社会一切矛盾冲突的根源。1921年8月，陈独秀综合了此前对唯物史观的介绍，明确指出，唯物史观的本质是从经济发展角度解释"历史上一切制度底变化"。③ 社会的发展变化是不以人的意志为转移的，要想改造社会，首先要从"改造经济制度入手"。④ 随后，陈独秀在1922年7月1日出版的《新青年》第9卷第6号上发表《马克思学说》一文，论述了马克思学说的四个组成部分：分别是剩余价值、唯物史观、阶级斗争和"劳工专政"。他对于唯物史观的介绍，主要根据马克思的《经济学批评》《共产党宣言》和《哲学之贫困》这三部书，与李大钊的先期观点不谋而合，也是从文化发展和社会进化角度来认识唯物史观，强调经济基础对上层建筑的直接影响力。⑤ 陈独秀由此提出，空想社会主义与马克思的科学社会主义的不同就在于，马克思发现了唯物史观，能够从经济角度解释"资本主义的生产方法和资本主义的社会制度所以成立所以发达崩坏"⑥的原因，这些都是"客观上""必然因果"⑦的说明，不是"主观上"的"理想"。⑧

此外，1920—1921年间，蔡和森在致陈独秀的信中也提到，"闻公主张

---

① 《马克思还原》（1920年12月26日），《李达文集》第一卷，人民出版社1980年版，第30页。
② 同上。
③ 《答蔡和森（马克思学说与中国无产阶级）》（1921年8月1日），《陈独秀著作选编》第二卷，上海人民出版社2010年版，第411页。
④ 同上。
⑤ 《马克思学说》（1922年4月23日），《陈独秀著作选编》第二卷，上海人民出版社2010年版，第445页。
⑥ 同上书，第446页。
⑦ 同上。
⑧ 同上。

社会主义而张东荪欢迎资本主义，两方驳论未得而见，殊以为憾。和森为极端马克思派，极端主张：唯物史观、阶级战争、无产阶级专政。"① 在给毛泽东的信中，他指出，马克思的唯物史观是"为人生哲学社会哲学的出发点"。② 唯物史观与马克思的《资本论》和阶级斗争学说，共同构成了马克思的学术研究体系。③ 为了传播真正的唯物史观，他主张"宜先把唯理观与唯物观分个清楚，才不至堕入迷阵"。④

从李大钊、杨匏安、陈独秀、蔡和森等人对唯物史观的介绍可知，中国五四新文化运动时期传播的唯物史观主要是从经济基础角度来研究社会制度的发展变革，并且认为，掌握了唯物史观才是掌握了马克思主义改造社会的方法。但是由于时代等诸多因素，当时的传播并没有在更深层面上展开。比如经济基础与上层建筑之间如何发生关系，推动经济基础发生变革的原动力为何等问题，在五四新文化运动时期的传播文本中并没有涉及。

尽管如此，通过这些传播文本还是带给国人一种新的认识社会问题的方法和角度，即从经济视角理解和考察人类社会、政治、文化的发展规律，从中寻到解决社会问题的方法。这种认识社会的方法，在瞿秋白《饿乡纪程》中时有体现。在《饿乡纪程》中，瞿秋白分析了自己家庭发生变故的主要原因，他指出：

中国社会组织，有几千年惰性化的（历史学上又谓之迟缓律）经

---

① 《马克思学说与中国无产阶级》（1921年2月11日），《蔡和森文集》上，人民出版社2013年版，第78页。
② 《蔡林彬给毛泽东》（1920年9月16日），《蔡和森文集》上，人民出版社2013年版，第67页。
③ 《马克思学说与中国无产阶级》（1921年2月11日），《蔡和森文集》上，人民出版社2013年版，第78—79页。
④ 《蔡林彬给毛泽东》（1920年9月16日），《蔡和森文集》上，人民出版社2013年版，第67页。

济现象做他的基础。家族生产制,及治者阶级的寇盗(帝皇)与半治者阶级的"士"之政治统治包括尽了一部"二十四史"。……最近一世纪,已经久入睡乡的中国,才曚曚瞳瞳由海外灯塔上得些微光,汽船上的汽笛唤醒他的痴梦,汽车上的轮机触痛他的心肺。旧的家族生产制快打破了。旧的"士的阶级",尤其不得不破产了。畸形的社会组织,因经济基础的动摇,尤其颠危簸荡紊乱不堪。

我的诞生地,就在这颠危簸荡的社会组织中破产的"士的阶级"之一家族里。①

这段出现在1921年瞿秋白远赴苏俄途中的文字,说明此时的瞿秋白已经基本具备了唯物史观,学习运用"经济—社会"的方法分析中国传统"士的阶级"破产的原因。瞿秋白认为,造成以自己家庭为代表的"士的阶级"的破产,根源于"经济基础的动摇",随之统治阶级出现了"颠危簸荡紊乱不堪"的局面,而自己的家庭正是因为"社会地位的根本动摇,随着时代的潮流,真正的破产了"。②"'穷'不是偶然的,虽然因家族制的维系,亲戚相维持,也只如万丈波涛中的破船,其中名说是同舟共济的人,仅只能有牵衣悲泣的哀情,抱头痛哭的下策,谁救得谁呢?"③当封建的自然经济基础崩塌的时候,建筑在其上的家族制度、政治制度等等一切都要随之瓦解。在此基础上,瞿秋白跳出对家族命运的思考,转而分析中国封建社会瓦解的原因,他指出:"各人吃饭问题的背后,都有世界经济现象映着,——好像一巨大的魔鬼尽着在他们所加上去的正数旁边画负号呢。"④这时的瞿秋白已经开始从世界经济发展的角度分析中国社会出现诸多问题

---

① 《饿乡纪程·二》,《瞿秋白文集·文学编》第一卷,人民文学出版社1985年版,第13—14页。
② 同上书,第14页。
③ 同上。
④ 《饿乡纪程·三》,《瞿秋白文集·文学编》第一卷,人民文学出版社1985年版,第18页。

的主要原因,标志着瞿秋白思想的逐渐成熟。

2. 接受马克思主义经济学说

瞿秋白对马克思主义经济学说的早期接受,主要偏重于对剩余价值理论的接受。这与当时马克思主义在中国传播的大环境有关。

在晚清社会发展过程中,随着国势衰微,帝国主义盘剥中国的压力加大,封建统治者将这种压力转嫁到普通民众身上,造成中国社会内部矛盾不断激化,财富分配不均问题愈演愈烈。受此影响,国内知识分子纷纷寻求解决贫富差距矛盾加大问题的方法。渐渐地,马克思主义的剩余价值理论被逐渐发现,并形成了传播的热潮。

剩余价值理论是马克思政治经济学的基石,总结了资本主义经济生产在生产、交换、分配和消费等一切主要方面所呈现出的规律,揭示了资本家发家致富的原因,也解释了造成社会财富分配不均,贫富差距加大的主要原因。当时马克思主义传播者对剩余价值理论的传播,也主要是从这一点切入的。

李达在1920年12月1日《新青年》第8卷第4号上发表文章《劳工神圣颂》指出:"劳动者是万物的创造主,资本、利息、土地、货币,都是劳动者创造的。"[①] 但是,最终劳动者却一无所获。究其原因,是因为所有的劳动所得都被资产阶级掠夺了。之所以被掠夺,秘密就在于剩余价值的存在。什么叫剩余价值?传播者从价值入手,将物品价值、资本、利润、价格、劳动价值一层层剥离,说明劳动者劳动创造的价值,小部分作为工资给了劳动者(即劳动力的价值),其余的全部由劳动者劳动创造却被资本家剥夺去的价值就成了剩余价值。李大钊在《我的马克思主义观》中说,资本家为获得更多的剩余价值,会延长工人的劳动时间,同时降低工人的

---

① 《劳工神圣颂》(1920年12月),《李达文集》第一卷,人民出版社1980年版,第45页。

劳动报酬。① 通过这两种手段使财富越来越集中在少数的资本家手中，而大多数的劳动者却愈加贫困。陈独秀在《马克思学说》中进一步解释，剩余价值是资产阶级在生产过程中产生，并通过流通过程得以实现的。只有卖出货物，剩余价值才能进入"资本家底荷包"。②

这种对剩余价值理论的传播对瞿秋白接受马克思主义理论也产生了影响。瞿秋白将剩余价值中隐密的劳动剥削思想应用在分析中国的劳动问题和世界的劳动问题之中。他在1919年12月发表的《中国的劳动问题？世界的劳动问题？》一文中指出，"劳动界的不平，完全是资本家的专横压迫出来的，资本家要行他的经济侵略主义，所以要用劳动者来做他的机械，资本既然拿人当做机械自然越便宜越好"。③ 他进一步提出："从前经济上的'重商主义''保护干涉主义''自由主义'多是经济侵略主义的一种手段，多是对外贸易上的问题。如今由'自由主义'的结果，发生现在的劳动问题，所以也可以说劳动问题是间接从对外贸易发生出来的。"这是从经济发展角度来认识政治格局的变化。瞿秋白指出："如若世界上经济的发展得有一种近似的平衡，资本家也就不用再竭力的压迫劳动界，去行使他的侵略主义了。"④ 这也就指明了，世界战争之所以爆发的主要原因，在于经济发展的不平衡；资本家军事侵略的目的，在于夺取经济上的主控权。应该说，瞿秋白已经能够将马克思主义的剩余价值理论在中国的现实境况中找到最直接呈现的例证。

---

① 《我的马克思主义观》（1919年5月、11月），《李大钊文集》下，人民出版社1984年版，第72页。
② 《马克思学说》（1922年4月23日），《陈独秀著作选编》第二卷，上海人民出版社2010年版，第448页。
③ 《中国的劳动问题？世界的劳动问题？》（1919年12月1日），《瞿秋白文集·政治理论编》第一卷，人民出版社1987年版，第31页。
④ 同上。

3. 接受马克思主义科学社会主义理论

"社会主义"来自日文,对应的英语是"Socialism"。它的原始含义与我们今天一般人的理解差异较大。从 16 世纪社会主义的第一个派别——空想社会主义出现直到 19 世纪末 20 世纪,许多中国留日学生纷纷将在当时日本社会极为先进的社会主义思想译介到中国,"社会主义"一词一直与无政府共产主义、基尔特社会主义、日本的新村主义、工读互助主义纠缠在一起。如马君武在 1903 年发表的《社会主义与进化论比较》中介绍了马克思、恩格斯及其著作,但他用进化论来解释社会主义,把达尔文的生存竞争学说与马克思的阶级斗争学说混为一谈。1911 年 11 月,江亢虎领导中国社会党,公开高举社会主义旗帜。但是他们理解中的社会主义是中国传统大同思想、西方社会改良主义、国家社会主义相融合的大拼盘。即便是资产阶级革命派的代表人物——孙中山在介绍社会主义理论的过程中也存在理解上的偏差。孙中山推崇马克思及其学说,称赞马克思的"资本公有,其学说得社会主义之真髓"。① "鄙人对于社会主义,实欢迎其利国福民之神圣。"② 他指出:"社会主义有许多派别,如共产社会主义、集产社会主义、国家社会主义、无政府社会主义、宗教社会主义、世界社会主义,等等,综合起来无非两个派别——共产社会主义与集产社会主义。"③ "夫所谓集产云者,凡生利各事业,若土地、铁路、邮政、电气、矿产、森林皆为国有。共产云者,即人在社会之中,各尽所能,各取所需。"④ 在《三民主义·民生主义》中,孙中山认为马克思对社会主义做了"极透彻的研究","集几千年来人类思想的大成",马克思是"世界上社会主义最大的思想家",但

---

① 《在上海中国社会党的演说》(1912 年 10 月 14 日),《孙中山全集》第二卷,中华书局 1982 年版,第 518 页。
② 同上。
③ 同上。
④ 同上书,第 508 页。

同时又否认马克思的唯物史观，宣传民生史观，认为"平均地权"是民生主义的核心。孙中山认为"历史的重心是民生，不是物质"，社会发展的动力是阶级调和，不是阶级斗争，"阶级战争不是社会进化的原因"，而是"社会进化时所产生的一种病症"，因而反对在推翻地主资产阶级统治后，建立无产阶级专政的国家。他甚至还认为，共产主义是社会主义的"高级阶段"，集产社会主义是社会主义的"低级阶段"。由于当时中国的经济、国民素质均与共产主义的理想相差甚远，不可能达到，因此集产社会主义更适合我国国情，为"今日唯一之要图"。① 孙氏的社会主义理论与马克思科学社会主义理论最大的本质区别，是在改造社会的手段上，他主张改良，不赞成剧烈的暴力革命；在政治制度上，他践行的是民主共和，不主张无产阶级专政的社会主义。可见，当时的很多关于社会主义理论的传播文本，都"误解"了马克思科学社会主义理论，没有真正把握马克思科学社会主义理论的内核。

那么，什么才是马克思科学社会主义理论的内涵？五四时期，李达、李大钊、杨匏安、陈独秀等人对此问题进行了研究。李达在1919年6月18、19日通过发表一系列文章，对社会主义特征、社会主义与共产主义、社会主义与无政府主义等进行了初步剖析；后来在《讨论社会主义并质梁任公》等文章中对各种社会主义再次进行了详尽分析。杨匏安于1919年10—12月在《广东中华新报》上发表一系列文章，对社会主义、共产主义、集产主义、马克思主义、国家社会主义、基督教社会主义等分别进行了介绍。他指出，社会主义有广义、狭义之别。从广义上讲，"使个人的活动，悉向于从属社会公共目的，则名之社会主义"。广义上的社会主义，"主张于一般社会间，持平等主义设施敷布（如业产上生产机关，为人群共有，

---

① 《在上海中国社会党的演说》（1912年10月14日），《孙中山全集》第二卷，中华书局1982年版，第509页。

分配平等），则名之社会主义。"从狭义上讲，社会主义要求在"产业制度"上，"土地公有、资产共有"；在分配上，则要求按照劳动付出的比例获得相应的报酬。① 李大钊对科学社会主义的理解则更加全面，他指出，科学社会主义理论应该从政治、法律、经济三个方面来理解。"照政治方面言，必须无产阶级专政，方合其目的。"② "照法律方面言，必须将旧的经济生活与秩序，废止之，扫除之，如私有权及遗产制，另规定一种新的经济生活与秩序，将资本财产法，私有者改为公有者之一种制度。从经济方面言，必须使劳动的人，满足欲望，得全收利益。所以此种亦可分共产主义及集产主义两派。"③ 陈独秀则在1921年发表在《新青年》第9卷第3号的《社会主义批评》一文中，侧重分析了社会主义的五种流派，包括："一、无政府主义；二、共产主义；三、国家社会主义；四、工团主义；五、行会社会主义。"④ 陈独秀指出，这五个社会主义的流派，共同点在于都批判资本主义，主张废除私有制，建设共产主义。但是在如何达到共产主义的这个问题上，除了俄国革命真正遵循了"马克思的本来面目"⑤ 可称之为"共产主义"之外，其余的四种社会主义理论都是"明明白白反对马克思，表面上却挂着马克思派的招牌"⑥，它们与马克思科学社会主义理论在途径、手段、政策、策略等方面都存在较大差异。陈独秀认为，中国的社会主义革命应该遵循苏俄革命的道路，坚持阶级斗争，加强与世界共产主义国家的联系，才能真正实现共产主义。由此可知，关于科学社会主义理论的内涵经过了与各种形形色色社会主义理论的充分比较之后，才得以确立。这种辨析式

---

① 《社会主义（Socialism）》（1919年10月），《杨匏安文集》，珠海出版社2006年版，第125页。
② 《社会主义与社会运动》（1920年），《李大钊文集》下，人民出版社1984年版，第373页。
③ 同上。
④ 《社会主义批评——在广州公立法政学校演讲》（1921年1月15日），《陈独秀著作选编》第二卷，上海人民出版社2010年版，第345页。
⑤ 同上书，第347页。
⑥ 同上书，第349页。

的认知逻辑在瞿秋白接受科学社会主义理论的过程中也表现了出来。

1920年,瞿秋白读了李大钊的一篇《美利坚之宗教新村运动》后,接受了李大钊所提出的,"流入美利坚的社会主义,可以分做两大派别:一、乌托邦派;二、历史派"。① 瞿秋白分析了李大钊的文章中所介绍的宗教新村,从成立原因、组织结构、衰落原因等几个方面入手,总结出所谓宗教新村成败的因果,主要是"他们的意志,他们的理想和因理想的组织制度,与新村的存在、消灭、兴盛、衰落都很有关系"②。由此可知,这样的新村仅能存在于"受过现社会的高等教育的人"之间,而我们的新村"是要全世界的无强权的无阶级的社会实现"。所以,瞿秋白认为,新村运动失败的原因,在于他们的思想不是革命的,不是科学社会主义的。在《伯伯尔之泛劳动主义观》中,瞿秋白对比分析了伯伯尔与托尔斯泰的劳动学说,指出,他们两个人的共同观念在于:"劳动力和劳动底生产品不是可以拿来'买''卖'的'货物',而是供给人生'需要'的'东西','大家享用的东西';不应当有资产阶级来掠夺劳动者底劳动力和劳动底出产品。"只是,因为托尔斯泰是"宗教家,是哲学家",所以他所设计出来的"托尔斯泰式的生活是我们安心的生活";而伯伯尔是"科学家,是社会运动家",所以他的方法"是我们达到目的的方法"。瞿秋白在对比之后,表示赞成伯伯尔的"主张创造新社会——将来的社会,主张极激烈的改革运动——革命——根本的改造。如此才能消灭资产阶级底垄断'尊荣'和'精神的财产'"。③ 就在此时,瞿秋白参加了李大钊发起组织的马克思学说研究会,正式接触并开始学习马克思主义理论。

---

① 《读〈美利坚之宗教新村运动〉》(1920年1月21日),《瞿秋白文集·政治理论编》第一卷,人民出版社1987年版,第56页。
② 同上书,第59页。
③ 《伯伯尔之泛劳动主义观》(1920年4月21日),《瞿秋白文集·政治理论编》第一卷,人民出版社1987年版,第79—80页。

当然，不可回避的是，瞿秋白最初对马克思主义理论的理解也不同程度地存在问题。他总是将马克思主义理论与"教育救国论"和"实业救国论"等思想混合在一起。例如1919年11月，他在《革新的时机到了！》一文中指出："我们应当到穷乡僻县——远至于西藏、蒙古、新疆——去，实施平民教育"；实行"工学主义""学工主义"；在"研究科学，传播科学"①这个问题上，李大钊在五四运动以前，也曾提出过类似的主张，李大钊认为当时中国的根本问题是人民文化和觉悟不高，因之不能实行民权。这样看来，当时的瞿秋白与李大钊在教育救国论方面非常相似，都认为教育可以改造人的思想，为中国实现社会主义提供"智力支持"，一厢情愿地发展教育，就可以改变中国的现状。这一点与空想社会主义有很多相似的地方。瞿秋白认为只要明哲之士都"从事于国民教育，十年而后，其效可观。民力既厚，权自归焉，不劳尔辈先觉君子，拔剑击柱，为吾民争权于今日"，"若夫国民教育，乃培根固本之图，所关至钜，余当更端论之"。②由此可知，瞿秋白以及之前的马克思主义传播者对马克思主义理论的理解被打上了鲜明的五四印记，留有时代的历史局限性，这些都需要他在日后逐步修正。

三 接触苏俄社会主义实践，最终确立共产主义信仰

经过五四时期，特别是李大钊、陈独秀等人对马克思主义的传播，瞿秋白等五四时期成长起来的新一代马克思主义理论的传播者，从"阴沉沉、黑魆魆的天地间"，忽然发现"一线微细的光明"，寻到了"一条光明的

---

① 《革新的时机到了！》（1919年11月21日），《瞿秋白文集·政治理论编》第一卷，人民出版社1987年版，第25页。
② 《论民权之旁落》（1913年6月1日），《李大钊文集》上，人民出版社1984年版，第40页。

路"。这条路既是为大家开辟的,也是为自己开辟的。为了让自己迅速从五四新文化运动的西方资产阶级启蒙思想中剥离出来,瞿秋白"以整顿思想方法入手",用"当时已经略略领会得唯实的人生观及宇宙论","成就"他"世间的'唯物主义'"。瞿秋白在《饿乡纪程》中说,想用远赴"饿乡"之行,去"探一探险,求实际的结论,在某一范围内的真实智识——这不是为我的……我入俄的志愿——担一份中国再生时代思想发展的责任"①。从这段话中可知,瞿秋白对马克思主义理论的接受,是在五四新文化运动之后,远赴"饿乡"之前的这段时间内形成的。他的"饿乡"之行是在掌握了一定的马克思主义理论知识之后,要在现实的土壤上"求实际的结论",以印证自己对马克思主义的理解。

1920年10月,瞿秋白以《晨报》记者的身份去俄国。在苏俄的两年时间里,瞿秋白完成了《饿乡纪程》《赤都心史》和《俄罗斯文学史》等著作的写作。并在《晨报》上发表了《共产主义之人间化》《苏维埃俄罗斯之经济问题》《劳动政府之内外交之新局面》等数十篇报道,对俄国的政治、经济、文化、外交、党的建设、工人组织、农民问题、民族问题等做了较为系统的介绍。在报道第十次全俄共产党代表大会的情况时,他说:这次大会,"从共产党民族政策上看来,确为世界历史上开一新纪元"②,苏维埃俄国革命的历程,从理想到现实,必然要经过"几度人间化"。"俄国实行社会主义之后,世界各国都当他一个怪物,他的国际关系非常之奇特、复杂而且困难。各国资本家都害怕,想着种种方法,行经济的封锁绝他的粮,施政治的阴谋,暗助旧党。"③"人间化的程度愈深,愈见得共产主义实行之

---

① 《饿乡纪程·五》,《瞿秋白文集·文学编》第一卷,人民文学出版社1985年版,第31页。
② 《共产主义之人间化——第十次全俄共产党大会》(1921年3月31日—4月15日),《瞿秋白文集·政治理论编》第一卷,人民出版社1987年版,第194页。
③ 同上书,第195页。

可施，而亦愈见得实行时的难有把握。"① 这是中国人第一次深入俄国革命实地，向国内民众报道关于俄国"十月革命"之后的苏俄社会主义国家现状。通过瞿秋白的介绍，一方面为了让中国人民了解到被西方媒体宣传为"洪水猛兽"般的苏俄社会主义国家的真面目，加强马克思主义在中国的进一步传播；另一方面也使瞿秋白完成了从民主主义者向马克思主义者的过渡和转变。

通过梳理瞿秋白在这期间留下的文稿，笔者发现，在这一时段对马克思主义的接受过程中，瞿秋白分别是从中国传统知识分子、中国现代知识分子和中国进步的无产阶级知识分子三种身份展开的对苏俄社会主义国家建设的实地观察和报道。在这三种身份的变换过程中，瞿秋白逐步跳出个体视角，从第三者的视角来理性认知苏俄社会主义的国家建设过程，并形成了将"共产主义人间化"、苏俄的马克思主义中国化的最初构想。

1. 从传统知识分子角度，初步认识苏俄社会主义

瞿秋白是深受中国传统文化影响的知识分子，即便他批判过中国传统文化的落后、专制，但是中国传统文化已经内化在他的血液之中。所以，瞿秋白在直面苏俄社会主义建设实际情况的时候，起初依旧是从中国传统知识分子的角度来认知，并形成对苏俄式马克思主义理论的初步理解。或者可以这样说，在瞿秋白对马克思主义的接受过程中，他首先是在讲述他个人的故事，从他所生活的环境和个人经历出发，认识和理解马克思主义。

在《饿乡纪程·绪言》中瞿秋白说，"想必大家都以为我是疯子了"②。这个"疯子"与鲁迅在五四新文化运动中发表的《狂人日记》中的"狂

---

① 《共产主义之人间化——第十次全俄共产党大会》（1921年3月31日—4月15日），《瞿秋白文集·政治理论编》第一卷，人民出版社1987年版，第228页。
② 《饿乡纪程·绪言》，《瞿秋白文集·文学编》第一卷，人民文学出版社1985年版，第5页。

人"颇为相似。"疯子"和"狂人"都曾深受中国传统文化的影响,都在"阴沉沉,黑魃魃,寒风刺骨,腥秽污湿"的地方长久生活过,"没见一点半点阳光"。这样的生活,如同一个"铁屋子","没有窗户而万难破毁"。在这里生活久了,"视觉本能几乎消失了",虽有"香甜的食物,软软的被褥",也只能"昏昏酣睡"。但是,"疯子"与"狂人"唯一的不同在于,后者将改变现状的希望寄托于明天,寄托于孩子的身上,而前者却直接从现实中找到希望。因为,此时有一个"他"出现了。"'他'使我醒,他是一个不可思议的谜儿,他变成了一个'阴影'朝朝暮暮地守着我。"①"那'阴影'鬼使神差地指使着我,那'阴影'在前面引着我。"② 这里所指的"他"即为随着俄国"十月革命"之后在中国形成的关于马克思主义理论的传播热潮。而随后对于这个"他"的介绍,诸如"遍地的红花染着战血,就放出晚霞朝雾似的红光,鲜艳艳地耀着"③、一片"血也似的红"等这些,都是从"疯子"的眼中所看到的,从内心所感受到的对于"他"的印象。

特别须要指出的是,瞿秋白对马克思主义的接受在很大层面上都是从主体需求的变化出发,以主体叙事作为重要的内容。比如,瞿秋白这一代成长在逐渐落寞的中国传统文化下的知识分子,他们普遍感到"中国香甜安逸的春梦渐渐惊醒过来,一看已是日上三竿,还懒懒的朦胧双眼欠伸着不肯起来呢"。④ 在经历过自清末民初巨大的社会变革后,很多旧式知识分子都意识到要迅速寻找新的思想武器,改变这种落后的局面。但是,这种新的思想武器在哪里呢?很多知识分子将目光投向了西方,介绍了进化论、天赋人权等思想到中国,也运用这些"思想武器"组织了资产阶级政

---

① 《饿乡纪程·绪言》,《瞿秋白文集·文学编》第一卷,人民文学出版社1985年版,第3页。
② 同上书,第4页。
③ 同上。
④ 《饿乡纪程·四》,《瞿秋白文集·文学编》第一卷,人民文学出版社1985年版,第23页。

党,实行了推翻封建帝制的资产阶级革命,但历史告诉我们,这些思想不足以扭转中国国运的"颓势"。这种对封建文化和资产阶级文化的双重失望,造成"'自由''平等''民权'的口头禅,在大多数社会思想里,既使不生复古的反动思潮,也就为人所厌闻——一激而成厌世的人生观:或是有托而逃,寻较远于政治科学的安顿心灵所在,或是竟顺流忘反,成绮语淫话的烂小说生涯"。① 这是以瞿秋白为代表的旧式知识分子在清末民初社会变革过程中真切的个体感受。

出于急于寻路的迫切愿望,很多年轻知识分子有了"'变'的要求",②五四学生爱国运动应运而生。但是,很快他们就发现"'德谟克拉西'和'社会主义'有时相攻击,有时相调和"。③ 这些都不足以改变中国的现状。于是,瞿秋白在零星接受了一些马克思主义理论的知识后,逐步走上了毛泽东同志在《论人民民主专政》中所谈的那条路——"走俄国人的路"④。然而这一无产阶级宇宙观的确立和"以俄为师"道路的择定,绝不是中国共产党人头脑中旦夕之间所确立的,它是在冲破各种非马克思主义以及资产阶级民主主义、自由主义、人道主义思潮包围圈之后,根据中国特殊的国情、具体的现实环境所做出的决定。

从《饿乡纪程》的第一节至第五节,瞿秋白一直陷入回忆之中,而这段回忆也是从"疯子"的角度,来重新梳理中国旧式传统知识分子接受马克思主义的心理发展过程。从"去国"之前到济南与父亲辞别,到返回北京与亲戚朋友的一一惜别,再到踏上火车,"一声汽笛,忽然吹断了我和中国社会的万种'尘缘'。从此远别了!"⑤ 这是一段对自己的成长经历极其细

---

① 《饿乡纪程·四》,《瞿秋白文集·文学编》第一卷,人民文学出版社 1985 年版,第 23 页。
② 同上书,第 25 页。
③ 《饿乡纪程·五》,《瞿秋白文集·文学编》第一卷,人民文学出版社 1985 年版,第 29 页。
④ 《论人民民主专政——纪念中国共产党二十八周年》(1949 年 6 月 30 日),《毛泽东选集》第四卷,人民出版社 1991 年版,第 1471 页。
⑤ 《饿乡纪程·五》,《瞿秋白文集·文学编》第一卷,人民文学出版社 1985 年版,第 32 页。

致的梳理，他时而写"一家星散，东飘西零"的伤感；时而写童年玩伴、自家亲戚在生活中的困顿；最后将过去与现在相联系，写出自辛亥革命以来，自己的思想从消沉、求索到奋起的过程，直至倾向于社会主义和唯物史观的整个过程。应该说，这些文字都是瞿秋白为自己赴俄之前做的思想感情方面的小结，同时也为赴俄做精神方面的准备，而指引自己和读者回溯这段经历的主导者，就是"疯子"自己，表明这是从主体叙事角度展开的回忆。

2. 从新闻传播者角度，全面报道苏俄社会主义

在苏俄的两年零三个月的时间里，瞿秋白写了 4 本书、50 多篇以通信为主的文章，还和同行的俞颂华、李宗武合作发出了 30 多条电讯，总字数多达 10 万。在赴俄的三名特派员之中，瞿秋白是写得最多的一个。瞿秋白把对"十月革命"之后的苏俄社会主义国家的报道主要分为四个方面的内容：日常见闻或者突发事件的报道；重要社会问题的连续关注；重要会议的全程记录；重要人物的直接访谈。在报道这些内容的过程中，瞿秋白始终坚持客观公正的新闻态度，尽可能地还原事件发生的真实积累，从呈现事实、分析原因到总结归纳三个步骤来逐步推进对报道内容的介绍进程。

比如，他在《哈尔滨四日之闻见》中对哈尔滨在交通、商业、教育、新闻传媒、文化交流等方面的见闻，指出在哈尔滨存在的中、日、俄三方文化之间的冲突与融合现象；在《共产主义之人间化——第十次全俄共产党大会》中，如实报道了大会在民族问题、外交问题、党组织问题和共产国际四个方面的主要内容，并指出，这篇报道"所根据之材料虽有限，而于俄国现政治可以得一个大概的概念"。虽然瞿秋白自谦"俄文程度太浅"，到俄国"不过两个多月，见闻不能十分广，所集材料却是纸上的居多"[①]，

[①]《共产主义之人间化——第十次全俄共产党大会》（1921 年 3 月 31 日—4 月 15 日），《瞿秋白文集·政治理论编》第一卷，人民出版社 1987 年版，第 224 页。

但是他已经明确意识到,俄国革命史对于中国革命来讲,"是一部很好的参考资料呵"①。所以,随着瞿秋白对苏俄社会主义国家在经济建设、政治建设和文化建设方面的深入了解,已经能够逐渐形成对马克思主义理论更为真实和立体的认识,并为日后自己的传播打下了坚实的基础。

在报道苏俄社会主义国家建设的过程中,随着瞿秋白掌握的材料逐渐增多,他已经开始有意识地分析这个国家的社会主义建设在理论层面的重要依据。这是一种学理性的分析。比如1921年3月间,瞿秋白以记者身份参加了莫斯科召开的俄共(布)第十次代表大会。这次大会的召开,标志着俄国从战时共产主义向新经济政策伟大转变的开始,它在俄国社会主义建设史上占有极其重要的地位。列宁出席了大会,并做了报告。瞿秋白敏锐地把握住这个大会的主旨,集中精力连续写了长篇通讯《共产主义之人间化——第十次全俄共产党大会》,全文约3万字,在《晨报》连载27次。他向中国人民报告了苏俄政治、经济、民族、外交等方面的状况,指出俄国正在从军事状态过渡到和平状态。他赞赏了苏俄共产党人和政治制度,称颂苏俄政治"不失为一种贤人政治",并指出,苏俄的共产主义是"无国界""自由平等"的。正因为有了苏俄的先期实践,"共产主义从此不能仍旧是社会主义丛书里的一个目录了",苏俄开始"人间化"了。在1921年5月12日—6月15日完成的《苏维埃俄罗斯之经济问题》的追踪报道中,瞿秋白从政府公报上、非公报上引用大量的数据来完成对苏俄社会推行"食粮课税法"政策在学理方面的研究。他引证了六个表,包括:现时农业集产制的发展状况,在推行"食粮课税法"之前田地和工力的分配状态,以及在推行"食粮课税法"之后,苏维埃经济各区(并几省为一区)工力的分配状况,食粮、畜牧业在此之后的发展状态。从这六个表中,瞿秋白总

---

① 《共产主义之人间化——第十次全俄共产党大会》(1921年3月31日—4月15日),《瞿秋白文集·政治理论编》第一卷,人民出版社1987年版,第230页。

结出"社会主义革命的意义在于经济改造。俄罗斯之经济改造,其要点就在于农业经济,为全体经济命脉之所在"。① 而"共产党之一切农民政策",必须坚持两个原则:(一)充分重视农民的小资产阶级心理,"以'非督促之向社会主义的经济改造'为第一原则",也就是自愿参加以集体生产为首位;(二)"极力设法增加农业生产力,以'搜取食粮于乡间'为第二原则。"② 这段翔实的分析,是瞿秋白对"俄罗斯之经济问题"在追踪报道中,为了进一步详细考察这一经济政策产生的原因而进行的调查研究。这一研究为日后瞿秋白关于农民问题的提出奠定了基础,同时,也进一步加深了瞿秋白对马克思主义理论的认识。

3. 从进步无产阶级知识分子角度,深入学习马克思主义理论

随着对苏俄社会报道的深入,瞿秋白逐渐将自我融入到社会发展的洪流之中,不再只关注个体的生命体验,而是从群体、民族的利益出发考察历史的发展变迁。在瞿秋白《赤都心史》的后半段,时常流露出这种从进步无产阶级知识分子角度认知苏俄社会主义实践经验的接受特点。

在《赤都心史·四八·新的现实》中,瞿秋白指出,"中国二十世纪二十年代的一辈青年,刚处于社会思想史的'蜂腰'时期。有清一代对宋学的反动,汉学的今古文派,佛学派,到光绪末年——二十世纪之初,梁启超、刘申叔、章炳麟诸人后,突然中绝。从此时起,西欧日本新学说如潮的'乱流'湍入。东西文化区别界限之大,骤然迎受不及,皮相的居多",在此"乱象"之下,"中国此时一辈青年……旧的'汉学考证法','印度因明学',不知道;新的,西欧的科学方法,浮光掠影得很。同时经济状况的发展,新资产阶级发生,自然而然,自由派的民治派的思想勃起,浮浮

---

① 《苏维埃俄罗斯之经济问题》(1921年5月12日—6月15日),《瞿秋白文集·政治理论编》第一卷,人民出版社1987年版,第275页。
② 同上书,第285页。

掠过"。瞿秋白恰是这一代年轻人中的一员，他切身感受到，这一代处于新旧文化"断层"期的知识分子："的确知道'要'了，可是他们只知道'要'……要自由，要平等……'怎么样？''是什么？'蒋梦麟说'问题符号满天飞'，其实就因为问题符号只在飞，可见还不知道怎样设问，怎么摆这符号，何况答案！"①这种只知道要自由、要平等的现象在五四新文化运动早期表现得尤其明显。瞿秋白分析道，受来自于西方资产阶级的人道主义、民主主义思想的影响，中国的进步青年局限于字纸上的"改良与革命""放任主义与干涉主义""有政府主义与无政府主义"等，并没有学会从实际的生活中寻找答案。瞿秋白进一步指出，其实马克思主义理论不在书本上，而是在实际的生活中，知识青年只有"于现实生活，社会之动流中，须得实际的论证方法，那才走得人类文化史的一步。中国当代的青年！……先知道中国'是什么？'然后说'怎么样？'……至于'我们''要什么？'且放在最后再说"。②也就是先放弃个性主义、自由主义、人道主义的口号式的宣传，进入中国的实际生活之中，了解中国社会到底是什么性质的社会，为什么会呈现这样的社会性质，才是首先要解决的问题，也是历史唯物主义解决问题的方法。这种将目光从个体向群体延伸，由空洞的"呐喊"转为现实的"行动"，将自我融入人民群众解放事业之中的意识，在他日后发表的《历史的工具——列宁》中体现得更为明显。在这一文章中，瞿秋白认为以列宁为核心的布尔什维克党在世界资本主义发展到20世纪帝国主义阶段的时候，适时抓住破坏欧战的时机，"以强烈的手段攻破了"帝国主义的"铁网"，开始了"自己的建设事业"。并且，当"世界无产阶级革命的潮流都集中于俄国——组成了共产国际"的时候，以列宁为核心的布尔

---

① 《赤都心史·四八·新的现实》，《瞿秋白文集·文学编》第一卷，人民文学出版社1985年版，第246页。

② 同上书，第248页。

什维克党"开始了远大的革命计划",将中国、印度、土耳其等殖民地国家的国民运动转变为"世界社会革命的一部分,而且是必不可少的一部分"。这样,列宁用"东方革命政策"使"欧美各国无产阶级与亚非各洲的平民之间,找着了一个联合战线的方法"①。在实现由中国社会主义革命到国际无产阶级大联盟建设的过程中,"列宁不但是无产阶级革命的指挥者,并且是一切平民受压迫者的革命运动之组织者",②取得了一系列的成就。但是,瞿秋白指出,列宁决"不是英雄",抑或"伟人",他"只是二十世纪世界无产阶级的工具"③。"假使没有列宁,世界的帝国主义仍旧是在崩坏,国际的无产阶级仍旧要进行社会革命,东方各国的平民仍旧是进行国民运动;——不过若是没有列宁,革命的正当方略,在斗争的过程里,或者还要受更多的苦痛,费更多的经验,方才能找着",所以"历史的演化有客观的社会关系做他的原动力,——伟人不过在有意无意之间执行一部分的历史使命罢了"。④可见,在瞿秋白看来,列宁之于苏俄革命、建设乃至世界无产阶级革命的价值,是他个人的革命理念在群体范围内获得支持,并在贯彻中不断进行校正,最终形成经得起历史考验的苏俄式马克思主义理论。从这一点来说,列宁的革命思想既是个人的,又是集体的。此时的瞿秋白已经完全摆脱了旧式知识分子的历史局限性,在革命的洪流中找到了人民群众的力量,将自己"锻造"成为五四新文化运动之后马克思主义在中国的重要传播者。对于这段经历,瞿秋白在日后的《多余的话》中坦言:"我二十一二岁,正当所谓人生观形成的时期,理智方面是从托尔斯泰式的无政

---

① 《历史的工具——列宁》(1924年3月9日),《瞿秋白文集·政治理论编》第二卷,人民出版社1988年版,第487页。
② 同上。
③ 同上书,第486页。
④ 同上。

府主义很快就转到了马克思主义。"① 这个"很快"实际上并非如此。它从童年就已经"孕育",经历了20多年的成长,在"饿乡""开花",在归国之后,结出丰硕的成果。

今天回顾瞿秋白接受马克思主义的历程,他经历过摆脱中国传统文化的禁锢阶段,经历过马克思主义理论的早期接受阶段,并见证了苏俄社会主义建设的实践历程,才从激进的革命民主主义者转变为马克思主义者。这个历程,既有历史的必然性,也有偶然性。必然性在于近代中国,特别是五四新文化运动彻底"清除"传统文化,在这种文化"换血"的时代要求下,马克思主义理论作为既不同于传统文化,又不同于西方资产阶级文化的先锋思想与当时激进的"五四""吐故纳新"的风潮相契合,为最新成长起来的一代进步知识分子所接受并认同。偶然性在于瞿秋白的个人成长经历中,从进入俄文专修馆学习俄语,接触到苏俄文学直至有机会亲赴苏俄、报道苏俄,这段人生历程让他与苏俄式的马克思主义"邂逅",并进一步接触到苏俄式马克思主义背后的理论根源。

在这里必须提出的是,瞿秋白这种从批判基础上接受新思想的过程与马克思本人探索历史唯物主义的过程非常相似。批判地审视世界是马克思主义经典作家共用的精神特质。马克思是在批判前人错误思想和现实的错误实践的基础上提出了他的理论观点。没有马克思和恩格斯对黑格尔、费尔巴哈的驳斥,就不会有对"唯物主义"概念的澄清;没有对休谟和康德的驳斥,就没有真正的"唯物主义立场"。没有列宁对民粹派虚伪假象的揭示,就不会有俄国工人理论觉悟的提高,同样没有对斯大林对孟什维克的尖锐否定,也不会有俄国工人革命运动的深入。由此可知,在马克思主义形成和发展的过程中,没有批判的眼光是不可能发现自己的"存在";没有

---

① 《多余的话·脆弱的二元人物》,《瞿秋白文集·政治理论编》第七卷,人民出版社1991年版,第701页。

批判的建设也不可能形成蔚为壮观的革命洪流,这是马克思主义经典作家治学的契机和前提。

无独有偶,瞿秋白也是在批判传统文化和西方资产阶级文化的基础上接受了马克思主义,并且在亲赴苏俄、考察苏俄的社会主义建设之后,确立了马克思主义信仰。瞿秋白接受马克思主义的过程是其思想从传统向现代转型的过程。同时也必须看到,他的接受决定了他的传播;他的传播也影响了他对马克思主义理论的进一步接受,这是一个辩证的逻辑过程。瞿秋白自1923年归国之后的马克思主义传播活动充分说明了这一特点。

第三章　瞿秋白从中国实际出发对马克思主义的传播

如果说，1899—1923 年瞿秋白尚处于从个体认识层面接受马克思主义的阶段；那么 1923 年归国之后，瞿秋白开始了自觉传播马克思主义的阶段。

1923 年 4 月，瞿秋白回国不久，即参加了党中央机关工作，任中央宣传委员会委员。他积极参加筹备党的第三次代表大会，准备党的纲领草案；建设上海大学，任上海大学社会系主任；主办党的理论刊物，如《新青年》《向导》和《前锋》等；宣传党的民主纲领和政策，编辑了党的第一张报纸——《热血日报》。通过参与这些活动，瞿秋白加深了对从"苏俄""输入"马克思主义基本理论的理解，特别是对马克思主义哲学、政治经济学和文化理论方面的理解。在哲学方面，他翻译了大量俄文的马克思主义经典作家作品，也介绍了许多苏联著名的马克思主义哲学著作到中国。瞿秋白译介的马克思主义哲学著作包括：20 世纪 20 年代初，根据马克思、恩格斯几本哲学名著的俄文版、英文版和俄国学者的马克思主义哲学著作，译撰而成的《现代社会学》《社会哲学概论》《唯物论的宇宙观概说》和《马克思主义之意义》等。其中《社会哲学概论》的"唯物哲学与社会现象"一章，基本上是恩格斯《反杜林论》的摘译；而《现代社会学》除了第一章外，其余四章几乎是布哈林《历史唯物主义理论》第 1—4 章的转译。此外，他还翻译了俄国哲学家郭列夫的《无产阶级之哲学——唯物论》、梅林的《历史的唯物主义》等书。20世纪30年代初，瞿秋白根据当时中国革命出现的新问题，从哲学角度进行了分析，发表了《唯物辩证法的合法主义化》《马克思和恩格斯》等论文。

除了哲学译著之外，他还翻译了列宁主义、斯大林关于苏俄社会主义革命理论的译作，如列宁在共产国际第四次大会上的报告《俄罗斯革命之第五年》，节译了斯大林关于民族问题的两篇著名文章（即在俄共（布）第十次代表大会上关于民族问题的报告和提纲），以及《列宁主义概说——改译施达林著之〈列宁与列宁主义〉里的一部》《列宁主义与中国的国民革命》。1926年瞿秋白利用生病住院的间隙编译了俄国革命史的第一部分——《俄国资产阶级和农民问题》，并于1927年7月出版。他表示之所以要赶紧将书编译出来，是因为随着大革命的深入发展，"农民问题已摆在面前了"。他在这本书的序言中说，俄国的资产阶级革命不可能彻底解决农民的问题。想要真正让俄国农民获得土地，实现独立和自由，必须依靠无产阶级的力量，听从无产阶级的指挥。他进而指出，这是俄国革命的经验，对中国无产阶级革命来讲，有重要的参考价值和意义。

在传播苏俄革命理论的同时，瞿秋白坚持从国际化视角，加强对国际共产主义运动的介绍。瞿秋白有过长期在共产国际工作的经验，他一方面积极参与共产国际的各项活动，尤其是关怀和支持殖民地半殖民地国家的革命运动；另一方面加强宣传，将国际的无产阶级革命经验介绍到中国，也将中国的革命经验推荐到国际舞台之上。1920年，瞿秋白翻译了俄国革命家托摩的《俄国革命纪念》。1922年翻译了郭范仑夸的《俄国无产阶级之社会观》、洛若夫斯基的《共产主义之于劳工运动》。同年，瞿秋白撰写了《世界社会运动中共产主义派之发展史》和《少年共产国际》，介绍了国际共产主义运动的历史。1923年归国后又写了《世界的社会改造与共产国际》

《现代的劳资战争与革命》，介绍共产国际的纲领与策略问题。他主编的《新青年》季刊第一期就是"共产国际号"。除了发表如上几篇文章外，还刊载了共产国际第四次代表大会关于东方问题纲要、共产国际第四次代表大会概观和赤色职工国际第三次大会关于殖民地半殖民地职工运动问题提纲等。另外，他还写过《世界职工运动现状与共产党的任务》《世界各国革命及其无产阶级运动》《国际无产阶级之社会革命运动》《二十世纪之革命》《现代民族问题》《世界的农民政党及农民协会》等论文，高度赞扬了国际无产阶级革命运动的发展和各国共产党的革命斗争。大革命时期，瞿秋白翻译了洛若夫斯基《世界劳工运动之现状》，同时针对国际问题和各国革命斗争的现状，发表了一系列论文，如《帝国主义的裁兵与世界的武装》《道威斯计划与世界帝国主义》《所谓大英帝国》《寡头政治美国》《意大利的法西斯蒂侵略政策》《危机中的波兰》《国民革命中之土耳其》《印度的革命工人》《印度的社会运动》《摩洛哥与叙利亚》等。在这些论文中，一方面揭露和谴责帝国主义对内加重剥削、对外加紧侵略的反动本性与政策，指出他们的所谓"和平""裁兵"实际上是加强侵略和剥削的诡计；另一方面高度赞扬了土耳其、印度、爪哇、摩洛哥、埃及、叙利亚、波兰等被压迫民族的革命斗争。五卅运动以后，瞿秋白把中国反动派的"反赤化"言论与帝国主义在世界上其他国家鼓吹的"反赤化"言论联系起来，发表了《世界的及中国的赤化与反赤之斗争》，既强烈谴责并揭露了国际帝国主义的"反赤"阴谋，又赞扬了世界和中国无产阶级的赤化运动，提出"世界社会革命的过程里，包含着弱小民族的国家革命在内；国民革命的世界的意义，固然是世界社会革命之不可分隔的一部分；然而就各殖民地本国而论，这种国民革命的职任，并非直接地实行社会主义的经济改造；他的性质始终带着资产阶级革命的色彩，他的切近的目的是在推翻种种变相的封建制度宗法社会，打倒外国的资产阶级而解放资产阶级的本国。所以现时的赤化，在殖民地半殖民地就简直等于国民革命的意义"①。瞿秋白高度评价了赤化运动，即国民革命运动的重要意义，认为只有通过这种"赤化"才能推翻帝国主义的统治，获得殖民地半殖民地人民的彻底解放。到了1928年左右，瞿秋白翻译了德国共产主义者德尔曼的《共产国际第六次大会及德国共产党之任务》以及《共产国际章程》和《共产国际党纲》。特别是在党的第六次代表大会以后，从1928年7月—1930年6月，瞿秋白留在共产国际工作，担任中国共产党驻共产国际代表团团长，并当选为共产国际执行委员会委员和主席团委员，他对共产国际的介绍更为全面和系统。在这期间，他参加了共产国际的许多会议，曾多次为国际执委会起草文件，参与有关国际共产主义运动重要问题，特别是有关殖民地半殖民地革命问题的讨论和决策。如1928年7—9月，瞿秋白参与了共产国际第六次代表大会所做《关于殖民地半殖民地的国家革命运动的补充报告》和讨论后的"结束语"及发言、参加起草纲领草案。1929年在共产国际执委会第十次全会上参与《共产国际在殖民地革命中的策略》的演讲等，在共产国际机关刊物《共产国际》、苏联《真理报》《亚洲赤色海员》等报刊上发表过多篇文章，如《论中国革命》《中国革命万岁!》《中国的苏维埃革命》《纪念五卅的责任》等，发表了他对国际形势问题的看法，向全世界劳动人民介绍了中国共产党领导中国革命的历史和正在展开的波澜壮阔的农村革命武装斗争，宣传了中国"伟大革命"的意义。瞿秋白的这些努力在一定程度上增进了中国无产阶级革命运动与世界无产阶级革命运动的联系，使中国的国内革命始终与世界无产阶级革命保持高度的相关性和一致性。

1931年，瞿秋白投身左翼文艺运动之后，译介了大量最新的马克思主义文艺理论和苏俄文学作品。当时马克思、恩格斯的文艺论著还很少译成

---

① 《世界的及中国的赤化与反赤之斗争》（1926年6月7日），《瞿秋白文集·政治理论编》第四卷，人民出版社1993年版，第294—295页。

中文，中国的进步文化界主要是从苏联、日本学者的著作中了解马克思主义的文艺观点，而这些著作在理论上大都带有某些缺陷或不足，加上受到当时苏联、日本的"左"派文艺团体的不良影响，使文艺问题上的机械论和庸俗社会学等错误思想相当流行。针对这种情况，瞿秋白编译、著述了《现实——马克思主义文艺论文集》，包括《恩格斯论巴勒扎克》《恩格斯论易卜生》的两封信、普列汉诺夫的四篇文艺论文，对文艺的真实性与倾向性的关系问题、典型人物的塑造问题、创作方法与世界观的关系问题等，都做了精辟的论述；对于提高左翼文艺运动的思想水平，纠正错误倾向，发挥了良好的引领作用。在这段时期内，瞿秋白一直关注最新出版的普洛文学家的创作，比如高尔基的创作和绥拉菲摩维支的创作。他翻译了 G. 涅拉陀夫的《绥拉菲摩维支〈铁流〉序言》；A. D. 楷戈达耶夫的《苏联十五年来的书籍版画和单行版画》。特别是关于高尔基的介绍，他不仅翻译了别人评论高尔基的作品，如 1933 年 10 月，从俄国《普拉夫达报》翻译了 V. 吉尔珀汀的《高尔基——伟大的普洛艺术家》、A. S. 布勃诺夫的《高尔基的文化论》，G. 涅拉陀夫的《绥拉菲摩维支〈铁流〉序言》，还专门将高尔基的创作收集成册，1933 年出版了《高尔基创作选集》，1936 年出版了《高尔基论文选集》。前者收入 1936 年瞿秋白去世后，鲁迅为其编纂的《海上述林》下卷"藻林"；后者收入《海上述林》的上卷"辨林"。瞿秋白生前还为这两本选集写了长篇前言和后记，对高尔基的社会政治观点和文艺思想做了中肯的评价。他在给鲁迅写的一封长信中说："翻译世界无产阶级革命文学的名著，并且有系统的介绍给中国读者……这是中国普洛文学者的重要任务之一。"① 通过这些译著，填补了中国马克思主义文艺理论的空白，也奠定了瞿秋白在中国新民主主义文化中身为开拓者和建设者的重要地位。

---

① 《论翻译——给鲁迅的信》（1931 年 12 月 5 日），《瞿秋白文集·文学编》第一卷，人民文学出版社 1985 年版，第 504 页。

瞿秋白一生对马克思主义的传播文本数量很大。据粗略估计，大概不少于200万字。通过梳理可知，瞿秋白传播马克思主义理论的载体主要包括译文传播和论文传播两个部分。译文传播是指瞿秋白通过俄文直接翻译马克思主义经典作家的论著，并推介到中国，成为无产阶级革命的重要理论指导。论文传播是指瞿秋白从中国的具体国情出发，将自己对马克思主义的理解传播到具体的无产阶级革命斗争中。由于译文传播侧重于在尊重原作者的创作意图和作品的语言风格基础之上，尽可能用第二种语言"复归"原作；论文传播侧重于在明晰原作者的创作背景和"潜在"话语之后，用后来人的态度和观念"重塑"原作。比较这两种传播，前者是基础；后者是拓展。如果按照时间发展的线索，译文传播是论文传播的前身；如果从空间的辐射面积而言，论文传播会在最大程度上延伸译文传播的广度和深度。具体到瞿秋白传播马克思主义理论的内容可大致分为四个方面的内容：马克思主义哲学、列宁的新经济政策、科学社会主义理论和马克思主义文艺理论。这四个内容既互相联系，又各自区别，呈现一种互补的状态。

一 对马克思主义哲学的传播

五四新文化运动之后，马克思主义在中国传播，大多依旧如五四时期前一样，从日文翻译而来的作品居多。由于这种特殊的传播渠道，造成马克思主义为日本理论界接受与传播的情况，直接影响到了马克思主义在中国的传播。如《共产党宣言》英译本序和第一章，最初是由民鸣从日文转译，并发表在日本的《天义报》上（1908年1月和2—5月）；《共产党宣言》的全译本，也是由陈望道从日文转译过来，1920年8月由上海社会主义研究社出版。马克思主义的唯物史观，最初是通过渊泉所译日本学者河上肇所著《马克思的唯物史观》里所援引的一些段落译介过来的，该文

1919年5月5日—8日连载于北京《晨报》。马克思主义的经济理论著作《雇佣劳动与资本》，最初也是由食力从日文转译的，当时以"劳动与资本"为名刊发于1919年5月9日—6月1日《晨报》上。① 这些通过日文和日本学者的阐释所译介的马克思主义理论著作，染上了浓重的日本学者选择马克思主义经典范本的色彩。毕竟这些哲学、政治经济学、科学社会主义的全文或段落，不是原著，而是经过日本社会文化洗礼和中国早期马克思主义者的主观理解之后"过渡"到中国来的。比如，李大钊《我的马克思主义观》会按照进化论的"线性"思维逻辑解读马克思主义理论；陈独秀在他的《马克思学说中》中，从剩余价值、唯物史观、阶级斗争和无产阶级专政几个角度建构了马克思学说。李达在《马克思还原》中也将马克思主义分为"五个原则"："马克思社会主义是科学的，其重要原则有五：一、唯物史观；二、资本集中说；三、资本主义崩坏说；四、剩余价值说；五、阶级斗争说。"② 这些对于马克思主义的理解和介绍存在着学理上不系统和内容上不准确的问题。

学理上不系统主要是指李大钊、陈独秀、李达等的传播偏重于从解决社会问题出发阐释马克思主义理论，缺少从学术体系上建构马克思主义理论的意识。李大钊认为马克思唯物论提供国人认识世界、解释世界的方法，所谓唯物史观是"历史的解释方法不求其原因于心的势力，而求之于物的势力"；③ 而陈独秀关于在中国通过"实现政党政治来代替武人政治，亦即是以人民权力来代替军阀权力"④ 的主张在当初虽然起到了"革命启蒙"的

---

① 参阅《马克思恩格斯著作中译文综录》，书目文献出版社1983年版，第1119—1122页。
② 《马克思还原》（1920年12月26日），《李达文集》第一卷，人民出版社1980年版，第31页。
③ 《唯物史观在现代史学上的价值》（1920年12月1日），《李大钊文集》下，人民出版社1984年版，第362页。
④ 《对于现在中国政治问题的我见》（1922年8月10日），《陈独秀著作选编》第二卷，上海人民出版社2010年版，第469页。

作用，但是缺少对从学科角度论证其存在的理论价值和从科学角度证实其实践价值这一环节，使得马克思主义理论陷入符号化、口号化的局限之中。

内容上不准确主要是指李大钊等人在对马克思唯物史观的介绍中，缺少联系地看问题的方法，仅强调了经济决定论，而忽视了生产关系对生产力、上层建筑对经济基础的反作用力。这显然也是一种对马克思主义哲学思想的"误读"。

瞿秋白的传播在一定程度上纠正了这些问题。他从俄文直接翻译马克思主义经典作家作品，将苏俄马克思主义理论家的最新成果介绍过来，不仅用中国的哲学话语建构相对完整的马克思主义理论体系，而且不断探寻马克思主义理论的科学内涵，提出宇宙观和世界观的主张，为马克思主义在中国的进一步传播打下了坚实的基础。

1. 对唯物论基本问题的阐述

瞿秋白对唯物论基本问题的阐述主要集中在1923年完成的《社会哲学概论》一书中。这是瞿秋白在上海大学任教期间的教材。这本教材概括介绍了恩格斯《反杜林论》的主要内容，阐述了唯心主义、唯物主义、二元论、折中论等理论的产生、发展及其特点。他从历史发展的纵向线索出发，梳理了17、18世纪以来英、法、德等国哲学发展的历程，以及在这个历程中唯心派与唯物派的各种斗争，指出唯心论与唯物论的区别。在这本教材的序言中，瞿秋白指出，哲学"最初不过是一切智识的总称"。[①] "随着智识逐渐分类、综合、组织而各成系统，就发生种种科学，——从哲学之中分出；至今所剩的仅仅是方法论和认识论。"[②] 而"'我'与'非我'的关系，'认识'与'实质'以及'灵魂'与'自然'的关系"[③] 都是哲学中的根

[①] 《社会哲学概论》（1923年），《瞿秋白文集·政治理论编》第二卷，人民出版社1988年版，第310页。
[②] 同上。
[③] 同上书，第311页。

本问题。各种哲学流派的争论实际上都根源于对这一根本问题的不同认识。通过梳理这些认识，可以知道，争论大致可以分为两个方面：一方面，"以客观为出发点"的思想家，强调在"客观之上加以主观，实质之上加以意识，自然之上加以灵魂"①；另一方面，"以主观为出发点"的思想家，恰恰相反，强调"主观之上加以客观，意识之上加以实质，灵魂之上加以自然"②。前者即为唯物论派；后者即为唯心论派。而唯心论派又可分为客观唯心论和主观唯心论。此外还有唯心唯物折中派，如康德的二元论哲学。虽然在瞿秋白论述这些哲学基本论题的过程中，用语并不十分准确，但是他基本上说明了唯物论与唯心论之间的关系，以及唯物论的基本问题。

随后，瞿秋白进一步展开对唯物论与唯心论的比较，指出，唯物论是"倾向于科学的"；唯心论则是"根据于万物有灵论"③得以确立的。而"万物有灵论"则是宗教的、迷信的思想。为了进一步证实唯物论的科学性，瞿秋白通过个体对感官刺激的认识过程——这一事例出发进一步强化人们对唯物论的认知。瞿秋白说，人的认识来源于物质世界，"外界物质的刺激，和我们的视觉、嗅觉、味觉、听觉、触觉相接触；我们的视官、嗅官、味官、听官、触官里的神经细胞，便迎受这种接触，经过神经系，如电线一样，传达到脑经，使我们得到甜、苦、冷、热等等感觉。因此我们渐渐能分别外界的事物——认识世界。"④"各种观念是由于各种感觉引起的；感觉乃是人对于外界环境，直接起的反映作用。这种由外而内的"渐次认识"过程，让人们对客观世界的把握逐渐理智而清晰。他强调，"人在

---

① 《社会哲学概论》（1923 年），《瞿秋白文集·政治理论编》第二卷，人民出版社 1988 年版，第 312 页。
② 同上。
③ 同上书，第 317 页。
④ 《唯物论的宇宙观概说》（1926 年），《瞿秋白文集·政治理论编》第四卷，人民出版社 1993 年版，第 13 页。

发展的历程里渐渐地增加经验,对客观的世界渐渐地认识。因此却亦由实际的应用进于抽象的原则。"① 但认识绝不是一次完成的,以为有了"抽象原则"就可以"测量外界一切现象",是容易染上"不切实际的弊病"②。由此,瞿秋白进一步指出,理论必须与具体实践"相较对"③,才能不断完善和发展,"适应新环境而进步"。④

除此之外,瞿秋白对唯物论的传播还有两个突出的贡献:其一,瞿秋白运用比较的手法,分析了唯物史观与其他哲学思想之间的区别与联系,特别是与进化论之间的区别,进一步论证了唯物论在认识社会、改造社会过程中的重要意义。他指出:

> 马克思的《经济学批评》是唯物论应用于社会科学的最早的尝试。同年达尔文的《种源论》出版。达尔文的学说,证明动植物界的变化是受物质生物条件的影响。可是亦不能完完全全把达尔文的公律,从生物学里一无变更的移入社会学。自然科学和社会科学有共同的公律,可是应用到社会学里的时候,应当有特别的"人的社会"的方式。不能将一切历史都归入那自然律的。"生存竞争",所谓"Struggle for life"在社会之中另是一种意义。"社会的人"行生存竞争的时候,他首先便觉得自己的阶级地位,其次便觉得与相斗者处于一定的经济关系及同一的经济机体之内;所以他的斗争是阶级的。⑤

---

① 《社会哲学概论》(1923年),《瞿秋白文集·政治理论编》第二卷,人民出版社1988年版,第347页。
② 同上。
③ 同上。
④ 同上书,第348页。
⑤ 《现代社会学》(1924年2月),《瞿秋白文集·政治理论编》第二卷,人民出版社1988年版,第448—449页。

从这段文字可知，进化论是解释自然现象发展规律的科学，而唯物史观是解释社会现象发展规律的科学，它们之间虽然在"生存竞争"方面有交集，但是并不能够因此而任意统合为一个整体。毕竟在社会的竞争中，阶级的属性要远远胜于人本身的自然属性。这是第一次将进化论与唯物史观进行对比分析的传播文本。它在一定程度上，回答了马克思主义理论与进化论这两个差不多同时期传入中国的思想之间的关系，同时借助进化论的影响，也让唯物史观成为更具有理论说服力的新的思想学说。

其二，瞿秋白从历史发展线索梳理经济基础形成的过程、核心动力以及经济基础与上层建筑之间的关系，将重心放在对推动经济结构发生变革的根本动力——生产力的介绍方面。瞿秋白指出，生产力是指人们在劳动过程中，一方面改造自然界，一方面改造自己的能力。它由三种因素构成，一是人所自有的体力及智力，亦即工力；二是生产工具，即所谓技术；三是生产资料。生产力是在生产过程中如上三种因素互相作用的结果。瞿秋白认为，"人类不能以主观自由选择生产力。人类社会的发展每时期每地域总只能从现有的生产力之状态着手。"① 这种因时因地考察生产力状态，在一定程度上体现了历史唯物主义的基本精神。

瞿秋白还进一步论证了随着经济基础的变化，"社会中便渐渐发生各种精神关系（政治、道德等）"的变化。这些精神关系都是受制于物质关系而产生变化的。所以，他强调，"经济是社会的基础，此外有：政治、法律、道德、宗教、风俗、艺术、哲学、科学。社会便是这种种社会现象及其联系之总和。"② 由此可知，瞿秋白对唯物史观的介绍，不同于李大钊和陈独秀仅从经济基础角度传播，而是从横向上与进化论思想进行比照，在纵向

---

① 《社会科学概论》（1924年6月18日），《瞿秋白文集·政治理论编》第二卷，人民出版社1988年版，第556页。
② 同上书，第546页。

上深入到生产力这一核心要素以及经济基础与上层建筑之间的关系，真正实现了对马克思主义唯物史观全面而系统的传播。

2. 对唯物辩证法基本规律的阐述

从理论创造活动看，唯物史观和剩余价值理论是马克思、恩格斯最伟大的两个发现。前者发现了人类历史的发展规律；后者发现了现代资产阶级生产方式和资本主义社会的运动规律。这两大发现，标志着社会主义理论由空想变成科学，也奠定了马克思、恩格斯全部理论的基础。而对于唯物辩证法，虽早在马克思《资本论》第1卷第2版跋中就出现了，马克思还概括了唯物辩证法的特点，但是当时的中国马克思主义传播者还没有关注到这一点，以致在瞿秋白之前，唯物辩证法的传播在中国一直处于"空白"状态。直至马克思主义传到苏俄之后，经过苏俄社会主义革命与建设，列宁将之向前进一步发展。瞿秋白注意到了列宁的这一重要发现。瞿秋白认为，列宁是将唯物辩证法运用得最为充分的一位马克思主义者。瞿秋白结合列宁关于无产阶级革命的具体主张，将唯物辩证法从苏俄介绍到了中国。可见唯物辩证法在中国的传播经历了一个在苏俄式马克思主义理论中得以重新"挖掘"和发展的阶段。

回顾唯物辩证法在中国的传播，在20世纪20年代之前，一直处于相对空白的状态。即便有的传播文本涉及这一内容，也大多不能摆脱进化论和中国传统"通变"论思想的影响。进化论思想强调了"发展"的理念，而"通变"论强调了"阴阳调和"的理念，这两种思想在一定程度上奠定了唯物辩证法在中国得以传播的前提和基础。特别是中国传统的"通变"论，即通晓变化之理。它原出自《易传·系辞上传》（第五章）："极数知来之谓占，通变之谓事。"① "通变"强调了"变"与"通"，类似于唯物辩证法中

---

① 《中华经典必读》编委会编译：《全本周易》，中国纺织出版社2012年版，第210页。

"矛盾""运动"的观点,但是它并不强调,这些运动是不以人的意志为转移的,甚至认为这些矛盾是可以在人的意志影响下调和存在的。所以,传统的"通变"带有明显的主观唯心论倾向。这种思想在李大钊的传播文本中时有显现。如他的《青春》:"一生之命,如何其悠久,而终于有涯。于是有生即有死,有盛即有衰,有阴即有阳,有否即有泰,有剥即有复,有屈即有信,有消即有长,有盈即有虚,有吉即有凶,有祸即有福,有青春即有白首,有健壮即有颓老,质言之有而已矣"。① 在李大钊的《青年与老人》中也有:"急进与保守""正如车之有两轮,鸟之有双翼,二者缺一,进步必以废止。此等观念,判于人之性质者,即进步与保守;判于人之年令者,即青年与老人而已矣。"② 这些文章始终是从主观思想进化角度研究事物的矛盾、变化和发展,它与唯物辩证法之间还有不小的距离。直至19世纪20年代,瞿秋白撰写了《社会哲学概论》等论著之后,真正拉开了唯物辩证法在中国传播的"序幕"。

瞿秋白对唯物辩证法的传播,集中体现在1923年他在上海大学任教期间撰写的《社会哲学概论》一书中。在这本书中,瞿秋白提出了"互辩律",这是唯物辩证法思想在他文稿中的第一次出现。在同时期的文稿中,还有另外一个词——"互变律"③。这两个词经常被混用,应该是同一个概念的两种表达而已。所谓"互变律"或"互辩律"是指与形而上学(玄学)相反的一种观察事物的方法。因为"宇宙间及社会里一切物质及现象都在动之中"④,"宇宙现象的根本便是'物质的动'。动的本身便是矛盾;极简单的机械运动改变世界矛盾的历程:一个'体'同时在甲处又在乙

---

① 《青春》(1916年9月1日),《李大钊文集》上,人民出版社1984年版,第195页。
② 《青年与老人》(1917年4月1日),《李大钊文集》上,人民出版社1984年版,第369页。
③ 《社会哲学概论》(1923年),《瞿秋白文集·政治理论编》第二卷,人民出版社1988年版,第354页。
④ 同上。

处，——即同时在甲处又不在甲处——这是一个矛盾。这种矛盾之发生又消灭，消灭又发生便成就所谓'动'"。① 所以要观察事物就必须把握住"物的矛盾及事的互变"这一"最根本的原理"，因为"没有矛盾互变便没有动；没有动便没有生命及一切现象"。②

在《现代社会学》的讲稿中，瞿秋白再一次提到了"动"与"变"的关系。但是这次，他用"互辩法"或"互变律"来解释"互辩律"。他提出除了"宇宙永久在动"之外，现象之间还存在联系，而且"一小部分有变动便能影响到别部分，牵动全局"。③ 由此他引出用"互辩法"来考察一切现象，"第一要看现象之间的不断的联系，第二要看他们的动象"④。在这个传播文本中，瞿秋白首次将联系的观点充实到"互变律"的概念之中。

随后瞿秋白进一步丰富了"互变律"的内涵。在《现代社会学》的"矛盾观与历史的矛盾性"一章中，瞿秋白又提到了另一个名词——"互辩律"。在这里他用黑格尔的"三题式"来解释何为"互辩律"，即"原始均势力——'正题'""均势之破坏——'反题'"以及"均势之恢复——'合题'"这"三题"便构成了"互辩律"。通过如上三处提及的"互辩律"，特别是他将"互变律""互辩法""互辩律"这三个概念混同可知，瞿秋白"互辩律"的概念是一个逐步丰富和发展的过程，这与今天人们普遍意义上所理解的"辩证法"并不完全相同。

直到1924年6月，瞿秋白在《社会科学概论》讲稿中才首次明确提出"互辩律"与"辩证法"之间的关系。他指出："唯心论的发展的最高点已经探悉人类的观念之流变的公律（互辩律，旧译辩证法，Dialectique——

---

① 《社会哲学概论》（1923年），《瞿秋白文集·政治理论编》第二卷，人民出版社1988年版，第354—355页。
② 同上书，第355页。
③ 《现代社会学》（1924年2月），《瞿秋白文集·政治理论编》第二卷，人民出版社1988年版，第451页。
④ 同上。

'正反相成，矛盾互变')。"① 由此可知，瞿秋白认为辩证法是"旧式"译法；或者说，与他当时所理解的"互辩律"不完全相同，所以他特意避免使用"辩证法"这一称谓。这种有意创造新哲学名词的现象并不是随意为之，而是有"前车之鉴"的。

1922年7月1日，李大钊在《平民政治与工人政治》一文中提到了"平民政治"与"工人政治"的区别，他说："从实质上说，这无产阶级的平民政治，虽亦是平民政治的一种，但共产主义者的政治学者，因为此语在资本主义时代已为中产阶级用滥了，乃别立一新名词以代平民政治而开一新纪元。这名词就是'工人政治'（Ergatocracy）。"② 这里就出现了特意用带有阶级倾向的名词来区别于传统政治名词的现象。而瞿秋白之所以创设"互辩法唯物论"的初衷，就是为了让自己的这一主张与在中国传统文化和西方资产阶级文化中屡有出现的辩证法相区别，赋予它新的时代色彩。在明确了"互辩律"与"辩证法"的关系之后，瞿秋白特意强化"互辩律"与"唯物论"之间的关系。他指出，"互辩律"要与"唯物论"联合起来，形成"互辩律的唯物论"，用"综贯的、统一的、因果的"的方法发现"物质世界之流变公律"，以此作为无产阶级"革命斗争的指针"。③ 随后，在1926年翻译的普列汉诺夫《马克思主义根本问题》的"附录"里面，瞿秋白又专门提到，"互辩律唯物论""唯物史观"和"无产阶级经济学"是科学共产主义理论的三个组成部分。④ 可见，从1923年瞿秋白传播马克思主义哲学思想开始，经过三年的时间，他对辩证唯物论的认识从模

---

① 《社会科学概论》（1924年6月18日），《瞿秋白文集·政治理论编》第二卷，人民出版社1988年版，第588页。
② 《平民政治与工人政治》（1922年7月1日），《李大钊文集》下，人民出版社1984年版，第571页。
③ 《社会科学概论》（1924年6月18日），《瞿秋白文集·政治理论编》第二卷，人民出版社1988年版，第588页。
④ 《马克思主义之意义》（1926年初），《瞿秋白文集·政治理论编》第四卷，人民出版社1993年版，第20页。

糊到清晰，并且最终将其合理地与马克思主义的唯物史观、政治经济学、科学社会主义思想融为一体。这对马克思主义哲学思想中国化的发展，具有重要的指导和启示作用。

3. 对无产阶级世界观和宇宙观的阐述

针对在瞿秋白之前，国内理论界普遍认为马克思主义是"三段论"的观点，瞿秋白在1926年发表了《马克思主义之意义》，明确纠正了这一错误观点。他指出，马克思主义是由辩证唯物主义、历史唯物主义、马克思主义经济学说和科学社会主义理论四部分组成。这四个部分并不是独立存在的，而是一个整体，"是整个儿的宇宙观"①。在这篇文章中，瞿秋白强调，马克思主义是"解释宇宙间一切现象的方法总论"②，辩证唯物主义是马克思主义哲学的基础。这一思想纠正了之前国内理论界认为的马克思主义是经济学说，或者是唯物史观的错误观点，第一次在中国理论界明确提出了将辩证唯物论与历史唯物论有机结合的观点。

之所以会形成这一观点，根源在于瞿秋白的马克思主义哲学思想主要来自于苏俄，它与苏俄式马克思主义哲学思想有着非常密切的关系。从20世纪20年代初期开始，俄国无产阶级在取得政权后有意识地在马克思主义哲学思想层面寻求突破，列宁的《唯物论与经验批判论》《关于辩证法的笔记》，普列汉诺夫的《论一元论历史观之发展》《马克思主义的哲学问题》《战斗的唯物论》《近代唯物论史》，布哈林的《历史唯物论》等，都在这个时期出版。同时期，瞿秋白在莫斯科东方大学任教，而这一时间段内，列宁等人对于马克思主义哲学思想的继承和发展又有了新的突破。列宁在1914年11月发表的《卡尔·马克思〈传略和马克思主义概述〉》一文中，

---

① 《马克思主义之意义》（1926年初），《瞿秋白文集·政治理论编》第四卷，人民出版社1993年版，第18页。

② 同上书，第19页。

明确指出:"《共产党宣言》,这部著作以天才的透彻而鲜明的语言描述了新的世界观,即把社会生活领域也包括在内的彻底的唯物主义作为最全面、最深刻的发展学说的辩证法以及关于阶级斗争和共产主义新社会创造者无产阶级肩负的世界历史性的革命使命的理论。"[①] 在这里,列宁将历史唯物主义、辩证法和科学社会主义作为马克思、恩格斯《共产党宣言》的主旨思想,这点对瞿秋白马克思主义哲学思想的形成产生了重要影响。

1923 年瞿秋白从苏俄归国,亲身感受到苏俄革命和建设的情况,并且吸收、借鉴了列宁、斯大林等人对于马克思主义哲学理论的理解,特别是列宁认为马克思的天才在于"回答了人类先进思想已经提出的种种问题"[②],马克思的学说是"德国的哲学、英国的政治经济学和法国的社会主义的当然继承者"[③]。瞿秋白据此指出,马克思主义是"对于宇宙及现实的解释"的"总宇宙观即社会观",是"现代的社会之综观及将来的社会之推究"。其主要内容包括:(1)宇宙的根本问题,即"唯物主义的互辩律的哲学";(2)社会现象的秘密,即唯物史观;(3)社会主义,即无产阶级通过阶级战争和革命专政,用社会主义代替资本主义。可见,瞿秋白与五四新文化运动早期的马克思主义传播者们有很大的不同。他变更了马克思主义传入中国的渠道,从俄文直接译介过来;完善了马克思主义哲学体系,第一次把辩证法与唯物论联系在一起;提升了马克思主义理论的思想品质,从世界观和方法论的角度奠定了马克思主义哲学在中国无产阶级革命中的重要地位。1924 年,瞿秋白通过努力,勾勒出了马克思主义哲学体系的大致轮廓,开辟了全新的中国马克思主义哲学研究的领域。

---

① 《卡尔·马克思(传略和马克思主义概述)》(1914 年 11 月),《列宁专题文集·论马克思主义》,人民出版社 2009 年版,第 5 页。
② 《马克思主义的三个来源和三个组成部分》(1913 年 3 月),《列宁选集》第二卷,人民出版社 1995 年版,第 309 页。
③ 同上书,第 310 页。

二 对马克思主义经济学说的传播

从现有史料看，马克思经济学说是较早为中国人所接受的理论之一。有学者考证，最早提到马克思及其主要经济著作《资本论》的，是发表在1899年4月《万国公报》第132卷上英国传教士李提摩太和蔡尔康二人合写的《相争相进之理》一文。另有学者认为，1899年2—5月，李提摩太在《万国公报》上发表用中文节译的英国社会学家颉德著的《社会的进化》（译名为《大同学》）才是对马克思主义经济学说最早的介绍与说明。进入20世纪之后，1902年，梁启超在《新民丛报》第18号上发表《进化论革命者颉德之学说》，对马克思的经济学说做了概略的介绍。1906年，资产阶级革命派朱执信在《民报》发表了《德意志社会革命家小传》一文，对《资本论》和马克思的经济学说做了进一步的介绍。同时期，对马克思经济学说介绍最多的是李大钊、陈独秀等早期马克思主义者。

他们对于经济学说的传播主要集中在两个方面：一是对资本家剥削劳动者"秘密"的揭露，如李大钊的"余工余值说"；二是论证了在中国发展社会主义经济的现时可行性。1921年，李大钊指出中国的经济发展深受世界经济的影响，中国劳动阶级所受到的剥削比其他非殖民地国家劳动者所受到的剥削更为严重。所以，要推翻资产阶级的统治，中国的劳动阶级要同世界上其他国家的劳动阶级一道，协同作战，这是世界无产阶级革命的大趋势。李大钊进一步提出，中国要想实行无产阶级革命，成为世界无产阶级阵营中的一员，首先要加快发展中国的"实业"，在经济层面上追赶上西方资本主义国家的发展步伐，然后才能实现"以铲除国内的掠夺阶级，抵抗此世界的资本主义"①的目的。这一观点在李大钊之后的诸多文章中都有体现。可见，从经济学说展开对马克思主义理论的传播，实际上是为了解决中国进步知识分子关于中国"向何处去"的发展困境问题。

1. 对列宁新经济政策的介绍和宣传

在李大钊、陈独秀等五四一代马克思主义理论传播者的传播基础上，瞿秋白对马克思经济学说的关注从理论上进一步落实到了实际操作之中。之所以这样讲，主要是因为瞿秋白见证了将马克思经济学说应用于现实生活的实例——苏俄社会主义国家的经济建设。正如他在《饿乡纪程》中提到，"自从到哈尔滨一个半月，先得共产党的空气，现在到了满洲里……得知劳农政府的事实上的经济状况。"②从"空气"到"事实"也就是从"理论"到"实际"的转变，标志着瞿秋白对马克思经济学说的传播更具体而又讲求实效。

新经济政策是1921年3月列宁在俄共（布）第十次代表大会上提出，并经大会通过的过渡时期经济政策。它的主要内容是以实物税代替"战时共产主义"时期实行的余粮征集制，以此刺激经济发展，满足人民群众提高物质生活水平的要求。这一政策的出台，在当时引起众多的不满和反对，即使支持这一政策的大多数人也只是将其认为是解决目前困难的权宜之计，并不可能长久执行下去。在瞿秋白1920年10月远赴苏俄、报道苏俄的这段时间，恰是苏联由"战时共产主义政策"向列宁的"新经济政策"过渡的时期。瞿秋白从第三方的视角，见证了苏俄经济在这一政策引导下，由困顿到逐渐复苏的过程。

---

① 《中国的社会主义与世界的资本主义》（1921年3月20日），《李大钊文集》下，人民出版社1984年版，第455页。
② 《饿乡纪程·九》，《瞿秋白文集·文学编》第一卷，人民文学出版社1985年版，第67页。

刚踏上苏俄土地的时候，瞿秋白记录了在乌拉岭西麓一个小站上的经历："有一俄国村妇携着一筐鸡子要换食盐，——我们带的盐却很少——只得出三万苏维埃卢布买了她一百枚。问她为什么不愿意要钱，她说：'这样的布尔塞维克的钱有什么用处，反正什么也买不着，只有外国人带点子'product'来就换些用用。盐呢，糖呢，布呢，少得很呵。那……那花花绿绿的纸票，干什么！我们自己也是拿东西换东西，'上面'还不准呢。从此往西，每站都稍须有些东西买，只算是偷做的生意。"① 之所以能抓住这个细节，凭的是瞿秋白敏锐的观察力。他意识到"以物易物"的原始交易实际上正折射出苏俄社会主义国家在经济政策方面的问题。接着瞿秋白提道："此后共产党改变经济政策，三年来喘息方定，才着手于经济改造，经济组织因工商业的恢复，或者渐渐的进步到现代的文明，建筑起共产主义社会的基础（这已是一九二一年三四月间的话）。"② 这里所提到的时间——1921年三四月间，正是列宁新经济政策开始实行的时间，由此，瞿秋白证实了这一政策实行的正确性和必要性。关于这一前后的对比介绍，瞿秋白在《赤都心史》中有一段对当时莫斯科人民生活现状的描述："不得志的小商人，小资产阶级的农民，一九二〇年以来，都不满意于劳农政府……实际上'食粮均配法'，收取农民出产物之全量，为近时西伯利亚以及其余各处农民反抗之真因，——这种风潮，我们到莫斯科时已经很甚。"③ 这是1921年3月11日的一则记录。到了同年的5月1日，在瞿秋白对俄罗斯旧历最大的一个节日——复活节的记录中，已经看出"新经济政策"的效果逐渐显现出来。瞿秋白比较了"新经济政策"实行之后，普通俄国人家庭生活

---

① 《饿乡纪程·一四》，《瞿秋白文集·文学编》第一卷，人民文学出版社1985年版，第97页。
② 同上。
③ 《赤都心史·六·革命之反动》，《瞿秋白文集·文学编》第一卷，人民文学出版社1985年版，第130—131页。

的变化，那种"黑面包是常餐便饭唯一的食品，中国茶是请客的佳味"① 的"冷淡枯寂的生活"② 一去不返，人民物质生活丰富了许多。由此瞿秋白指出，在革命时代的军事化经济管理模式是暂时的。只有发展生产力，提高人民的物质生活水平，才能巩固无产阶级的政治地位，获得人民群众的认可和支持。

  瞿秋白对列宁的新经济政策非常赞赏。俄共（布）十大闭幕后不久，他便写了以《共产主义之人间化》为题的长达3万字的通讯；随后对于新经济政策的报道与评论多达30多篇。1923年，瞿秋白翻译了列宁在1922年11月共产国际第四次世界代表大会上的报告，在这篇报告中，列宁强调"饥馑真是非常之大的危险，非常之大的不幸，足以消灭我们一切革命事业，一切组织上的事业"。③ 这里强调的是，如果不从根本上改善人民物质生活的水平，社会主义事业就会从内部瓦解。瞿秋白深刻领会了列宁此话的用意。应该说，对新经济政策的关注在一定程度上改变了瞿秋白入俄的最初传播构想——"研究共产主义，俄共产党，俄罗斯文化"④。也正是对新经济政策的关注，让瞿秋白意识到，社会主义是理论与实践相结合的产物，并不是在"共产主义的实验室"⑤，任凭马克思主义理论家们一厢情愿发明出来的。列宁的新经济政策丰富并发展了马克思主义，同时也更坚定了瞿秋白将马克思主义"活学活用"的信念。

---

① 《赤都心史·一二·劳工复活》，《瞿秋白文集·文学编》第一卷，人民文学出版社1985年版，第145页。
② 同上书，第145页。
③ 《俄罗斯革命之五年》（1923年6月15日），《瞿秋白文集·政治理论编》第八卷，人民出版社1998年版，第265—266页。
④ 《饿乡纪程·九》，《瞿秋白文集·文学编》第一卷，人民文学出版社1985年版，第65页。
⑤ 《饿乡纪程·一三》，《瞿秋白文集·文学编》第一卷，人民文学出版社1985年版，第93页。

2. 对社会主义经济建设思想的传播

1923年，瞿秋白归国之后，继续从事对新经济政策的理论研究，并用之分析中国经济发展的路径问题。瞿秋白从苏俄经济政策的调整中意识到，各国不同的经济状况，"'社会主义生产'之不同形式，必当渐就更广泛的同化复合"①。以致"各国各有其特殊的社会主义的经济形式"②。瞿秋白认为，"俄国的社会主义，比较起来，实在是大部分'亚洲式'的"③。由此可以推出，在"俄国的社会主义"这个概念之下，自然也就会出现"中国的社会主义"这一概念。这应该可以看作，瞿秋白马克思主义中国化思想形成的理论基石之一。这里须要强调的是，由于当时的中国进行这种经济建设的条件尚不成熟，所以瞿秋白的这一思想并没有直接体现在其具体文本之中，而是散落在他介绍列宁新经济政策的传播文本之中。从1923—1926年，瞿秋白充分借鉴了列宁的新经济政策经验，总结其中的规律性问题，形成了他对于在中国进行社会主义经济建设的理解。

第一，发展社会主义经济要发挥国家调控的能力，坚持"各尽所能，按劳分配"的原则。

国家的调控能力包括国家要制订经济发展的计划，发挥宏观调控的能力；要以提高生产力为目的，保护社会成员的经济利益；也要坚持公平原则，实行"各尽所能，按劳分配"。这是瞿秋白从列宁的新经济政策中总结出来的发展社会主义经济必须具备的首要条件。"国家"在瞿秋白的社会主义经济建设思想中，占有非常重要的比例。早在1921年瞿秋白报道俄共（布）第十次代表大会时，就指出，在俄国这样一个自然经济占主体的国家

---

① 《世界的社会改造与共产国际——共产国际之党纲问题》（1923年1月），《瞿秋白文集·政治理论编》第一卷，人民出版社1987年版，第454页。
② 同上。
③ 同上。

实现社会主义，是何等"伟大而且艰巨的'工程'呵！"① 为了要实现这一经济的转型，必须要加强政治统一领导，强化经济管理模式的计划性。瞿秋白列举了国家在社会主义经济建设中的重要职能。其中，最突出的一条就是要学会"统计"，要像完成一项巨大的"工程"一样分阶段、分目标地推进经济建设。要充分调动一切人力、物力、财力进行重点建设。在这个过程中，国家可以允许小农经济、私营经济的存在与发展，但是一定要加强监管，以避免堕入"资产阶级化"。② 这就要求"苏维埃制的国家要有统一的国家经济计划委员会，凡是与经济事业有关系的国务委员会（各部），都应当遵守这统一的计划进行"③。实际上，这就是我们后来所熟知的计划经济的管理模式。同时，由于实行"有规划的经济"④，社会主义国家的生产资料逐渐集中在国家手中，所以在进行产品分配的过程中，也要充分考虑大多数劳动者的利益，做到"人人只须在生产、分配、文化等各机关稍尽劳动之义务便可享受一切'社会的生产品'"。⑤ 瞿秋白认为，这种"各尽所能，按劳分配"的方式只有在计划经济的发展模式下才能实现，而且也必将实现。

第二，发展社会主义经济要大力发展工业和农业，加强工农联盟。

瞿秋白一直认为，"如果没有发达的工业，亦决不能实现共产主义。"⑥ 工业的发展直接影响社会主义经济建设的规模和程度。对于如何发展工业，瞿秋白认为，一方面要将"最大的最完备的工厂、铁路、航路，都归国家

---

① 《共产主义之人间化——第十次全俄共产党大会》（1921年3月31—4月15日），《瞿秋白文集·政治理论编》第一卷，人民出版社1987年版，第228页。
② 《全俄共产党第十一次大会》（1922年4月22日），《瞿秋白文集·政治理论编》第一卷，人民出版社1987年版，第328页。
③ 《国法学与劳动政府》（1923年8月7日），《瞿秋白文集·政治理论编》第二卷，人民出版社1988年版，第167—168页。
④ 同上书，第168页。
⑤ 《俄国经济政策与社会主义》（1923年11月4日），《瞿秋白文集·政治理论编》第二卷，人民出版社1988年版，第244页。
⑥ 《十月革命与经济改造》（1923年11月7日），《瞿秋白文集·政治理论编》第二卷，人民出版社1988年版，第261页。

管理",这些国家企业是"苏维埃政府的经济根据";另一方面可以同资本主义国家建立通商关系,合理利用外来资本、技术和设备,利用"出租企业""租借区"和"小生产"的办法来推动其他小规模的工业经济实体的发展。"出租企业"是让承租人享有企业的临时管理权,但是所有权依然归属于国家;"租借区"是将天然资源租借给外国资本家,由外国资本家来开采,除了将生产品的一部分交给苏维埃国家之外,其余的可以自行享用。"租借区"与"出租企业"一样,外国资本家仅能享用使用权,但不享有所有权。除了上述两个手段之外,"小生产"的办法实际上就是鼓励小手工业经济、农业经济的生产与发展。十月革命之后,为了振兴农业经济,苏维埃政府组织了"农村经济公社""劳动社""苏维埃经济"等新的农业经济协作组织。通过这一系列经济改造,推动了苏俄社会主义经济的发展,也巩固了苏俄无产阶级的执政地位。

第三,发展社会主义经济要允许建立多种所有制并存的经济结构,鼓励竞争发展。

实行新经济政策之后,苏俄社会的所有制结构发生了变化,在国家所有制之外,还出现了宗法式农民经济、小商品生产、私人资本主义、国家资本主义等四种非国有经济体。面对这种多元的所有制结构,瞿秋白通过考察和研究指出,新经济政策是可以允许多种所有制并存和竞争的。1926年4月,瞿秋白发表了《战壕断语——中国革命者的杂记(二)》,专门有一章介绍"新经济政策下的商业和社会主义"。瞿秋白指出,自由的商品贸易并不是资本主义经济的特殊产物,它可以促进生产力的发展,推动社会历史的进程。他分析了历史上商业资本的发展情况,指出,商品的流通"破坏了旧生产方法"[1],加上技术的进步,促使了生产力的迅速提高。

---

[1] 《战壕断语——中国革命者的杂记(二)》(1926年4月),《瞿秋白文集·政治理论编》第四卷,人民出版社1993年版,第126页。

"列宁没有说：只要有商业，便会发展成资本主义。"① 随后，瞿秋白还引用了列宁在《俄国资本主义之发展》一文中提出的商业未必一定"与工业资本相联结"②的观点，据此，瞿秋白提出，在中国要发展农业经济，可以适当使用"商业化与城市工业资本联合成长"③的方式，促进"农村资本主义化"④，助力社会主义国家经济实力的提升。特别是在刚刚建立起来的社会主义国家里，在工业基础比较薄弱的前提下，鼓励多种所有制经济适度发展，对于巩固国家所有制经济的主体地位大有裨益。

分析瞿秋白对马克思经济学说特别是对新经济政策、社会主义经济建设理论的传播，可以发现，瞿秋白虽然是以记者的身份采访并报道苏俄，但是他所做出的贡献远远超过这个身份。他通过学习和思考苏俄的社会主义经济建设之路，特别是分析了新经济政策背后的理论根源，指出，必须要从具体情况出发，随着经济发展的步伐，及时调节经济政策，才能巩固国家政权，真正实现"共产主义的人间化"。从经济发展角度推进"共产主义人间化"的步伐这种远见卓识达到同时期马克思主义在中国传播的传播者思想理论新高度，而且这一观点对日后中国无产阶级革命政权的建立与发展，中国共产党的一系列经济理论的产生和应用，不无影响。

三 对科学社会主义理论的传播

科学社会主义理论在中国的传播发生于 19 世纪末期。1899 年福井准造在《近世社会主义》中将英、法等国的空想社会主义者、无政府主义者巴

---

① 《战壕断语——中国革命者的杂记（二）》（1926 年 4 月），《瞿秋白文集·政治理论编》第四卷，人民出版社 1993 年版，第 126 页。
② 同上。
③ 同上。
④ 同上。

贝夫、圣西门等所鼓吹的社会主义描述成"共唱导空想的学理，以成世界一种之幻影的哲学"。① 而只有当马克思完成了《资本论》之后，才"为新社会主义者，发明无二之真理"。② 1903年，幸德秋水发表的《社会主义深髓》中明确提到，"消灭地主、资本家这个不劳而获的阶级，这就是'近代社会主义'又称'科学的社会主义'的根本精神。"③ 应该说，20世纪初期，很多人对马克思主义理论的认识都是先讨论社会主义理论，随之展开对空想社会主义与科学社会主义的辨识，进而形成了对科学社会主义的认识。在这个马克思主义科学社会主义理论的传播过程中，五四时期的传播与后五四时期的传播有着明显的区别。

1. 对"阶级斗争"理论的传播

从五四时期传播文本来看，科学社会主义理论与"阶级斗争"同时进入传播者的接受视域。1919年李大钊在著名的《我的马克思主义观》中指出，要实现社会主义必然要应用"阶级竞争说"④。关于"阶级竞争"，李大钊认为，从个人本体出发，缘于"人的利己心"⑤，而从社会发展角度出发，缘于占有共同生产资料的同一阶级的"利己意识"。有"土地或资本"⑥的有产阶级和"没有土地或资本"⑦的无产阶级天然存在对立关系。他们之间的竞争，从经济竞争一直发展到政治竞争，从而推动了社会的发展变化。⑧李大钊认为，马克思的"阶级竞争说"可以应用于解释自私有制出现以后

---

① ［日］福井准造：《近世社会主义》，赵必振译，上海时代书局1927年版，第97页。
② 同上书，第109页。
③ ［日］幸德秋水：《社会主义深髓》，马采译，商务印书馆2009年版，第11页。
④ 《我的马克思主义观》（1919年5月、11月），《李大钊文集》下，人民出版社1984年版，第60页。
⑤ 同上书，第61页。
⑥ 同上书，第62页。
⑦ 同上。
⑧ 《我的马克思主义观》（1919年5月、11月），《李大钊文集》下，人民出版社1984年版，第62页。

发生的各种矛盾冲突。但是一旦私有制消除之后，阶级斗争也就必然消除，所以，马克思的"阶级竞争说"只能解释曾经在"私有制"下的冲突，但不能解释人类历史上发生的所有冲突。陈独秀对阶级斗争的介绍，主要根源于马克思、恩格斯的《共产党宣言》。他认为这是"马克思社会主义最重要的书"，而阶级斗争是"这书底精髓"①。陈独秀提出，在资产阶级与无产阶级斗争的过程中，无产阶级要趁机掌握革命的理论武器，同时也要建立无产阶级的专政秩序——"从前有产阶级和封建制度争斗时，是掌了政权才真实打倒了封建，才完成了争斗之目的；现在无产阶级和有产阶级争斗，也必须要掌握政权利用政权来达到争斗之完全目的"。② 陈独秀随后引用了马克思在《共产党宣言》中《法兰西内乱》一文中的话，强调"由资本主义的社会移到社会主义社会之中间，必然有一个政治的过渡时期。这政治的过渡时期，就是劳工专政"。③ 1920年12月1日，毛泽东同志在致蔡和森的信中指出："打破资本主义经济制度，其方法在无产阶级专政。"他驳斥了"用教育方法"改造社会的改良主义和"无强权、无组织""绝对自由"的无政府主义。④ 1921年1月，毛泽东同志《在新民学会长沙会员大会上的发言》中指出："现在国中对于社会问题的解决，显然有两派主张：一派主张改造，一派主张改良……改良是补缀办法，应主张大规模改造……至于方法，启民主用俄式，我极赞成。"⑤ 俄式的方式是一种"激烈"的方法，"即所谓劳农主义，用阶级专政的方法。"⑥ 由此可知，阶级斗争学说是五四

---

① 《马克思学说》（1922年4月23日），《陈独秀著作选编》第二卷，上海人民出版社2010年版，第446页。
② 同上书，第448页。
③ 同上书，第449页。
④ 《致蔡和森》（1920年12月1日），《毛泽东书信选集》，人民出版社1983年版，第4—5页。
⑤ 《在新民学会长沙会员大会上的发言》（1921年1月1日、2日），《毛泽东文集》第一卷，人民出版社1993年版，第1页。
⑥ 《在新民学会长沙会员大会上的发言》（1921年1月1日、2日），《毛泽东文集》第一卷，人民出版社1993年版，第2页。

时期科学社会主义理论宣传的重心,大多数的马克思主义传播者都认同并接受了这一点。

相比较李大钊、陈独秀等在当时宣传阶级斗争理论的激进,瞿秋白的传播更偏重于从历史发展的角度考证这一理论的形成与发展,运用唯物史观来确立阶级斗争理论的科学性。在《社会哲学概论》讲稿中,瞿秋白从解剖社会的物质基础——经济出发,论证了原始的共产主义社会状况,以及随着生产的发展私产逐步形成,这些都是产生阶级的物质前提。瞿秋白指出:"人类在草昧时代本和禽兽差不多。生产力渐渐发达,一方面造成氏族联合的共产社会,别方面促进各族之间的冲突(接触)。因此,一族之内便要发生新的分工,——保护公共利益,抵御公共仇敌。于是建设一种新的机关,如酋长、儒牧、神甫、军官之类,高居于一族之上成一种独立的团体:一则因为世袭这些职务,二则因为与别族发生的冲突继续不断——这些人的权力便一天一天的增大起来。可是这一时期的政府,还可以说完全是为公众服务的,譬如古代的印度、埃及、中国的君主政府,在灌溉治河的一方面,的确是人民的代表。"[①] 但是,随着生产力的发展,特别是产品的商品化加剧,造成"生产品供给自己消费的愈少而供给交易的愈多,——那时公社的制度也就愈形破坏,内部发生分工的过程也愈速;于是公社中的各分子之间因交易的结果而有财产上的不平等,土地公有制度因此破坏,各人独自生产以便取得交易之利,而耕地遂分属于小私有财产者的农民了。各族之间的交易与战争使社会内部分化成阶级,发生私有财产而变成所谓'商品经济'"。[②]

瞿秋白指出,是生产力的发展造成私有制度的逐渐形成,而私有化的

[①] 《社会哲学概论》(1923年),《瞿秋白文集·政治理论编》第二卷,人民出版社1988年版,第365—366页。

[②] 《社会哲学概论》(1923年),《瞿秋白文集·政治理论编》第二卷,人民出版社1988年版,第367页。

出现造成了社会生产资料的不均衡。由此,社会上占有不同生产资料的人为了维护自身的利益,逐渐形成一个集团,即阶级。这样,代表不同利益集团性质的阶级形成,并且不同阶级之间的斗争便会不断发生。应该说,瞿秋白对阶级产生与发展的研究,补充说明了李大钊在1919年提出的有关"阶级"的定义。在1922年6月,瞿秋白翻译了俄国无产阶级革命家郭范仑夸的《俄国无产阶级之社会观》,进一步完善了李大钊的"阶级"定义:"什么是阶级?社会中之一部分,在经济生活之中,占同样的地位。换言之,他们对于生产的资本和工具,有同样的关系,并且生活的手段,也是相同(或得利润,或赚工资,或依自己的劳动生产品)——这样的一部分的人,谓之一阶级。"① 瞿秋白随后还明确指出:"一切阶级斗争,均为政治斗争。"② 将从"五四"以来的工人阶级的罢工等经济斗争上升到政治斗争的层面。

2. 对"政党理论建设"的传播

"政党理论建设"主要是指从思想上加强对政党的管理,强化政党的意识形态性。这一点首先提出是在1921年李大钊的《团体的训练与革新的事业》一文中。李大钊认为,中国革命亟须有以马克思主义为指导的无产阶级政党的出现。这样的政党相较于资产阶级的政党具有三个特点:"平民"③的基础、"强固精密的组织"④ 和"与各国无产阶级政党"⑤ 亲密无间的关系。这种对无产阶级政党的群众性、科学性和联合性的主张对瞿秋白的政

---

① 《俄国无产阶级之社会观》(1922年6月),《瞿秋白文集·政治理论编》第八卷,人民出版社1998年版,第163页。
② 同上书,第166页。
③ 《团体的训练与革新的事业》(1921年3月),《李大钊文集》下,人民出版社1984年版,第444页。
④ 《团体的训练与革新的事业》(1921年3月),《李大钊文集》下,人民出版社1984年版,第444页。
⑤ 同上。

党理论建设影响很大。1921年7月中国共产党成立初期，在力量相对薄弱的情况下，李大钊主张中国共产党对外加强与世界共产主义运动的联系，对内加强与国民党的合作，以此抵抗帝国主义、封建军阀的进攻。他认为，只要中国的国民党，还能坚持民主主义的理想、坚持与反动势力的斗争，就可以与其合作，共同建立"民主主义的联合战线"。这些都是从理论层面对政党建设问题的思考。

瞿秋白接受了李大钊这一理论主张。随后，他根据中国革命的具体情况，发展了政党理论建设中"革命建设"的一部分。国共合作破裂之后，瞿秋白指出要坚决推行暴力革命，才能巩固中国共产党的理论不为资产阶级的理论所颠覆。他认为："怎么叫作社会主义的革命呢？每当统治阶级及生产之统治方法，变成了社会生产发展之障碍品时，人类的需要，日日增涨，已经不能满足欲望，尤以被压迫的阶级之需要，无满足之可能。于此，社会改造的时机已到，当有根本的破坏，把政权由这一阶级之手，移于别一阶级（换言之，就是开始革命）。这种社会的改造，不能有和平的性质，因为统治阶级决不肯情愿让出地位来，他一定要用种种方法，坚持自己的统治地位。所以非以强力（被压迫者的反抗），不能取消他。"① 瞿秋白进一步引用列宁的主张："革命是一种最激烈，最暴怒，最凶恶的阶级斗争，也就是国内战争。历史上没有一个大革命，能免去国内战争的。"② 为了能够保证暴力革命取得成功，瞿秋白强调要注重政党队伍的自身建设，加强纯洁性、先进性教育。比如他指出："政党是什么呢？政党是一种'阶级的组织'，负指导和组织阶级斗争之责任，而以夺得政权，或巩固政权为目的。然而政党不应当和阶级混同，政党是阶级的一部分，最有觉悟，最有远见

---

① 《俄国无产阶级之社会观》（1922年6月），《瞿秋白文集·政治理论编》第八卷，人民出版社1998年版，第175页。

② 同上。

而最积极的。政党的党员愈多，则党中的训练愈成熟，团结力愈坚固——他的斗争的成效，亦必愈大。至于政党的组成，因阶级之不同而异，每一阶级，都有他自己的政党。"① 由此可见，瞿秋白的政党观是从革命斗争的实际经验中总结出来的，对其后中国共产党的自身建设产生了深远的影响。

3. 对"无产阶级领导权"的传播

"无产阶级领导权"这一思想最早出现在中共三大上。李大钊在这次会议上分析了中国历次革命的经验、教训，指出，无产阶级应该领导"过去和将来"的国民运动②。随后，在国共合作中，我们党一直坚持不放弃无产阶级领导权。但是，真正明确提出"无产阶级领导权"思想，并具体指出如何获取领导权、如何发展领导权的是瞿秋白。

瞿秋白的"无产阶级领导权"思想来源于列宁主义。1925年瞿秋白改译了斯大林撰写的《论列宁主义基础》。这篇译文原载1925年4月《新青年》月刊第1期。原标题为《列宁主义概论》，署瞿秋白译。1927年初，经译者选入《瞿秋白论文集》时，改为《列宁主义概说》，原文有所修订，并加上了《改译施达林著之〈列宁与列宁主义〉里的一部》这一副标题。从这个文稿发表的时间点、瞿秋白对文稿题目和内容的两次改动以及对照斯大林的原作，可以看出，瞿秋白已经能够结合中国现实革命的需要有所选择地翻译苏俄马克思主义传播文本，并且进行适当修改和调整。在这篇文稿中，瞿秋白并没有翻译斯大林关于列宁个人伟大思想的宣传部分，而是强调：如果说"马克思主义是无产阶级革命的理论，然而是无产阶级革命前的，工业资本主义时代的社会革命思想之大纲"③，那么列宁主义，"便是

---

① 《俄国无产阶级之社会观》（1922年6月），《瞿秋白文集·政治理论编》第八卷，人民出版社1998年版，第166—167页。
② 《在中共第三次代表大会上关于国共合作问题的意见》（1923年6月），《李大钊全集》第四卷，人民出版社2006年版，第182页。
③ 《列宁主义概说》（1925年2月），《瞿秋白文集·政治理论编》第三卷，人民出版社1989年版，第23—24页。

无产阶级革命时的帝国主义时代的马克思主义——执行无产阶级革命的实践的原理"①。这是结合时代和无产阶级革命的背景总结的马克思、恩格斯、列宁的思想价值。在这篇文稿中,瞿秋白着力提及斯大林对列宁主义中"无产阶级独裁制论"的理解——"无产阶级独裁制论,可以分三方面来说明:一、无产阶级独裁制是无产阶级革命之工具;二、无产阶级独裁制是无产阶级对于资产阶级之统治;三、苏维埃制度,是无产阶级独裁制之国家的形式"。② 在工具论、统治论和国家形式三个层面之外,斯大林进一步提出"无产阶级独裁制"是激进革命的倾向,如"列宁说:'无产阶级独裁制是绝无妥协绝无悯惜的阶级战争,是新阶级反对很强有力的仇敌,反对那资产阶级的战争——在资产阶级推翻之后,正用着十倍的气力来袭击呢……无产阶级独裁制是决死的斗争,流血的、不流血的、强力的、和平的、军事的、经济的、教育的、行政的种种方法,以反对旧社会的力量及流毒之斗争。……无产阶级独裁制时代,无产阶级要训导几千万万小农民和小生产者,要驾驭许多旧时代遗留下来的官吏,资产阶级的智识者,使他们服从无产阶级国家及无产阶级的指导,战胜他们中间的资产阶级的习惯及遗传性'"。③ 之所以会出现"独裁"这一语言表述,结合当时的时代背景和中国共产党所处的历史地位可知,这一方面跟斯大林在这篇文章中所流露出来的决绝的革命思想有关;另一方面也是国共合作在破裂之后,瞿秋白对白色恐怖的革命现实的内心投影有关。瞿秋白的"无产阶级领导权"思想产生于1923年国共合作之初,到1927年大革命失败,特别是1930年中国革命陷入"低谷",才有了进一步的发展。无论是"领导权"还是"独裁权",实际上都要求无产阶级时刻保持主动进攻的态势,牢牢把握革

---

① 《列宁主义概说》(1925年2月),《瞿秋白文集·政治理论编》第三卷,人民出版社1989年版,第24页。
② 同上书,第37—38页。
③ 同上书,第39—40页。

命的方向，捍卫无产阶级的领袖地位，保卫无产阶级的革命果实不被资产阶级所掠取。

四　对马克思主义文艺理论的传播

瞿秋白是五四新文化运动以来自觉、系统地翻译、介绍马克思主义文艺论著的理论家。1932年恩格斯《致玛·哈克奈斯》的信刚刚在苏联被发现不久，他就根据苏联共产主义学院的《文学遗产》第一、二期公布的文献资料，编译了一本《"现实"——马克思主义文艺论文集》，其中译著有恩格斯1888年给女作家哈克奈斯和1890年给爱伦斯德的两封信，以及俄国著名马克思主义哲学家普列汉诺夫的四篇文学评论和法国早期马克思主义理论家拉法格对左拉小说的评论。除此之外，瞿秋白还根据中国左翼文学运动的发展情况，评论了恩格斯、普列汉诺夫、拉法格，以及列宁、斯大林等马克思主义理论家关于无产阶级文学创作的相关理论观点。可以说，这本《"现实"——马克思主义文艺论文集》是在中国出现的第一本马克思主义文艺论著选。在此基础上，瞿秋白还翻译了列宁论托尔斯泰创作的两篇文章，摘译了《党的组织和党的出版物》的重要部分，并编译了《高尔基论文选集》等。瞿秋白的这些译著，在他遇害后由鲁迅保存并编辑成书，以《海上述林》为书名，分上、下两集于1936年出版。鲁迅亲拟了宣传词："本卷所收，都是文艺论文，作者既系大家，译者又是名手，信而且达，并世无两。"① 瞿秋白的一些重要的有关文艺的论著，1959年由人民文学出版社以《瞿秋白论文学》为题出版。

在译介马列文艺论著的同时，瞿秋白还运用马克思主义文艺理论的观

---

① 《绍介〈海上述林〉上卷》（1936年11月20日），《鲁迅全集》第七卷，人民文学出版社1981年版，第465页。

点解释左翼文艺运动中的各种现象,发表了大量的马克思主义文艺批评类文章,如《〈鲁迅杂感选集〉序言》《乱弹》(代序)、《水陆道场》《普洛大众文艺的现实问题》《革命的浪漫谛克》《"我们"是谁》《论翻译》《再论翻译》《"自由人"的文化运动》等。通过梳理这些译文和论文可知,瞿秋白对马克思主义文艺理论的传播主要包括无产阶级文学"是什么""为什么"和"怎么创作"三方面内容。

1. 对无产阶级文学本质的阐释

无产阶级文学究竟"是什么"即无产阶级文学的属性、特点问题,是瞿秋白传播马克思主义文艺理论的主要内容之一。他梳理了马克思、恩格斯给友人的信件中提出的主张,总结了无产阶级文学的三个本质特点。

首先,无产阶级文学的阶级性特点。文学的阶级性、党派性特征,是指任何文学都不是"无目的"[①]的创作,都在一定程度上体现作家的阶级意识或者代表作家的阶级利益。用恩格斯给哈克奈斯的信中所表达的就是,要做"有倾向的小说"。[②] 这种小说要"宣布作者的社会思想和政治思想"。[③] 瞿秋白将"有倾向"解释成"有政治立场"[④],并且强调,文学作品的"政治立场"是马克思主义文艺理论格外推崇的。[⑤] 但是如何表现这种"倾向性",是教条式的宣讲,还是审美性的渲染?瞿秋白认为:"这种倾向应当从作品的本身里面表现出来。"[⑥] 这里就涉及在表现无产阶级的"倾向

[①] 《文艺理论家的普列哈诺夫》,《瞿秋白文集·文学编》第四卷,人民文学出版社1986年版,第67页。
[②] 《恩格斯论巴尔扎克——给哈克纳斯女士的信》,《瞿秋白文集·文学编》第四卷,人民文学出版社1986年版,第23页。
[③] 同上。
[④] 《马克斯、恩格斯和文学上的现实主义》,《瞿秋白文集·文学编》第四卷,人民文学出版社1986年版,第4页。
[⑤] 同上。
[⑥] 《马克斯、恩格斯和文学上的现实主义》,《瞿秋白文集·文学编》第四卷,人民文学出版社1986年版,第4页。

性"即阶级性、党派性特征的时候,采取何种手段的问题——是自内而外地逐渐"释放",还是由外而内地强行"侵入"。瞿秋白推崇后者,这也成为瞿秋白迥异于一般左翼作家的地方,显示出他对无产阶级文学表现手法的独特认知。

其次,无产阶级文学的工具性特点。由于文学是有阶级性的,所以文学掌握在哪个阶级手里,就会成为哪个阶级的工具。瞿秋白在《文艺理论家普列哈诺夫》一文中指出,在有阶级斗争存在的社会里,艺术是没有"纯粹的""自由的""超越利害关系""无为而为"[1] 存在的可能。每一种艺术都反映着一定的阶级观点,都是为了保护不同阶级的阶级利益。只有无产阶级的艺术是"为着全人类的社会主义改造的利益,而去从事于艺术和文艺评论"[2] 的。在私有制社会中,艺术"是阶级斗争的武器"。[3] 从这些文字中可知,瞿秋白非常注重强调无产阶级的阶级性,以及当无产阶级掌握了文学这一工具之后,便掌握了改造社会的除了军事、政治"武器"之外的另外一种精神武器。

最后,无产阶级文学创作中的群体意识。群体意识是指在文学创作中,"我"与"我们"是不能同时存在的,无产阶级文学突出强调了后者。这里的"我"主要是指改造社会的英雄形象,带有显著的浪漫主义色彩;"我们"是指推动社会发展的群众力量,带有鲜明现实主义倾向。这一思想源于马克思、恩格斯的文艺理论中存在反对"塞勒化"、鼓励"莎士比亚化"的特点,即反对"主观主义理想化"、鼓励"现实主义"的观点。

在《马克斯、恩格斯和文学上的现实主义》一文中,瞿秋白指出,"塞勒晚年的作品"是浪漫主义的创作。"他的小说里和戏剧里的'英雄'——

---

[1] 《文艺理论家普列哈诺夫》,《瞿秋白文集·文学编》第四卷,人民文学出版社1986年版,第66页。
[2] 同上书,第67页。
[3] 同上。

只不过是主观的抽象的'思想'的号筒",① 这些浪漫的英雄,拿着刀枪,行走在人生的路途中,自以为可以改变世界,实际上仅是一厢情愿罢了。这些英雄可以是一国之君,也可以是一城之主,但是他们凭一己的力量不足以改天换地。真正推动历史发展的是广大的人民群众。如果不认识到群众的力量,就只能陷入唯心主义的困境之中,逡巡在"善和恶,勇敢和懦弱,公德和自私"②的"抽象论调"之中,不可能塑造鲜活的,代表历史发展方向的经典作品和经典人物。瞿秋白认为,反"塞勒化"就是反个人主义的突出表现。与之形成鲜明对比的是,在莎士比亚的创作中,由于莎翁能够用文学描写社会,参与社会斗争,推动社会发展,注重调动人民群众的革命热情,这种创作既能够观察和表现社会生活,又可以暴露出客观存在的问题,提供给无产阶级改造世界的切入点,这样的创作符合马克思主义文艺理论的特质。

2. 对无产阶级文艺批评的阐释

无产阶级文学"为什么"而存在?在瞿秋白看来,无产阶级文学是为了批判社会而存在的。"批判性"是无产阶级文学的突出特点,而批判的武器来自于马克思主义的唯物辩证法。

瞿秋白在《马克斯、恩格斯和文学上的现实主义》一文中,明确提出,"辩证法唯物论的一元主义的方法"③ 是马克思、恩格斯认识世界的方法,由此形成了对客观世界整体的、一贯的认知。如果运用"辩证唯物论"的方法于艺术创作,可以使艺术家们"深入现象的实质而正确的反映现实"④。关于辩证法的问题,瞿秋白在 1933 年翻译的卡美尼夫《歌德和我们》一文

---

① 《马克斯、恩格斯和文学上的现实主义》,《瞿秋白文集·文学编》第四卷,人民文学出版社 1986 年版,第 4 页。
② 同上书,第 5 页。
③ 同上书,第 10 页。
④ 《拉法格和他的文艺批评》,《瞿秋白文集·文学编》第四卷,人民文学出版社 1986 年版,第 138 页。

中，引用列宁《关于辩证法问题》的札记上的话来做进一步解释。列宁指出："自然科学所指示给我们的……客观的自然界，就在它的客观的质量之中：个别的变成全体，偶然的变成必然，过渡，交错，相反性的相互联系。"① 以此为原则去研究文学家和他们的作品便会发现，只有坚持历史的、联系的、发展的观点，才能形成对文学家及其作品的全面、客观的认识。

首先，无产阶级文学批评要历史地看问题，为进一步改造人类社会的精神世界做好准备。将研究对象置于历史的客观背景之下展开研究，瞿秋白指出，恩格斯对巴尔扎克思想的分析就是坚持了这样一种方法。恩格斯认为，巴尔扎克要比"过去的，现在的，将来的一切左拉都要伟大得多"。② 他的伟大在于，他的作品记录了法国社会的历史发展过程。从资产阶级的得势到贵族阶级的落魄，从社会风俗的变迁到经济社会的变化，事无巨细地呈现出来，"甚至于比一切职业的历史家，经济学家，统计学家"③ 所呈现的内容更翔实、更丰富。瞿秋白指出，巴尔扎克虽然不是无产阶级作家，但是因为他的创作描写了资产阶级同封建阶级的斗争，而这一冲突恰恰在那个时代背景下代表了一种生产力发展的方向，代表了向上的革命意识。按照这一思路，瞿秋白分析了托尔斯泰、歌德等许多作家。他指出："托尔斯泰的伟大，是在于他表现着俄国几千百万的农民在俄国资产阶级革命到来的时期所形成的那些思想和情绪。……托尔斯泰观点里的矛盾——的确是我们革命之中农民的历史行动所处的矛盾条件的镜子。""托尔斯泰的观念——是我们农民暴动的弱点和缺点的镜子，是宗法社会的乡村的软弱和

---

① [俄] 卡美尼夫：《歌德和我们》，瞿秋白译，《瞿秋白文集·文学编》第四卷，人民文学出版社1986年版，第266页。
② 《马克斯、恩格斯和文学上的现实主义》，《瞿秋白文集·文学编》第四卷，人民文学出版社1986年版，第7页。
③ 同上书，第8页。

'经济的乡下人'的懦怯的反映。"① 而对于歌德的分析，同样延续了这样一种历史的观点——"吴尔甫冈·哥德是法兰克福的富有的贵族的儿子……在那封建压迫的残余和资本主义的萌芽交错着的世界里，他歌颂着和谐，秩序，温顺，节制，法律和对于法律的服从。而我们的导师——最伟大的革命家，毫无宽恕地暴露着一切种种谎骗和一切可能的偶像和傀儡的——马克斯和恩格斯，却说他是'天才'，是'德国人之中的最伟大的''不驯服的，嘲笑和轻蔑世界的天才''真正伟大的''强有力的诗人'"。② 之所以这样评价，也是因为歌德没有向"束缚"妥协，"反对着妥协而战斗"。这样的精神使"他的诗歌是他的阶级的热烈的青春时期的化身，在光辉的形式之中，熔铸着人的奔放的快乐，这样的人，全副武装着，反对那几千年来经济上政治上思想上的中世纪所造成的偶像和傀儡对于人的身体和心灵的统治"。③ 由此可知，瞿秋白通过这些传播文本，试图让中国的读者懂得如何运用"历史的眼光"研究过去时代的大文学家，学习他们的批判精神和揭露社会阴暗面的勇气。这一点，在瞿秋白同时期的文学批评中，表现得也十分明显。

其次，无产阶级文学批评要联系地看问题。运用联系的方法研究问题，是马克思、恩格斯、列宁等马克思主义者们一贯自觉坚持的。在对普列汉诺夫的分析中，瞿秋白引用了列宁的观点，"一方面我们必须研究普列哈诺夫，必须利用他的文艺理论的遗产"；另一方面，"我们"也要"批评的观察和分析"④ 他的理论。这种从两个方面辩证地来分析作家作品的方法，在

---

① 《列甫·托尔斯泰象一面俄国革命的镜子》，《瞿秋白文集·文学编》第四卷，人民文学出版社1986年版，第232、233页。
② [苏]卡美尼夫：《歌德和我们》，瞿秋白译，《瞿秋白文集·文学编》第四卷，人民文学出版社1986年版，第253页。
③ 同上书，第254页。
④ 《文艺理论家的普列哈诺夫》，《瞿秋白文集·文学编》第四卷，人民文学出版社1986年版，第55页。

马克思主义文艺理论中时常出现。比如,在对第二国际重要文艺理论家拉法格的思想评价中,瞿秋白指出,对拉法格的认识,一方面要坚持列宁对拉法格的评价,"他是'马克斯主义思想的最有才能的最深刻的传播者之一',对拉法格的文艺批评"大半都是很具体的,他的确把文艺批评当做阶级斗争的武器,而最主要的是他对于文艺现象同样有那种阶级的不调和精神。所有这些情形,都使得我们绝对不能够把拉法格和第二国际的机会主义批评家混在一起";① 另一方面也要意识到拉法格在"哲学概念里有许多缺点,他在认识论和唯物史观方面,时常离开马克斯主义的立场而滑到机械论和进化论的立场上去"。② 由此可知,瞿秋白已经能够自觉地将20世纪20年代由他传入中国的唯物辩证法应用于无产阶级文学领域之中。

最后,无产阶级文学批评要发展地看问题。这里主要是指对无产阶级文学"同路人"的吸纳问题。"同路人"是恩格斯对以哈克纳斯为代表的既带有小资产阶级思想特点,又自觉运用现实主义创作,宣传社会主义的作家们的一种称谓。恩格斯对这些无产阶级文学的"同路人"的态度,是在改造基础上的吸纳。恩格斯指出:"十九世纪九十年代德国的'青年派'和'早期自然主义派'的文学家,原只是当时的马克斯主义的临时'同路人',他们的整个世界观,代表着那种德国城市小资产阶级的智识分子的模糊动摇的意识。机械论的观点,不过是这个宇宙观的结果。"③ 如果不加强对这些人的改造,他们会由机械论变成多元论、唯心论的代表,从而走到"唯物论的反面"。所以为了进一步壮大无产阶级作家的队伍,必须要加强对这些"同路人"的改造。要意识到,这些作家静止的、片面地对社会现象的

---

① 《拉法格和他的文艺批评》,《瞿秋白文集·文学编》第四卷,人民文学出版社1986年版,第128页。
② 同上书,第127页。
③ 《恩格斯和文学上的机械论》,《瞿秋白文集·文学编》第四卷,人民文学出版社1986年版,第47—48页。

认识是可以通过加强意识形态教育得以纠正的，从"同路人"与无产阶级作家的创作方向上来看，两者原本是具备合并"潜质"的，所以加强对无产阶级文学"同路人"思想的改造，也成为瞿秋白同时期文学活动的重要内容之一。

3. 对无产阶级文艺创作特点的阐释

如何创作无产阶级文艺作品？这就涉及无产阶级文学创作的方法论问题。瞿秋白从恩格斯的文学主张中提炼出"典型环境中的典型性格"方法。关于文学的典型性，马克思、恩格斯在《神圣家族》和评论拉萨尔《弗兰茨·冯·济金根》的信中都做了说明。但是直接把典型作为马克思主义文艺理论的一个范畴，并从共性和个性统一的辩证观点加以明确说明的，则是在恩格斯1885年给明娜·考茨基的信中。在这封信中，恩格斯评论了《弗兰茨·冯·济金根》中的两个人物（巴尔塔扎尔和特利尔大主教），指出，拉萨尔的成功主要是由于对这两个人物的性格做出了卓越的个性刻画。但是，恩格斯并没有形成"典型说"的基本观点，仅是认为"每个人都是典型，但同时又是一定的单个人，正如老黑格尔所说的，是一个'这个'，而且应当是如此"[①]。这里的"典型"，即是一定阶级、阶层或一定倾向和时代的思想代表。"一定的单个人"是指在一定历史条件下生活者的具体可感的人，也是在特定环境中有鲜明个性的人。这样的人在思想上、行动上既有迥异于他人的特征，又由于他与所处的时代和阶级有密不可分的关系，造成他的个性之中又有共性的呈现。所以，"典型"和"单个人"是共性与个性、"我"和"我们"在矛盾场域内的一种"合力"存在，正如恩格斯在给斐迪南·拉萨尔的信中说："我觉得刻画一个人物不仅应表现他做什

[①]《恩格斯致明娜·考茨基》（1885年11月26日），《马克思恩格斯文集》第十卷，人民出版社2009年版，第544页。

么，而且应表现他怎样做。"① 将所要描写的人物置于特殊的环境之中，他既成了自己性格的典型呈现，又将环境对人物性格形成的影响集中体现出来。如果用黑格尔《精神现象学》中的"这个"概念来讲，"这个"是具体、唯一的，它区别于"另一个"，但是又是"一般的东西或共性"。所以，"这个"是"个别"与"一般"的统一体。从这一思想出发，黑格尔认为，在荷马史诗中的阿基里斯、俄底修斯都是典型的"每个人都是一个整体，本身就是一个世界，每个人都是一个完满的有生气的人，而不是某种孤立的性格特征的寓言式的抽象品"。② 恩格斯吸取了黑格尔典型理论中的合理内核，对它进行了唯物论的改造。恩格斯把典型中的"这个"与"那个"进行了特殊性与普遍性的划分，并且指出，典型的"这个"之所以能够产生并不是理念的显现，而是一定社会、阶级发展的产物，与具体的历史环境密不可分。

瞿秋白对马克思主义文艺理论中典型论的传播，主要集中在恩格斯给玛·哈克纳斯的信中。在这封信中，恩格斯谈到了巴尔扎克创作中的"典型化"人格特征，并且提出，通过塑造典型性格，就可以揭开社会生活的内幕，暴露阶级斗争的真相，再现社会发展的辩证规律。在此基础上，瞿秋白系统阐发了"典型化的个性"和"个性化的典型"③ 之间的关系。

"典型化的个性"是将各种性格中的共同特点集合；"个性化的典型"是将各种性格中的共同特点放大。不管是什么样的个性特点，每一个人物都是立体的、多元的，不是片面的、单一的。革命的人也会有犯错误的时

---

① 《恩格斯致斐迪南·拉萨尔》（1859年5月18日），《马克思恩格斯文集》第十卷，人民出版社2009年版，第175页。
② ［德］黑格尔：《美学》第一卷，朱光潜译，商务印书馆2009年版，第303页。
③ 《马克斯、恩格斯和文学上的现实主义》，《瞿秋白文集·文学编》第四卷，人民文学出版社1986年版，第13页。

候,"反革命的人,一样会有自己的理想,自己的道德"。① 所以打破"好人"与"坏人"的二元对立结构,打破人们对于无产阶级文学公式化创作的局限,让"个性"既有"共性"的痕迹,同时又不脱离他自身的特性,只有这样的艺术形象才能立体而丰满。这一思想对中国现实主义文学在20世纪30年代之后的发展影响深远,但可惜的是,在新中国成立之后的"十七年"文学,甚至之后的"文化大革命"时期的文学创作中,并没有坚持这样的创作,"脸谱化""公式化"的人物形象层出不穷;"个性化""典型化"无产阶级文学创作方法被"误用"了相当长的一段时间。

五 瞿秋白传播马克思主义理论的特点

瞿秋白是中国马克思主义传播史上极具个性色彩的人物。他与早一时期的李大钊、陈独秀,同一时期的蔡和森、李达、张闻天、张太雷等,一同完成了将马克思主义思想传播到中国现代文化语境中的历史任务。他们的传播,一方面是思想传播,将马克思主义的经典著作和代表性的理论、学说译介到中国来;另一方面也是文化传播,通过不同传播主体的文化语境重新"演绎"马克思主义理论,"塑造"马克思主义在中国的早期精神"面貌"。这是一群"盗"马克思主义的"天火"予中国的"普罗米修斯"。在这群人中,瞿秋白因其特殊的成长经历和政治身份对马克思主义有不同的理解和认识,随之形成独特的传播话语。通过分析他的传播文本,笔者发现,瞿秋白对马克思主义的传播使用了两种并行交错的话语系统:知识分子的精英话语系统和无产阶级的宣传话语系统。

这两条话语系统是如何形成的?从传播学、心理学、语言学和叙事学

---

① 《普洛大众文艺的现实问题》(1931年10月25日),《瞿秋白文集·文学编》第一卷,人民文学出版社1985年版,第479页。

等研究视角出发,可以发现,瞿秋白的传播话语背后与他在不同时期对马克思主义的不同认知程度有关。当他将马克思主义理论当作认识自身和社会的工具时,他用之遮蔽传统"士"文化情节中"卷而怀之"①的归隐倾向,以"士"的"无产阶级化"②来重新建构自己的社会身份;当他将马克思主义作为参与社会变革的指导思想时,他用之遮蔽自身的本体叙事,用公共叙事来推动人生轨迹的向前发展;当他将马克思主义作为无产阶级斗争学说时,他用学理性研究和大众化语言来祛除人们强加于马克思主义身上的诸多魅惑式解读。可见,瞿秋白传播马克思主义过程中出现的两种话语系统,其深层原因在于:传统"士"文化情结与现代"智识阶级"文化身份交错;本体叙事与公共叙事的传播视角交错;书斋式研究与广场式宣传之间的场域交错。这三种交错造成了瞿秋白传播马克思主义过程中双重话语的交互式存在。

1. 从双重文化身份接受马克思主义理论

通常意义上讲,"士"与"智识阶级"因为都以拥有相对特殊的知识话语权而迥异于其他社会成员,易被混为一谈。如果用"劳心者治人"与"劳力者治于人"这个标准分类,"劳心者"即为"士"或"智识阶级"。但是,深究二者的形成原因、发展轨迹以及文化旨归,便会发现,"士"文化是以内化式道德修养的形成为核心要求;"智识阶级"文化是以外化式国民素养的提升为基本理念。从历史沿革看,"士"文化是"智识阶级"文化的母体。前者滥觞于春秋时期,在战国末期逐渐形成两条发展轨迹:一条遵守"达则兼济天下,穷则独善其身"的誓约;一条沿着"学而优则仕"的路径向前发展。特别是随着生产力提高,社会分工逐渐细化,科举取士

---

① 杨伯峻:《论语译注》,中华书局2002年版,第194页。
② 《赤都心史·三二·家书》,《瞿秋白文集·文学编》第一卷,人民文学出版社1985年版,第211页。

制度导致"士"由民间走入庙堂的"方便之门大开，原有的士的生存方式及其价值规范不过成为进入仕途的敲门砖，士的文化要义几丧殆尽"①。其间虽然也曾有过儒家文化的中兴，但到了19世纪末20世纪初，近代西方科技理性思想的强势入侵，使"士"文化最终为以"工具论"和"价值论"为核心思想的"智识阶级"文化所取代。由此可知，"士"与"智识阶级"文化是两种不同的文化：前者以"心性"为表征，延续了"士为知己者死"的文化固持形态以及由此产生的对道德人格主体建构的强化模式；后者以"智性"为表征，坚持了"学而优则仕"的文化价值判断以及由此衍生出对知识话语阶级划分的工具模式。虽然两者之间没有明确的分界线，但是在中国现代知识分子的心目中，"士"文化的审美性与"智识阶级"文化的功利性，二者冲突无时不在。

在瞿秋白的传播话语中，"士"文化情结集中表现在他接受马克思主义思想之前。他曾在《饿乡纪程》中说："我的诞生地，就在这颠危簸荡的社会组织中破产的'士的阶级'之一家族里。"这样的家庭使瞿秋白对"士"有着天然的认识和了解。虽然"士"文化几近破产，但由于它带给瞿秋白太多的童年印记和家族回忆，使得瞿秋白一面批判，一面旋即提道，"只是那垂死的家族制之苦痛，在几度的回光返照的时候，映射在我心里，影响于我生活，成一不可灭的影象，洞穿我的心胸，震颤我的肺肝，积一深沉的声浪，在这蜃楼海市的社会里……"② 这种矛盾的心境使瞿秋白在接触马克思主义理论的早期，对其有着天然的"排斥"心理。然而，当瞿秋白意识到，随着历史的发展，"士"终将会被"无产阶级化"③的时候，他学会

---

① 李鲁祥：《士文化与知识分子文化的价值分野》，《齐鲁学刊》2002年第5期。
② 《饿乡纪程·二》，《瞿秋白文集·文学编》第一卷，人民文学出版社1985年版，第14页。
③ 《赤都心史·三二·家书》，《瞿秋白文集·文学编》第一卷，人民文学出版社1985年版，第211页。

以马克思主义的方法论来分析历史和"人与人之关系的疑问"①。此时，"士"文化逐渐隐潜，最终让位于马克思主义话语体系，从而成就了瞿秋白的"智识阶级"文化身份。这个转型在《饿乡纪程》和《赤都心史》——两本宣传和介绍"十月革命"之后苏维埃社会主义国家的报告文学中体现得尤其明显。

在《饿乡纪程》中，瞿秋白要做"舍弃""黑甜乡"的"疯子"，到"冰天雪窖饥寒交迫"的"饿乡"去，为所有苦闷的伙伴"辟一条光明的路"②。而在《赤都心史》里，瞿秋白则已经能够从容地用自己"心灵的影和响，或者在宇宙间偶尔留纤微毫忽的痕迹"③，来记录苏维埃社会主义国家所带给他的印象。这印象中，他强调苏维埃社会主义文化是"俄罗斯革命后而盛行的艺术上之一派——是资产阶级文化的夜之余，无产阶级文化的晨之初"④，预示着新的文化形态即将出现；强调"没有工业就没有社会主义，况且决不能在隔离状态中实行新村式的共产主义"⑤，宣告社会主义建设中发展经济的客观必要性；强调"列宁的演说，篇末数字往往为霹雳的鼓掌声所吞没"⑥，明确指出苏维埃政权牢固的群众基础；强调"无产阶级革命没有农民的辅助，不能有尺寸功效"⑦，所以要将"土地国有"⑧ 的社会革命党党纲由"俄布尔塞维克"的革命时期向"无产的工人与小资产

---

① 《饿乡纪程·四》，《瞿秋白文集·文学编》第一卷，人民文学出版社1985年版，第25页。
② 《饿乡纪程·绪言》，《瞿秋白文集·文学编》第一卷，人民文学出版社1985年版，第5页。
③ 《赤都心史·序》，《瞿秋白文集·文学编》第一卷，人民文学出版社1985年版，第114页。
④ 《赤都心史·一·黎明》，《瞿秋白文集·文学编》第一卷，人民文学出版社1985年版，第118页。
⑤ 《赤都心史·一〇·"俄国式的社会主义"》，《瞿秋白文集·文学编》第一卷，人民文学出版社1985年版，第139页。
⑥ 《赤都心史·一八·列宁杜洛次基》，《瞿秋白文集·文学编》第一卷，人民文学出版社1985年版，第162页。
⑦ 《赤都心史·四五·新村》，《瞿秋白文集·文学编》第一卷，人民文学出版社1985年版，第241页。
⑧ 同上。

的农民间之协进"的"新经济政策"时期推进。

当然,瞿秋白并没有回避俄国社会从19世纪以来一直存在的三个极其重要却尚未解决的问题——"智识阶级问题,农民问题,官僚问题"①。但是他从苏维埃社会主义国家的政治、经济、文化发展现状考察,指出只要发动群众力量,剔除市侩心理,以新经济政策发展生产力,必然会"养成共产主义的人生观"②,破解现有难题。

瞿秋白是深受传统"士"文化影响的中国现代知识分子。他虽然自称处于"社会思想的'蜂腰'时代",即中古文化根基不足,西方文化蜂拥而至,"骤然迎受不及,皮相的居多"。③ 但是,从瞿秋白传播马克思主义理论的话语看,中国传统的"士"文化已经逐渐消隐,成为他的精神原乡。只有在极少的伤怀情绪之下,"士"文化才会流露出来,"归乡"已成为心底的纠结。

2. 从两个传播视角译介马克思主义理论

本体叙事是以个人视角决定传播内容和逻辑线索的叙事策略。公共叙事是以集体视角决定传播内容和逻辑线索的叙事策略。在瞿秋白传播马克思主义理论的早期,本体叙事主要是指以个人生命体验来理解马克思主义理论。直到他将马克思主义理论认作为参与社会变革的指导思想时,瞿秋白逐渐学用无产阶级的集体视角来传播和发展马克思主义理论。

从瞿秋白的译文看,本体叙事集中出现在五四运动前后两年的译著中。这时,他翻译的作品还不是马克思主义经典作家的文本,而是带有资产阶级改良主义色彩的论著。如,他翻译了意大利民族解放运动领袖马志尼的

---

① 《赤都心史·二〇·官僚问题》,《瞿秋白文集·文学编》第一卷,人民文学出版社1985年版,第166页。
② 《赤都心史·四五·新村》,《瞿秋白文集·文学编》第一卷,人民文学出版社1985年版,第242页。
③ 《赤都心史·四八·新的现实》,《瞿秋白文集·文学编》第一卷,人民文学出版社1985年版,第246页。

《马德志尼论"不死"书》、托尔斯泰的《告妇女》《论教育书》等。之所以翻译这些作品,一方面由于这些作品所论及的问题都是五四一代年轻人所关心的;另一方面也是瞿秋白对自己生命中的疑惑所作的回答。如他翻译托尔斯泰的《告妇女》,文中讲道:"我理想上的女子是有当时(那女子所在的时候)高尚的宇宙观,献身于自己女子的,不可逃避的定义——生育、哺育、教养很多的儿女。"① 这里隐约可见瞿秋白试图通过翻译,来回答由丧母之痛带来的关于女性生存困惑的疑问。而在翻译托摩的《俄国革命纪念》中,他讲"我们想在较远的将来,俄国大革命完成了世界的事业,那时爱及和平将要在光明的社会主义国家里做世界上唯一的主权的"②。从这些译文可知,瞿秋白此时对马克思主义的理解,尚处于资产阶级人道主义、民主主义的阶段,他所传播的有关马克思主义的声音是带有偏差的。但是,这并不影响他从这里起步,一步步接近马克思主义思想的真谛。

对马克思主义传播的公共叙事,形成于瞿秋白从苏俄回国后不久。此时,中国共产党尚处于幼年期,急需马克思主义理论武装。瞿秋白从无产阶级革命的需求出发,以集体的角度传播来自苏俄的马克思主义声音。他在主编的理论刊物《新青年》《前锋》以及参编的中央机关报《向导》中介绍了马克思、恩格斯、列宁、斯大林的许多重要著作,同时在上海大学任教时,编译并完成了《社会科学概论》《社会哲学概论》《现代社会学》等著作,阐述了马克思主义哲学和社会科学的基本理论。这时的公共叙事具有如下两种叙事特点:

一是线性叙事特点。马克思主义理论在阐述的过程中习惯沿用历史发展的纵向线索,从缘起到发展、从初级到高级的纵向线性叙事线索展开。

---

① [俄]托尔斯泰:《告妇女》(1920年3月),瞿秋白译,《瞿秋白文集·政治理论编》第八卷,人民出版社1998年版,第11页。
② [俄]托摩:《俄国革命纪念》(1920年),瞿秋白译,《瞿秋白文集·政治理论编》第八卷,人民出版社1998年版,第19页。

即便要叙述高级社会形态时,线性叙事的特点依然存在。瞿秋白传播马克思主义理论的译著也有此特点。如,瞿秋白在翻译郭列夫的《无产阶级之哲学——唯物论》时,从"何为哲学"的设问开始,讲述了唯心主义与唯物主义的历史发展、唯物主义的近代与现代之别。每一个讨论的专题都是从梳理历史轨迹入手,在辩证发展的视角下展开论述。

二是宏大叙事特点。宏大叙事是指马克思主义对人类历史崇高主题的断言,即从必然王国争取自由王国,通过无产阶级的集体斗争达到理想的生命境界。阿什雷说:"关于无产阶级是世界主体和历史的最终目标的断言,使马克思主义成为20世纪最有利和最成功的元叙事。马克思主义的巨大力量之一是它试图把自己的叙事建立在人类自我反思的内部辩证法之中。在'正统'马克思主义的经典叙事中,无产阶级'既是历史的主体也是历史的客体'(卢卡奇),也就是说,它的客观性被认为是一种自我对象化。"① 从这段话可以看出,在经典的马克思主义理论文本中,宏大叙事背后暗含的是在尊重历史发展规律的基础上,掀起无产阶级参与斗争的热情,并以前瞻性的美好寓言促使更多的无产阶级参与斗争,获得更大范围内彻底的自由和全面的解放。所以瞿秋白的传播话语中出现这样的表述——"历史的唯物论——是无产阶级的。只有无产阶级解放之后,历史唯物论才能充分发达,而历史乃成严格的科学;历史方能尽其所当尽的职任——为人类之指导者教诲者。"② 可见,人的解放是马克思主义理论最宏大的蓝图。

可以说,在瞿秋白参与无产阶级革命运动期间,他所译介的马克思主义理论著述都具有如上两种叙事特点。这两种叙事特点既源于马克思主义理论自身的话语特点,也跟瞿秋白对马克思主义理论的认识程度有关。从

---

① David Ashley: "Marx and the Excess of the Signifier: Domination as Production and as Simulation", *Sociological Perspectives*, Vol. 33, No. 1, Critical Theory (Spring, 1990), pp. 129—146.

② [德]摩陵:《历史的唯物主义》(1929年1月),瞿秋白译,《瞿秋白文集·政治理论编》第八卷,人民出版社1998年版,第592页。

传统文化语境中走出来的瞿秋白，要接受和传播马克思主义必然要从历史缘起和未来走向两个方面着手。只有从过去和未来两个维度入手才能更深刻、更彻底地接受马克思主义理论。这也许就是李泽厚在分析马克思主义在中国的接受原因时所谈到的——相较杜威的实用主义，"马克思有两点更能打动中国人：一是承认历史有某种客观规律，即'天道'，在马克思那里，是历史发展的必然性；二是从而对未来世界怀抱某种乌托邦大同理想，愿为之奋斗，并将人生意义寄托在这里"。①

3. 从两个文化场域传播马克思主义理论

瞿秋白直接参与无产阶级斗争的舞台，不仅在政治上也在文学上。早在瞿秋白1920年10月远赴苏俄考察时期，他已经在学习运用马克思主义立场、观点和方法分析文艺现象，探求文学革命运动中的理论和实践问题。但是当时的研究，还仅限于自然探索阶段。到1931年初夏，瞿秋白回到文学战线，参加左联领导工作后，他真正进入自觉的理论建构阶段，主要包括三个内容：一要有革命的文艺主体，即依靠无产阶级，或者从小资产阶级队伍中培养并改造革命文艺工作者；二要有革命的文艺战场，即占领普洛大众的文艺舞台，用群众喜闻乐见的艺术形式传达革命的声音；三要有革命的国际舞台，即译介马克思主义经典作家的文艺论著，同时参与世界无产阶级文艺运动。瞿秋白将这三个内容联系起来，用两种传播场景中的语言交错进行表达。一种是在书斋中的精英话语；一种是在广场上的大众话语。

书斋中的精英话语，主要使用在译介马克思主义文艺理论的经典论著方面。瞿秋白坚持用知识分子的精英话语翻译马克思、恩格斯、列宁、普列汉诺夫等马克思主义文艺理论家的原著。虽然在译介的过程中，瞿秋白

---

① 李泽厚、刘绪源：《中国哲学如何登场？——李泽厚2011年谈话录》，上海译文出版社2012年版，第97页。

适时增加了大众语的色彩,但是精英话语依然是翻译话语中的"主体"。如,他翻译了列宁论托尔斯泰的一篇文章,讲到"托尔斯泰反映着那痛心的憎恨,那对于'更好的'成熟的想望,要想避开'过去'的志愿——也反映着幻想性,政治上无训练、革命上软弱的不成熟。历史经济的条件,可以说明群众斗争发生的必然,也可以说明他们对于斗争的没有准备,以及托尔斯泰式的对于恶的无抵抗是第一次革命战斗失败的极严重的原因"。①在这段表述中,旧式文人的排比句式、繁复的修辞结构都表明了瞿秋白的知识分子精英话语没有完全去除。从1920年瞿秋白译著托尔斯泰的《告妇女》开始到列宁的这篇论著,可以看到瞿秋白对马克思主义的认识逐渐深入,但是诸如此类的话语在瞿秋白的马克思主义理论译著中仍大量存在。

广场上的大众话语,主要使用在加强无产阶级文化领导权方面。瞿秋白是从五四新文化运动中成长起来的一代知识分子,但是到了1930年左联成立之后,许多曾经的五四干将调转矛头,从批判五四新文化运动入手,建立了无产阶级的新五四话语。这种话语即是瞿秋白所使用的广场上的大众话语。在《"五四"和新的文化革命》一文中,瞿秋白指出,五四新文化运动的性质是资产阶级文化革命运动。随着资产阶级走到革命的"相反"一面,"新的文化革命已经在无产阶级领导之下发动起来"②了。这是一场"几万万劳动民众自己的文化革命"③,"它的前途"必将"转变到社会主义革命的前途"④上来。瞿秋白认为,由无产阶级领导的新的文艺运动要在埋葬"五四"时期鲜明的个性主义、人道主义、自由主义等资产阶级文化思

---

① 《列甫·托尔斯泰象一面俄国革命的镜子》,《瞿秋白文集·文学编》第四卷,人民文学出版社1986年版,第234页。
② 《"五四"和新的文化革命》(1932年5月20日),《瞿秋白文集·文学编》第三卷,人民文学出版社1989年版,第22页。
③ 同上书,第23页。
④ 同上。

想的基础上,用"普通话的现代中国文"①来表达群众的声音。此时原有的"智识阶级"的声音都成为被批判的对象。在著名的《普洛大众文艺的现实问题》一文中,瞿秋白从五个问题入手谈及改造普洛大众文艺的问题。其实这五个问题最终也都落到一点上,即如何让文艺从书斋走向广场,文艺如何"往民间去"②转到文艺为人民服务。这种转向,标志着瞿秋白马克思主义文艺思想真正落到了实处。

为什么瞿秋白在传播马克思主义的过程中会形成两套话语系统?究其原因,一方面与其当时对马克思主义理论的理解和接受程度有关;另一方面也与瞿秋白自身的"二元"人格特点有关。

"二元"人格特点贯穿了瞿秋白人生的全部过程,从《饿乡纪程》始,直到《多余的话》。瞿秋白非常善于自我剖析,勇于自我批评,他在反思自己的过程中,常常把"二元"人格放在非常明显的位置。

在《饿乡纪程》中,瞿秋白自述"五四运动之前"的"心灵现象",说是"二元的人生观"。他写道:

> 因研究国故感受兴趣,而有就令文学再生而为整理国故的志向;因研究佛学试解人生问题,而有就菩萨行而为佛教人间化的愿心。这虽是大言不惭的空想,然而却足以说明我当时孤独生活中的"二元的人生观"。一部分的生活经营我"世间的"责任,为自立生计的预备;一部分的生活努力于"出世间"的功德,做以文化救中国的功夫。③

"二元的人生观"在这里被用来概括瞿秋白当时同时并存的两种志愿和

---

① 《再论大众文艺答止敬》(1932年9月),《瞿秋白文集·文学编》第三卷,人民文学出版社1989年版,第49页。
② 《知识阶级与劳农国家》(1922年6月27日、7月3日),《瞿秋白文集·政治理论编》第一卷,人民出版社1987年版,第365页。
③ 《饿乡纪程·四》,《瞿秋白文集·文学编》第一卷,人民文学出版社1985年版,第25页。

在"世间的""出世间"的两方面生活上的打算与出路。瞿秋白当时的思想就已经相当复杂,但从其人生观的本质特征来看,所谓"二元",不过是"厌世观"的两个分支。如果用《多余的话》里的说法,"五四"前所谓"二元的人生观"就是"厌世主义的理智化",稍后则发展到"托尔斯泰式的无政府主义",这与后来的"二元人物"之说不是一回事。

到了1935年5月,在监狱中完成的《多余的话》,瞿秋白讲述自己的政治活动,尤其是当主要领袖期间和最后几年的"二元化的人格"时,这样写道:

> 我二十一二岁,正当所谓人生观形成的时期,理智方面是从托尔斯泰式的无政府主义很快就转到了马克思主义。人生观或是主义,这是一种思想方法——所谓思路;既然走上了这条思路,却不是轻易就能改换的;而马克思主义是什么?是无产阶级的宇宙观和人生观。这同我潜伏的绅士意识,中国式的士大夫意识,以及后来蜕变出来的小资产阶级或者市侩式的意识,完全处于敌对的地位。①

这里虽然与《饿乡纪程》同样用了"二元"这个词,虽然都是用来表述有两类意识同时并存,在表述思想意识情感的复杂性上有相似之处,但两个"二元"却有了根本性的区别。《饿乡纪程》所说"二元",是"人生观"的"二元",即其两方面都是"思路"或"主义",都是"理智化"的。《多余的话》中的"二元"就不同了。不是说在理智上或"思路""主义"上仍是两种宇宙观、两种人生观,而是说"无产阶级的宇宙观和人生观"都是"一元"的,是"马克思主义"的。而"绅士意识""士大夫意识""小资产阶级或者市侩式的意识"是潜在的、内化于心的。这两种意识

---

① 《多余的话·脆弱的二元人物》,《瞿秋白文集·政治理论编》第七卷,人民出版社1991年版,第701—702页。

不断地斗争，直至瞿秋白写《多余的话》的时候，也没有确定哪一方取得了决定性的胜利。

正是因为这个"二元"性格的长期存在，导致了瞿秋白在不同时期传播马克思主义理论时运用了两套不同的话语系统：知识分子精英话语的出现，用以遮蔽五四时期传统与现代迅速裂变过程中，他心中难以迅速根除封建文化思想和欧美文化思想之潜在影响；而无产阶级宣传话语的出现，则是用以去除五四遗留的启蒙思潮背后对马克思主义理论诸多魅惑式解读，以及迅速消除自己潜在的"绅士意识""士大夫意识""小资产阶级或者市侩式的意识"，全盘接受"无产阶级的宇宙观和人生观"。但是，这种"二元"的斗争到今天都没有决出胜负。在马克思主义传播到中国的过程中，这两套话语系统依然存在着交互式对话的可能。因为只要传统与现代、东方与西方的文化冲突尚在，知识阶级会永远向"新的美的真的善的灯塔"①前进，这种话语的交锋便不会停止，一代又一代的马克思主义传播者都或多或少受其影响，同时也就改变了马克思主义在中国的传播面貌。

---

① 《知识阶级与劳农国家》（1922年6月27日、7月3日），《瞿秋白文集·政治理论编》第一卷，人民出版社1987年版，第364页。

第四章　瞿秋白从中国实际出发对马克思主义的应用

1927年，在蒋介石政权的白色恐怖之下，瞿秋白将自己归国之后的文章编辑成册，收录于《瞿秋白论文集》。在论文集的"作者自序"中，瞿秋白指出，"革命的理论永不能和革命的实践相离"。① 可见，在将马克思主义理论传播到中国的同时，瞿秋白也在不断探索如何将马克思主义理论应用于中国。仅"传"而不"播"，是"掉书袋"似的理论工作者；仅"播"而不"用"，也是纸上谈兵的空想家。通过梳理瞿秋白应用马克思主义解决中国革命具体问题的文章，可知其主要研究并试图解决的是如下三类问题：

一是对中国国情的探索。瞿秋白用历史唯物主义和辩证唯物主义的方法研究了中国所处国际环境、中国社会的经济状况、社会性质以及阶级关系。这些基础问题的研究为日后新民主主义革命策略问题的提出奠定了坚实的基础。二是对中国革命道路的探索。瞿秋白借鉴苏俄革命的历史经验，提出统一战线、武装斗争和党的建设等主张，这些都对日后毛泽东"新民主主义革命"理论的形成提供了有益借鉴。三是对新民主主义文化的探索。探索无产阶级文化"科学""民族""大众化"的发展道路，改变自五四新

---

① 《〈瞿秋白论文集〉自序》（1927年2月17日），《瞿秋白文集·政治理论编》第四卷，人民出版社1993年版，第414页。

文化运动以来中国文化的欧化倾向。同时,他与中国的马克思主义理论家、左翼作家一道,同各种敌对思想和错误思想进行斗争,如胡适的实用主义,梁启超、张君励的唯心论,章士钊的"农村建国论",梁漱溟等东方文化派,以及戴季陶主义,曾琦、左舜生、李璜的国家主义,蒋介石的假三民主义,还有改组派、托派、人权派等。通过这些工作,瞿秋白在学理上和实践上推进了无产阶级文化的建设。

一 对中国国情的探索

新民主主义革命的基础理论问题,主要是解决新民主主义革命"是什么"的问题。这是应用马克思主义于中国革命首先要解决的问题。早在1923年瞿秋白归国并投身革命运动后不久,就意识到这一问题的重要性。

1923年1月15日在从苏俄归国的旅途中,瞿秋白完成了一篇被称为"在俄境内与俄国平民最后一次接触的回想"的报道——《赤俄之归途》。在这篇报道中,瞿秋白进行了两种比较。一种是历时态比较了苏俄1920年至1923年的发展;一种是共时态下比较了苏俄与中国的差异。从前一种比较可知,苏俄两年间的变化可谓翻天覆地。交通运输条件的改善、物质生活水平的提高以及人与人之间关系的逐渐融洽,说明在列宁新经济政策指引下,苏俄社会主义国家正在逐渐繁荣。但是,从后一种比较可发现,中国社会的整体状况与苏俄社会形成强烈反差。最大的不同在于,"俄国是一个人的国,也许是'人食狗彘'的国,可决不象狗彘食人的中国"。① 经过比较,瞿秋白意识到两年间,在苏俄发生巨大变化的同时,中国却依然停步在五四新文化运动"教育救国"等口号的宣传之下。从五四新文化运动

---

① 《赤俄之归途》(1923年1月25日),《瞿秋白文集·政治理论编》第一卷,人民出版社1987年版,第415页。

以来的变革，都仅是"括弧内的'革命'"①，具有改良性质的变革，这样的变革不仅不会对中国社会的发展产生作用，而且会使整个国家发展继续停滞，抑或倒退。所以，要在中国社会推行革命，首先要认识到中国社会的性质是什么？中国需要什么样的革命？这种新式的革命是否能够在中国具有长久的生命力？解决了这些问题，才能解决具体的革命手段和策略问题。

1. 分析中国所处国际环境

瞿秋白对中国革命所处的国际环境分析，主要是研究造成中国"不得不"革命的外部环境。在《饿乡纪程》中，瞿秋白讲到，中国经济在鸦片战争之后已经与"西欧物质文明接触了五六十年"②。在长期接触西方物质文明的过程中，有些中国人一厢情愿地认为，中国经济可以模仿西方资本主义经济发展模式，走欧洲工业革命的"老路"。瞿秋白明确否定了这一想法。他指出，这是"中了美国资本家新式侵略政策的骗"③。帝国主义一方面从经济上钳制中国本土资本发展；另一方面又打着"科学"与"民主"的旗帜从文化上颠覆中国本土思想。在双重进攻之下，中国社会陷入一片困顿之中。正如瞿秋白所言，"'西方文化与东方文化'，居然成了中国新思潮中的问题"。各种主张"一会儿相攻击，一会儿相调和，不论政治上，经济上，学术上的思潮都没有明确的意义，只见乱哄哄的报章，杂志，丛书的广告运动"④，"思想紊乱摇荡不定，也无可讳言"。⑤ 为扭转这一混乱局面，瞿秋白认为，首先，要明白帝国主义是什么？其次，帝国主义侵略中国的手段到底有哪些？最后，苏联和共产国际对中国革命的影响是什么？

---

① 《赤俄之归途》（1923年1月25日），《瞿秋白文集·政治理论编》第一卷，人民出版社1987年版，第419页。
② 《饿乡纪程·五》，《瞿秋白文集·文学编》第一卷，人民文学出版社1985年版，第30页。
③ 同上。
④ 同上。
⑤ 同上。

首先，帝国主义是什么的问题。瞿秋白主要依据列宁关于帝国主义的理论，分析了帝国主义的特征及其内外矛盾，揭露了"帝国主义联合压迫中国的真相"[①]。在《列宁主义概说》等文中，瞿秋白指出，"资本主义已经到了垂死的时期"[②]。当历史进入帝国主义时代，资产阶级内部的一切矛盾已冲突到了极点。帝国主义内部的矛盾冲突主要有三种：第一是"资本与劳动之冲突"。由于生产资料和金融资本都集中在大工业家和大银行家手中，所以，垄断成了帝国主义的主要特征。这样的垄断具有非常强的控制力，以致要打破垄断，被压迫者——工人必须采用斗争的手法。如若仅是通过"和平"的方法，如工人罢工抑或选举竞争根本不足以改变被压迫的地位，而且连"已得的权利"都无法保障。所以，"革命"势在必行。第二是帝国主义列强之间的冲突。随着生产力的不断提高，垄断资本的生产资料需要不断扩充，而且生产出来的产品需要投放到更大的消费市场中去，所以，帝国主义国家不断向外拓展"疆土"。他们用"'移植资本'于殖民地"的手段来不断获取更大的经济利益。这也导致各帝国主义国家为争夺殖民地而产生矛盾与摩擦。第三是列强帝国主义者与殖民地弱小民族之间的冲突。由于帝国主义的入侵必然会引起"殖民地弱小民族"的"民族自觉"，引发民族解放运动。所以，帝国主义与殖民地民族之间的矛盾也在逐渐升级。按照瞿秋白的观点来看，这三种矛盾都集中在"最紧凑最剧烈的地方"——俄国，造成俄国革命既要反对沙皇俄政府，又要反对全世界的帝国主义。

其次，帝国主义怎样侵略中国的问题。瞿秋白有策略、有重点地分析了在不同时期不同社会事件背后隐藏着的帝国主义侵略中国的意图。他认

[①] 《帝国主义之五卅屠杀与中国的国民革命》（1925年6月22日），《瞿秋白文集·政治理论编》第三卷，人民出版社1989年版，第250页。

[②] 《列宁主义概说》（1925年2月），《瞿秋白文集·政治理论编》第三卷，人民出版社1989年版，第35页。

为，如果按照时间的前后顺序，帝国主义侵略中国可以分为"一、强辟商场；二、垄断原料；三、移植资本；四、文化侵略"① 四个时期。第一个时期纯粹用军事手段占领领土，"强力开辟商埠"。在这个时期，鸦片战争之后的诸多丧权辱国条约都是为了实现帝国主义殖民扩张这一目的而制定的。由于当时的侵略还仅是通过战争赔款以获得对殖民地国家的债权和财政监督权，所以，还不是真正的"移植资本"。第二个时期采用军事与外交手段并用的方法，既掠取中国的原材料、掌握中国的交通运输权等，又扩大帝国主义国家在华的势力范围。虽然经过这两个时期，中国已经逐渐沦为了帝国主义的殖民地，但实际上，"中国的经济生活始终还能有几分独立；李鸿章的北洋海军、造船厂、兵工厂等足以证明中国始终还有几分反抗列强的可能"②。为了进一步控制中国经济，帝国主义开始了第三个时期，即"移植资本"的时期。这个"移植资本"实际上相较前两个时期，更为隐蔽。他不采用军事手段，而是"自营（或所谓'合办'）实业于中国境内"，通过各种"非政治"的统一借款政策来攫取"共管"中国的权力。特别是美国帝国主义，他们在华通过提倡较温和的官僚资本式的民主运动，抑制劳动平民的民主运动。这种隐蔽地培养在华势力的行为是一种"文化侵略"，这就是第四个时期的主要办法。这里的"文化"是狭义的文化，是指帝国主义移植资本的时候，在殖民地培植种种"学说"以否认阶级斗争。瞿秋白力图让中国人民了解帝国主义发动侵华战争背后隐含的原因。

最后，苏联和共产国际对中国革命的影响。应该说，帝国主义的问题是中国无产阶级革命遇到的最大问题之一，也是造成中国无产阶级不得不革命的主要原因之一。但是在当时的瞿秋白看来，中国无产阶级革命的国

---

① 《帝国主义侵略中国之各种方式》（1923年5月26日），《瞿秋白文集·政治理论编》第二卷，人民出版社1988年版，第73页。
② 同上书，第74页。

际环境中,除了帝国主义的影响之外,还有苏俄革命的影响。

瞿秋白一直认为,苏俄革命是中国革命的教科书。在分析中国革命现状的时候,他总是容易陷入将苏俄革命与中国革命进行两相比照的状态。瞿秋白在分析中国革命的国际环境时,总会分析苏联与共产国际对中国革命的影响。他也主动地将中国革命列为世界无产阶级革命中的一个组成部分。1923年,他在《帝国主义侵略中国之各种方式》中提出:"只有俄国社会革命的发展,中国国民运动的奋起,世界无产阶级与各殖民地劳动平民携手",① 才能"共同颠覆所有的帝国主义、所有的军阀制度,方能得世界经济的发达,人类文明的再造"。② 1926年,他在《战壕断语——中国革命者的杂记》中明确呈现国际共产主义战士的思想,认为"中国的革命,不过是世界两大阶级长期的决战里的一战线——战场的范围其实是全世界"③ 的。在中国发动无产阶级革命的同时,英美等国无产阶级的革命斗争,印度、非洲等处的民族解放运动,也与中国革命的成败息息相关。这些所有的革命都是"无产阶级已经战胜的苏联,他的社会主义建设的工程"。④ 1927年瞿秋白完成了一部以《俄国资产阶级革命与农民问题——俄国革命运动史之一》为题的小册子(原计划编写一部《俄国革命运动史》,但当时仅完成了第一册)。瞿秋白明确提出,俄国无产阶级所领导的资产阶级革命以及农民问题的解决,都对于"中国现时的革命"有重要的指导作用,并希望"读者不要把这本书单当做历史读"。⑤ 在这本小册子里,瞿秋白提到了俄国从农奴制度进入资本主义的发展过程中,三四百年来因为农

---

① 《帝国主义侵略中国之各种方式》(1923年5月26日),《瞿秋白文集·政治理论编》第二卷,人民出版社1988年版,第85页。
② 同上。
③ 《战壕断语——中国革命者的杂记》(1926年2月2日—16日),《瞿秋白文集·政治理论编》第三卷,人民出版社1989年版,第514页。
④ 同上。
⑤ 《俄国资产阶级革命与农民问题——俄国革命运动史之一》(1927年6月3日),《瞿秋白文集·政治理论编》第四卷,人民出版社1993年版,第613页。

民问题没能得到很好地解决，导致战争一直不断。另外，瞿秋白还提到俄国民粹派的问题。瞿秋白认为民粹派是俄国布尔什维克运动的前身，但是由于民粹派把农民理想化，认为农民是"本能的社会主义者"和"天生的革命者"；主张通过农民革命，推翻专制制度。这些带有空想社会主义色彩的主张使民粹派以失败而告终。瞿秋白进而得出"俄国革命运动便以马克思派的俄国共产党之发生发展为中枢，而革命的主力军，也是俄国的无产阶级"① 的主张。瞿秋白在这里所提到的农民的问题以及民粹派的问题，在他同一期解决中国革命问题的过程中产生了重要的影响。

2. 分析中国社会的经济状况

要解决中国的政治问题、阶级问题首先要从经济根源入手，这是早期共产党人对于中国革命问题不约而同达成的共识。蔡和森在1922年9月20日发表在《向导》第二期的《武力统一与联省自治——军阀专政与军阀割据》一文中，开篇就提到："一个时代的政治变化，有一个时代的经济变化为基础，所以近世政治史上的民主革命，不过是经济史上产业革命的伴侣。"② 在瞿秋白分析中国革命的国际环境时，还应用马克思的唯物史观研究中国社会的经济。他说："凡是一种政治势力必定有他的经济地位，这是一个原则。"③ 经济基础决定了政治、法律、文化等上层建筑的发展情况，所以对中国社会经济状况的分析，可以更好地理解诸多社会问题背后的根本原因。

瞿秋白指出，中国社会原本是旧式经济自给自足的自然经济。这种自然经济的特点在于"士绅贵族在当初都是地主阶级"，他们拥有多数的田

---

① 《俄国资产阶级革命与农民问题——俄国革命运动史之一》（1927年6月3日），《瞿秋白文集·政治理论编》第四卷，人民出版社1993年版，第741页。
② 《武力统一与联省自治——军阀专政与军阀割据》（1922年9月20日），《蔡和森文集》上，人民出版社2013年版，第109页。
③ 《国民革命中之农民问题》（1926年8月），《瞿秋白文集·政治理论编》第四卷，人民出版社1993年版，第381页。

地，甚至在政治上享有特权。比如他们可以对佃农"私设法庭"，"严刑追缴田租"①。这些都是宗法社会和农奴制度所允许存在的。由于这种经济制度存在剥削，造成农民的不满，使农民造反的情况时有发生。但是，农民不掌握新的理论武器，他们的造反并不改变旧有的自然经济状态，不可能达到预期的目的，故而往往以失败告终。同时，由于自然经济适合于农业手工业为主的宗法社会，学徒、师傅等手工业生产者居多。他们拒绝机器生产，不能迎受西方日益发展的科技革命所带来的现代文明，以至于造成中国从清末开始逐渐为世界变革所淘汰。旧式的自然经济已不能适应科学技术突飞猛进的发展。所以，改变自然经济模式，用代表更先进生产力的资本主义经济来代替旧有经济，是历史发展的必然。

但是，打破中国自然经济发展模式的并不是先进生产力的发展，而是西方殖民侵略者的突然侵入。瞿秋白认为，中国资本经济虽然在1848年鸦片战争之前就有萌芽，但是让它真正发展壮大的，并非是随着生产力的发展和自然经济的破产，自然而然出现的经济转型，而是由于"外力"所造成，即"中国之资产阶级的发展，非由自力能渐展开及于'世界'，乃由外铄自'世界'侵渗而入中国"。②可知，中国的资本主义经济是随着帝国主义"坚船利炮"，由上而下地被强权政治"移植"过来的。瞿秋白深入分析了帝国主义经济侵略的方式以及对中国经济的残酷剥削和压榨，概括了中国资本主义经济发展的两大特点。

一是，殖民政策的推行造成中国从"自然"经济到"资本"经济的"突变"。

所谓"突变"是指中国宗法社会的自然经济在外力影响下，骤然之间

---

① 《中国革命中之争论问题 第三国际还是第零国际？——中国革命中之孟雪维克主义》（1927年2月），《瞿秋白文集·政治理论编》第四卷，人民出版社1993年版，第447—448页。
② 《中国资产阶级的发展》（1923年6月2日），《瞿秋白文集·政治理论编》第二卷，人民出版社1988年版，第89页。

转到资本经济的发展道路上来。造成这一转变的主要原因是帝国主义的强权政治。瞿秋白指出，中国资本经济在发展过程中，很多成长所必须的条件，诸如人力——无产阶级，物力——原材料、机器等，以及财力等都受制于帝国主义。工人是由破产农民所组成，"农民阶级流离失所变成兵匪"，同时，农村中失地的农民涌入城市，成了无产阶级的"后备队"，"劳动力极低廉的工人"①。原料和机器等被"大工业国、大农业国所垄断操纵"②，及至财政都是由帝国主义所"挟持"。由此可知，中国"资本"经济是不自由的发展，并且呈现出畸形的发展态势。主要表现在——"商业偏畸的发达，工业进步速度"较缓；"手工业中的兼并，农民的破产与工厂吸收工人的能量相差太远"；"生产事业如此之困厄，不生产事业如此之过度发展，弄得有'资本'而无生产"③；由此三种不协调的现象，造成"多余的"资本被用作政治投资，转入国内的军阀战争，而"'多余的'工力变成兵匪"④，助长了军阀混战的愈演愈烈。这些都足以证明，中国"资本"经济虽然已经出现，但是并不是健康、正常的发展。

二是，殖民政策的推行造成中国"资本"经济呈现"半自然"经济的特点。

"半自然"经济主要是指中国经济在深受"外铄"的资本经济影响的同时，依然保留了一部分"自然"经济的特点。之所以会呈现这种状态，主要是由于中国是列强共管的"国际殖民地"。在这块殖民的土地上，各国为了维护自身利益，同时也为了进一步扩大权利范围，纷纷培植自己在国内的"亲信"。这些"亲信"就是"盗寇式的军阀财阀"们。这些军阀，依

---

① 《中国资产阶级的发展》（1923年6月2日），《瞿秋白文集·政治理论编》第二卷，人民出版社1988年版，第87页。
② 同上书，第89页。
③ 同上书，第104页。
④ 同上书，第104页。

仗了帝国主义的资金支持，运用军事斗争的方式"割据"自治，这种政治上的"割据"，自然也就造成了经济上呈现出"大大小小的'半自然经济'区域"①。在这些"半自然经济"区域中，虽然存在一部分资本市场，但管理这些资本市场的势力仍旧是封建的传统势力，或者是与封建势力密切相关的帝国主义殖民势力。这些军阀不仅破坏了中国的"自然经济"发展格局，而且也破坏了正常的"资本经济"发展，呈现畸形发展状态。1923年4月，瞿秋白发表《北京政府之财政破产与军阀之阴谋》一文指出，北京政府的财政问题，诸如"私印印花税，增发流通券，甚至于公卖鸦片烟"都是军阀和官僚资本家在"故意扰乱金融，盗取社会财富"，以巩固其统治地位。为了进一步分析军阀和财阀之所以能够左右中国经济的原因，瞿秋白在1923年6月发表《中国资产阶级的发展》一文指出，中国深受多个帝国主义国家的殖民侵略，每个帝国主义国家都通过军阀和财阀控制中国的经济。这些"军阀财阀（官僚资本）"一面"勾结帝国主义，扰乱经济"②，一面维持旧有的统治秩序，采取封建社会"专制君主"式的统治方式，实际上成了变相的封建诸侯。此外，这些军阀财阀的背后有着帝国主义的支持，所以他们对中国经济的影响巨大，还影响到了中国民族资本的发展。瞿秋白指出，在中国要发展民族资本，会遇到很多方面的限制：如对外进行商业活动，要受到"协定关税"的限制；民族工业的原材料及机器，都依赖帝国主义殖民者的提供；民族资本发展所必须的金融支持，也被"列强"所操纵；农业的发展相对工业发展更加滞后，"国内农民手工业者"破产几多，而"工厂所能容纳者甚少"。特别是最后一条，由于破产农民的逐渐增多，造成社会上大量"游民无产者"的出现，这些人大多数成为"土

---

① 《中国之地方政治与封建制度》（1923年5月2日），《瞿秋白文集·政治理论编》第二卷，人民出版社1988年版，第32页。
② 《中国资产阶级的发展》（1923年6月2日），《瞿秋白文集·政治理论编》第二卷，人民出版社1988年版，第108页。

匪",为军阀队伍的壮大提供了重要的人力保障,① 同时也造成了社会不稳定因素的激增。相较于西方资本主义的发展"应用近代汽机技术"推进工业革命,中国的官僚资本却发迹于"应用近代的汽机技术"带动军事发展。"西欧资本主义要发达到制造巡洋舰不知道得化多少年功夫,而中国的资本主义却从巡洋舰开头!"② 这种畸形的资本主义出现又与中国动乱的社会政治格局融合为一体,使得"对于生产绝无良果","陡然大增社会之消费","上则造成军阀;下则造成兵匪。军事技术为武人附虎翼,小农破产为武人增'炮灰'"。③ 这些都极大地影响了中国资本经济的发展。

3. 分析中国的社会性质及阶级关系

瞿秋白对中国社会性质的判断,基于两个方面的主要依据:(1)基于中国具体的现实情况;(2)基于共产国际对中国社会性质的判断。瞿秋白认为,中国的经济状态和中国被多个殖民国家共同"瓜分"的政治状况,造成中国社会"半殖民地"④ 的状况。如果是普通的殖民地,政权是完全丧失,并且宗主国对于殖民地具有极大的主控权,既可以行使对殖民地绝对"保护"的政策,同时也可以将殖民地完全与国际贸易的大环境相"隔离"。相比较而言,中国"因列强均势之形成,而得偷生;一部分政治权虽不能入民主派之手,却为暴发的军阀所攘,并未完全归于帝国主义的某国,所以成其为半殖民地"⑤。应该说,这个判断是相对客观的,符合当时中国的实际情况。另外,从瞿秋白1920—1923年间远赴苏俄的经历来看,他的这一判断也深受共产国际的影响。1920年,列宁在共产国际第二次代表大会

---

① 《中国资产阶级的发展》(1923年6月2日),《瞿秋白文集·政治理论编》第二卷,人民出版社1988年版,第89页。
② 同上书,第91页。
③ 同上书,第90页。
④ 《帝国主义侵略中国之各种方式》(1923年5月26日),《瞿秋白文集·政治理论编》第二卷,人民出版社1988年版,第81页。
⑤ 同上。

上做了《民族和殖民地问题》报告,指出当前世界分为两个阵营,一个是"为数众多的被压迫民族"[①] 阵营;另一个是"少数几个拥有巨量财富和强大军事实力的压迫民族"[②] 阵营。在这两个阵营中,中国属于前者,性质上是"半殖民地国家"。[③] 根据这一理论,1922年初,共产国际在莫斯科召开远东各民族代表大会,进一步分析了远东各国的政治经济状况,阐明了被压迫民族反帝反封建的历史任务。瞿秋白应邀参与其中,担任翻译工作。这次大会的精神,直接影响了瞿秋白日后对中国社会性质的判断。同时,列宁关于"资产阶级的民权革命"、农民问题的主张都被瞿秋白吸纳过来。1928年,瞿秋白在中共六大上明确提出,"资产阶级民主革命"[④] 是中国民主主义革命的第一个阶段。之所以如此判定,"最主要的是因为他的现时客观上的任务在解决土地问题,——土地革命根本就是肃清资本主义前期的封建式的社会关系和生产关系"。[⑤] 同时也主张,中国无产阶级领导农民起来革命,"是肃清一切种种资本主义前期的封建式的社会关系、生产关系"。[⑥] 革命的直接目标是要推翻封建政权,建立具有"民权主义"性质的政权,也就是实行"工农民权独裁制"[⑦]。这些主张都与列宁或者是共产国际的主张非常契合。或者说,瞿秋白在一定程度上是用中国的社会现实去佐证共产国际的判断。这种思维逻辑,在日后他的很多政治判断中都时常显现出来。

在形成对中国社会性质的判断之后,瞿秋白着手分析中国社会中存在

[①] 《国际共产主义运动史文献》编辑委员会编译:《共产国际第二次代表大会文件(1920年7—8月)》,中国人民大学出版社1988年版,第223页。

[②] 同上。

[③] 同上。

[④] 《中国共产党第六次代表大会政治决议案》(1928年7月9日),《瞿秋白文集·政治理论篇》第五卷,人民出版社1995年版,第663页。

[⑤] 《中国的苏维埃政权与社会主义》(1928年1月10日),《瞿秋白文集·政治理论编》第五卷,人民出版社1995年版,第232页。

[⑥] 同上书,第233页。

[⑦] 同上。

的各种阶级关系。

首先，瞿秋白对"社会阶级"的界定。他指出："'社会阶级'，乃是指占有同一的经济地位，对于生产工具有同一的关系的人。""因经济发展之结果，人民之间发生享有生产工具者与不享有生产工具者等等的区别，——阶级显然存在。"① 以是否享有生产工具作为划分标准，在当时的中国社会中，出现了两种阶级：享有生产工具的是剥削阶级，相反则是被剥削阶级。在剥削阶级中，可细分为依靠西方帝国主义力量作支撑的官僚买办阶级和力图独立发展中国本土经济的民族资产阶级；在被剥削阶级中，又可细分为工人阶级、农民阶级、小资产阶级和流氓无产者等不同的阶级成分。

其次，瞿秋白分别分析了中国社会各阶级的特点。

官僚买办阶级。官僚买办阶级，主要是指以西方帝国主义为依靠发展起来的资本经济体。之所以会出现这种官僚买办阶级，主要是由于中国处于殖民地的政治格局之下，殖民者要在中国发展经济，自然依靠着中国本土的一些"犬牙"，以便更好地改变这种赤裸裸的剥削和掠夺。早在1923年瞿秋白就论断，"中国'自己的'资本主义，从买办式的'商业资本'起直进到官僚式的'财政资本'，以全国经济总体而论，直成一极畸形的状态"。② 他认为这种资本主义是军阀政治和帝国主义经济体下的一个"副产品"。所谓"副产品"是指，他们"安富尊荣全赖平民的汗血和外国人的剩肴残羹"。③ 他们没有独立的民族意识，是"卖国派"抑或"专制派"。同时，由于他们的剥削实际上倚仗帝国主义的扶持，这也就为日后中国半殖

---

① 《国法学与劳农政府》（1923年8月7日），《瞿秋白文集·政治理论编》第二卷，人民出版社1988年版，第148页。
② 《政治运动与智识阶级》（1923年1月27日），《瞿秋白文集·政治理论编》第二卷，人民出版社1988年版，第2页。
③ 同上。

民地半封建社会的形成埋下了隐患。

民族资产阶级。民族资产阶级主要是指随着生产力的发展，中国宗法社会革命的变化，中国原有的手工业发展急需使用"欧洲式的文明"新技术，中国的"资本经济"催生了工商和民族资本家的出现。1923年瞿秋白在写给季诺维也夫的信中坦言："中国，作为'国际的殖民地'和整个充斥外国大工业商品的市场，不能独立和正常地发展自己的资本主义。"① 瞿秋白认为民族资产阶级是在军阀财阀和帝国主义之间细小的"夹缝"里成长起来的。由于中国资本经济的发展深受西方殖民经济入侵的影响，造成中国先发展军事工业、矿业、交通业，最后才是民族工业。从民族工业自身发展看，最初是从一部分商人、官僚和"商业化的地主"中产生。他们通过"家产工业""工厂手工业及工业"生产"国货"，在市场上"造成与外货对抗的形势"。但是，由于帝国主义向殖民地倾销商品，中国民族资产阶级面临巨大的挑战。在"国际殖民地"的社会性质下，中国的商业资产阶级、工业资产阶级都不可能真正发展起来。"经营外国货或为外国资本家提供原料的商业资产阶级没有自由"，他们必须"依赖国际帝国主义"；同样，中国的工业资产阶级虽然有同国际资本家竞争的勇气，但是由于太过年轻，根本不具备同台竞争的资格和实力。由此可知，由于民族经济受到帝国主义不同程度地钳制，造成民族资产阶级一方面具有革命性，一方面也不乏妥协性，特别是当工人运动兴起，对自身的发展造成威胁时。正是由于资产阶级具有这种两面性的特征，造成瞿秋白在分析中国新民主主义革命主体力量构成的过程中，对民族资产阶级的革命趋向性始终抱有审慎的态度。

关于民族资产阶级的革命趋向，瞿秋白在不同革命时期认识也不同。1923年5月，瞿秋白谈到："中国的真革命，乃独有劳动阶级方能担负此等

---

① 《致季诺维也夫信》（1923年6月21日），《瞿秋白文集·政治理论篇》第二卷，人民出版社1988年版，第122页。

伟大使命。"① 资产阶级会在革命的"半途""失节自卖"。② 这些话语中都流露出对民族资产阶级革命性的质疑和否定，但是瞿秋白依然坚信中国民主主义革命必须经由资产阶级民权主义革命，渐次发展到社会主义革命。到了1927年2月，瞿秋白的这一主张发生了变化。他谈到，"五卅以前无产阶级应当参加国民革命，准备取得其领袖权"，无产阶级要"建立革命平民的民权独裁制"，"与世界无产阶级革命合流直达社会主义"③；而五卅之后，无产阶级必须要与工人阶级联合，因为土地问题成了横亘在无产阶级和资产阶级之间的不可回避，也无法解决的难题。1929年9月，瞿秋白在《中国革命和农民运动的策略》中明确提出："中国资产阶级和封建式土地关系，密切的联系着，因而坚决的起来反对土地革命，同时，亦就投降帝国主义，成为绝对的反革命力量。"④ 应该说，在1929年，经历了中国新民主主义革命十多年的发展历程，瞿秋白终于意识到，中国国民革命的对象如果是帝国主义和封建主义的话，那么一旦将革命从泛泛的民权革命推进到土地革命阶段，或者说将革命进一步"彻底化"时，资产阶级的反革命本性就会显现出来。民族资产阶级在反对帝国主义的"运动"初期，是可以参与的，但是一旦革命深入，"不但工人阶级的阶级斗争，就是农民群众的土地革命，也立刻使民族资产阶级背叛革命——坚决反对反帝国主义革命斗争，而想限止工农的行动于反帝国主义的'运动'范围之内，替他做向帝国主义讲价钱的卖国工具"。⑤ 之所以会出现这种变化，根源在于民族资产阶级与封建阶级原本是利益相关的一个整体。最初，民族资产阶级"参

---

① 《〈新青年〉之新宣言》（1923年5月），《瞿秋白文集·政治理论篇》第二卷，人民出版社1988年版，第7页。
② 同上。
③ 《〈瞿秋白论文集〉自序》（1927年2月17日），《瞿秋白文集·政治理论编》第四卷，人民出版社1993年版，第416页。
④ 《中国革命和农民运动的策略》（1929年9月8日），《瞿秋白文集·政治理论编》第六卷，人民出版社1996年版，第563页。
⑤ 同上书，第570页。

加国民革命","只是要求加入统治同盟的微弱的呼声"。他们要从"第三阶级"通过革命的手段提升自己的阶级地位。但是从本质上,他们既"不愿意也不敢想推翻帝国主义的统治,亦不愿意并不能够推翻封建豪绅的统治"。"因为中国资产阶级自己和封建地主混合生长着,不但商业资本家是如此,就是工业资本家之中也很难找着一个不兼地主的。谁要打着灯笼去找,我劝他不要枉费力罢。"① 由此可知,中国共产党人在经历了1927年的反革命风暴之后,逐渐明确了民族资产阶级的阶级属性,这对其后准确认识革命主体的构成,具有重要的影响。

小资产阶级。小资产阶级,主要是指在半殖民地半封建的中国,受帝国主义的压迫,自发倾向于革命的一个特殊群体,他们包括知识分子、城市贫民、一部分"独立"的小商人、小手工业者等。瞿秋白认为这个群体"既不剥削别人的劳动,也不被别人剥削他的劳动"。他们反抗帝国主义的压迫是自发的,但并不能够一以贯之地坚持下去。革命的起伏越大,他们的前后变化也越大。当革命高潮到来的时候,小资产阶级群体会"迅速地伏流昂进"②,甚至"比民族资产阶级要左些",但是当革命低潮时,他们是"非常动摇的,有时或做民族资产阶级的附庸"。这种动摇性和依附性,使瞿秋白很早就意识到,一定要让无产阶级的政党全盘掌控这个群体。让无产阶级的政党成为"火车头","拖着他们(指小资产阶级——引者注)往前走"③。毕竟小资产阶级群体也是有革命意愿的,所以,无产阶级政党一定要对其加强团结,将小资产阶级群体也吸纳到革命的主体阵营之中。

在小资产阶级群体中,知识分子群体是瞿秋白最为熟悉的,他称其为

---

① 《中国革命和农民运动的策略》(1929年9月8日),《瞿秋白文集·政治理论编》第六卷,人民出版社1996年版,第569—570页。
② 《北京屠杀与国民革命之前途》(1926年4月7日),《瞿秋白文集·政治理论编》第四卷,人民出版社1993年版,第35—36页。
③ 《中国革命中之争论问题 第三国际还是第零国际?——中国革命之孟雪维克主义》(1927年2月),《瞿秋白文集·政治理论编》第四卷,人民出版社1993年版,第510页。

"智识阶级"。1923年，瞿秋白在回国之后为中共中央机关报《向导》撰写的第一篇评论文章《政治运动与智识阶级》中，第一次详细分析了智识阶级产生的原因及特点。他指出，中国智识阶级的产生源于"自然经济"。随着"自然经济"的瓦解，上层建筑也产生变化，"科举的废除，世家的颓败，所谓'士绅阶级'日益堕落"① 这一系列变化，造成当年宗法社会的"士绅阶级"产生分化。一些保持传统思想观念，依附在旧式统治阶级基础上的，"以政客为职业，以议员为职业"的人成为"旧的智识阶级"；另外一些深受"五四"新文化运动中近代文明影响的，诸如"学校的教职员，银行的簿记生，电报、电话、汽船、火车的职员，以及最新鲜的青年学生，是新经济机体里的活力"，这些人是"新的智识阶级"②。这些智识阶级运用他们所掌握的文化知识，为不同的经济组织服务。瞿秋白将他们形象地比喻为——前者是"专制派的镖师"，后者是"民治派的健将"。作为同样生活在社会经济群体中的智识分子中的一员，瞿秋白非常清醒地认识到，智识阶级具有如下两个特点：其一，依附性强。由于智识阶级不掌握生产工具，不直接创造生产力，所以"智识阶级始终只是社会的喉舌，无论如何做不到主体"。③ 其二，原罪性强。由于中国智识阶级的产生是建立在"生产制度尚未完全发达至有绝对平等教育"的基础上的，他们所受到的教育是用"劳动平民的汗血"换来的，带有一种赎罪意识来改造平民的精神世界。所以，智识分子相较于饱受剥削、压榨的劳动平民来讲，需要"到民间去"，自觉接受劳动平民的教育和洗礼。这一点，在他日后的"文化革命"思想论述中，表现得更为明显。

农民阶级。农民阶级，是瞿秋白很早就关注的一个社会群体。它之所

---

① 《政治运动与智识阶级》（1923年1月27日），《瞿秋白文集·政治理论编》第二卷，人民出版社1988年版，第2页。
② 同上书，第3—4页。
③ 同上书，第4页。

以引起他的关注,一方面,是由于农民占中国人口的绝大多数,"农民当占中国人口百分之七十以上,占非常重要的地位,国民革命不得农民参与,也很难成功"。① 另一方面,也是由于瞿秋白深受俄国革命思想的影响,他从俄国革命经验中总结出来,农民是推动俄国革命发展的重要力量之一,"劳农政府的维持一大半靠在农民身上"。② 随着对中国历史思考的不断加深,对中国社会现实认识的深入,瞿秋白更加关注农民问题。他认为中国农民深受外国资本主义和本国封建主义的双重剥削,他们"要缴纳百分之六十五到七十五的田租,最少的也要缴纳百分之五十以上,加以苛捐杂税,每个农民最低限度的损失要百分之六十五,剩下来的只够他们吃饭,甚至饭也吃不饱,其他更是无从说起"。③ 由于生活的艰难,造成农民试图改变这种生活困境的愿望也更加强烈,也极易培养起革命的热情。当然,在关注农民革命热情的同时,瞿秋白并没有忽视农民革命的局限性。他详细分析了历史上数次农民起义的特点和失败的原因,总结出规律性的认识——农民由于"无组织,不觉悟,或是倾向于盲动的激烈行动,而绝无明了地政纲,或是陷于封建旧习,而甘心屈服"④,所以,不能独立完成彻底的国民革命。只有工农联盟,即无产阶级"接受小资产阶级式的农地政纲,去赞助农民阶级的利益,帮他和封建地主斗争",以此来"换取农民阶级赞助无产阶级"⑤ 的革命,进而将旧式的农民起义改造为真正的社会主义革命,实现彻底解放。

---

① 《中国共产党党纲草案》(1923年6月),《瞿秋白文集·政治理论编》第二卷,人民出版社1988年版,第117页。
② 《苏维埃俄罗斯之经济问题》(1921年5月12日—6月15日),《瞿秋白文集·政治理论编》第一卷,人民出版社1987年版,第276页。
③ 《国民革命中之农民问题》(1926年8月),《瞿秋白文集·政治理论编》第四卷,人民出版社1993年版,第384页。
④ 《列宁主义与杜洛茨基主义》(1925年2月),《瞿秋白文集·政治理论编》第三卷,人民出版社1989年版,第55页。
⑤ 同上书,第57—58页。

工人阶级。瞿秋白早在1923年就曾指出，中国工人阶级虽然文化程度低，但"在'社会意识'上，却比资产阶级的政治觉悟高得多呢"。① 在革命实践过程中，瞿秋白总结出中国工人阶级的三大特点：首先，中国工人阶级具有天然的革命性。中国工人阶级"处于军阀制度及帝国主义的两重压迫之下"②，他们的斗争从一开始就带有"政治的"③ 诉求。工人阶级不是为了自己的阶级利益战斗，而是为了整个国家和民族的利益。他们是"民族斗争里的先锋"。④ 随着革命的深入，中国工人阶级"反帝国主义的行动日趋激昂"，"民族意识"也逐步"进于阶级意识的倾向日益鲜明"。相较于一般资产阶级群体中尚存在较多"帝国主义及官僚买办之反革命分子"⑤，工人阶级的队伍则完全是革命的分子，是民主主义革命的重要力量。其次，中国工人阶级拥有天然的同盟军。在民族解放运动中，中国工人阶级拥有"极大极多的同盟军"，"尤其是手工业的小资产阶级及农民"⑥，通过与他们的联合、共同斗争，既解决了农民的土地问题，又引导了"民权主义"革命向社会主义革命发展。最后，中国工人阶级容易受到封建宗法思想和小生产者思想的影响，因此，要在无产阶级政党的领导下，在革命斗争的锻炼中逐渐克服。特别是中国无产阶级群体中大量存在的"流氓无产者"，瞿秋白认为，一定要引起高度的关注，适时着手解决。

流氓无产者或称"游民无产阶级"，主要是指在旧社会受反动统治阶级压迫和剥削，失去土地和职业的一部分人。他们大多为破产的农民和失业

---

① 《中国之地方政治与封建制度》（1923年5月2日），《瞿秋白文集·政治理论编》第二卷，人民出版社1988年版，第37页。

② 《一九二三年之"二七"与一九二五年之"二七"》（1925年2月2日），《瞿秋白文集·政治理论编》第三卷，人民出版社1989年版，第1页。

③ 同上。

④ 同上。

⑤ 《中国革命中之争论问题 第三国际还是第零国际？——中国革命中之孟雪维克主义》（1927年2月），《瞿秋白文集·政治理论编》第四卷，人民出版社1993年版，第472页。

⑥ 同上。

的手工业者，常常以不正当的活动（如偷盗、欺骗、恐吓等）谋生。马克思、恩格斯曾经在《共产党宣言》中用"流氓无产阶级"一词诠释这一特殊群体。在他们看来，这个群体是"旧社会最下层中消极的腐化的部分"①。这种"消极的腐化"部分主要是指他们的功利性极强，思想境界不高。由于利己性的唆使非常容易"被人收买，去干反动的勾当"。② 所以，"流氓无产阶级"是在无产阶级队伍中既有革命性又有反革命性的力量组成。对于流氓无产阶级革命力量的分析，在马克思的《路易·波拿巴的雾月十八日》第5部分中，有过一段特别重要的文字。他指出，流氓无产阶级的构成，"除了一些生计可疑和来历不明的破落放荡者，除了资产阶级中的败类和冒险分子，就是一些流氓、退伍的士兵、释放的刑事犯、脱逃的劳役犯、骗子、卖艺人、游民、扒手、玩魔术的……妓院老板……叫花子，一句话，就是被法国人称作浪荡游民的那个完全不固定的、不得不只身四处漂泊的人群"。③而路易·波拿巴恰"是流氓无产阶级的首领"，他"在这些流氓无产者身上"，"大量地重新找到他本人所追求的利益，他把这些由所有各个阶级中淘汰出来的渣滓、残屑和糟粕看作他自己绝对能够依靠的唯一的阶级。这就是真实的波拿巴，不加掩饰的波拿巴"。④ 由这些分析可知，马克思、恩格斯强调了这一社会阶层的"消极""腐化"和"怠惰"的方面，但同时也提到，这个群体是拥有一定的革命力量的，是要加以关注和利用的。

这一观点在瞿秋白对"流氓无产阶级"的分析中时有体现。中国流氓无产者的产生，与自然经济的破产、中国宗法社会格局的变化密切相关。

---

① 《共产党宣言》（1848年2月），《马克思恩格斯文集》第二卷，人民出版社2009年版，第42页。
② 同上。
③ 《路易·波拿巴的雾月十八日》（1852年），《马克思恩格斯文集》第二卷，人民出版社2009年版，第523页。
④ 同上。

瞿秋白指出，随着"'士绅阶级'日益堕落；外货充斥，原料输出，农民阶级更破产得不了"。① 使中国社会出现了两种"游离分子"，即"高等流氓"和"下等兵匪"。这两种"游离分子"因为经济上的不独立，很容易成为别的阶级的工具和附属。其中，"高等流氓"由于占有一定的知识特权，容易进入上层剥削社会，成为维护统治阶级统治秩序的工具；"下等兵匪"由于具有强烈的暴力倾向，很容易被具有军事企图的阶级所利用，成为暴力革命的主要工具。"下等兵匪"由于具有破坏性和反叛性的特点，就成了中国的流氓无产者。对于这个群体，瞿秋白早在1923年就已经关注，并提出了改造并收编他们加入无产阶级革命队伍的意图。在瞿秋白写给季诺维也夫的信中说到："没有土地的农民和破产的小手工业者不能加入无产阶级的行列，在很多情况下助长了盗匪，增加了'雇佣军'；而流落到商业中心的，就彼此进行激烈的斗争，并沦为半苦力、半乞丐、半盗匪。"② 到了1927年，瞿秋白在《中国革命中之争论问题》一文中再次提出中国革命队伍中流氓无产者大量存在的现象，并对此进行了分析。他指出："中国革命军队里的农民，大半在没有当兵之前，先经过长期的'土匪学校'。中国无产阶级里的工人，也大半在没有当工人之前，先经过长期的'流氓学校'。中国经济中工业资本之发展既迟且缓，多所阻滞，而商业之发展却非常之迅速，农民的破产或失业者，一时不能无产阶级化。这是土匪流氓生活之普遍于中国社会的原因。"③ 瞿秋白认为这些流氓无产者有加入无产阶级的队伍的可能，但是针对他们自身思想上存在的问题，要加强对游民无产者的改造和收编。通过对其的思想改造，可以加强无产阶级队伍的战斗力，也可以

---

① 《政治运动与智识阶级》（1923年1月27日），《瞿秋白文集·政治理论编》第二卷，人民出版社1988年版，第2页。
② 《致季诺维也夫信》（1923年6月21日），《瞿秋白文集·政治理论编》第二卷，人民出版社1988年版，第122页。
③ 《中国革命中之争论问题 第三国际还是第零国际？——中国革命中之孟雪维克主义》（1927年2月），《瞿秋白文集·政治理论编》第四卷，人民出版社1993年版，第470页。

破坏对方的武装建设。

这里需要特别指出的是，瞿秋白对中国所处的国际环境、中国社会的经济状态、社会性质及阶级关系的分析，并不是一旦形成观点之后，就不发生变化的。他有着鲜明的具体问题具体分析的意识。从不同的时代环境下分析中国社会性质、阶级关系的发展变化，得出相对客观的新民主主义革命的革命策略和方法。不论是什么样的战略和方法，瞿秋白始终坚持，"中国布尔塞维克的战术计划，应当指定'劳动等被压迫阶级之革命民权独裁制'为政治上的目的"①，为达到这一目的，瞿秋白详细分析了在革命的过程中，各个阶级之间的关系，这便是，坚持"无产阶级与农民工匠联盟"②，以作为革命的主力军；坚持团结民族资产阶级和小资产阶级，以壮大革命的实力，抗衡强大的帝国主义和封建军阀；坚持无产阶级在资产阶级民主主义革命中的"领袖权"③，以保证民主主义革命目的的最终达成。

二 对中国革命道路的探索

列宁曾经说过，分析任何社会问题时，"要把问题提到一定的历史范围之内"，"如果谈到某一国家……就要估计到在同一历史时代这个国家不同于其他各国的具体特点"④。作为探索马克思主义中国化路径的"先行者"，瞿秋白非常注重运用这一方法，始终坚持"应用马克思主义于中国国情的工作，断不可一日或缓"⑤，通过观察每一阶段中国革命发展的具体情况，

---

① 《中国革命中之争论问题 第三国际还是第零国际？——中国革命中之孟什维克主义》（1927年2月），《瞿秋白文集·政治理论编》第四卷，人民出版社1993年版，第498页。
② 同上。
③ 同上书，第499页。
④ 《论民族自决权（节选）》，（1914年4—6月）《列宁选集》第二卷，人民出版社1995年版，第375页。
⑤ 《〈瞿秋白论文集〉自序》（1927年2月17日），《瞿秋白文集·政治理论编》第四卷，人民出版社1993年版，第415页。

提出理论主张,确保无产阶级革命的顺利进行。

瞿秋白对革命具体情况的关注与列宁非常相似。分析列宁一生的重要文献,便会发现,他分析和解决问题的焦点都是"怎么办",而不仅仅陷于"是什么"或"什么是"的局限之中。特别明显的表现是,列宁早期的著作文章多用"怎么办""要干什么""从何着手"之类词语作为标题。这种"实干"的精神也影响到了瞿秋白。瞿秋白在他的文章中多次引用了列宁的名句——"自然……与其写革命,毋宁做革命"①。于是,在研究如何"做革命"的过程中,瞿秋白分析了中国所处的国际环境、社会性质及社会阶级关系,形成了在坚持民族解放的前提目标下打破多重阶级"壁垒"的联合发展路径;分析了土地革命各阶段发展形势的变化,形成了坚持独立自主的"自为"发展路径;分析了党内各种思想论证,形成了丰富"科学"社会主义的引领发展路径。

1. 打破多重阶级"壁垒"的联合发展路径

多重阶级"壁垒"的形成,主要是由于社会上各阶级因为阶级利益不同而造成革命动机、所采取的革命手段以及对革命发展趋势的判断互相"隔阂",甚至互相冲突。由于经济是形成阶级"壁垒"的主要原因,所以只要不改变这种基础,阶级"壁垒"便会伴随着经济社会的发展和各阶级属性的逐渐形成而被不断固化,甚至在一定程度上很难修正。但是,如果能够尊重各阶级经济利益,充分保证各阶级经济诉求的实现,便可以打破"壁垒",形成各阶级联合发展的态势。这是从唯物史观"经济—社会"的角度分析革命策略的问题,也是中国共产党人在新民主主义革命时期,探索建立革命统一战线的主要原因之一。从一定意义上来讲,打破阶级"壁垒"主要是要联合各种阶级,建立革命的统一战线。

---

① 《〈瞿秋白论文集〉自序》(1927年2月17日),《瞿秋白文集·政治理论编》第四卷,人民出版社1993年版,第416页。

之所以要在新民主主义革命时期打破阶级"壁垒",建立革命统一战线,不仅是因为革命的统一战线是马克思、恩格斯、列宁在推翻资产阶级统治、建立无产阶级政权的革命实践过程中形成的重要理论之一,也是因为中国共产党人从民主主义革命的主要矛盾出发,总结了历次革命的经验与教训,形成的对中国新民主主义革命发展策略的主观判断。瞿秋白是在这群共产党人之中,较早意识到统一战线重要性,不断推动这一理论付诸实践,并在实践中不断调整策略的重要代表之一。

瞿秋白统一战线的理论观点,主要分为前后两个时期:前期是从1923年中共三大到1927年中共五大的第一次国共合作的"联合战线"时期;后期是1927年中共五大之后的"工农联盟"统一战线时期。这两条统一战线并不以时间为节点独立形成并发展,而是有着密切的逻辑发展线索。这条逻辑线索便是,由前者的"化繁就简"式向后者的"化简就繁"式转变。

"化繁就简"是从中国革命的社会大环境出发,分析党外存在的各种"反共"或"反苏俄"的舆论声音,从繁多的"声音"中找到这些舆论背后的政治意图,并予以揭露;"化简就繁"是从统一战线的发展进程出发,分析党内对"统一战线"的认识分歧,从貌似简单的"统一"策略中找到党内存在的各种教条主义、机会主义的错误认识。同时,在这两条逻辑线索之下,瞿秋白还始终贯彻两个"坚持":一是坚持阶级斗争;二是坚持无产阶级领导权。这两个"坚持"在前后两个时期中各有侧重地向前发展,形成了瞿秋白独特的统一战线思想。

首先,"化繁就简"逻辑下坚持阶级斗争的国共合作统一战线思想。

国共合作的统一战线,广义上讲是,共产党员参加非党活动,并在非党组织内发挥"因势利导"[①]的作用;狭义上讲是,共产党参加国民党的改

[①] 《国际共产主义运动史文献》编辑委员会编译:《共产国际第二次代表大会文件(1920年7—8月)》,中国人民大学出版社1988年版,第202页。

组活动，通过赞助资产阶级的民主主义革命，进而达到进入社会主义革命的历史目标。

这种联合非共产党的政党组织一同参与革命的思想，早在马克思、恩格斯《共产党宣言》中就明确提出，共产党人要"支持一切反对现存的社会制度和政治制度的革命运动"，要"努力争取全世界民主政党之间的团结和协调"。①列宁则进一步强调要因势利导建立广泛的革命统一战线。列宁指出，要善于消除革命队伍中不同成员之间的矛盾分歧，齐心协力将民主主义革命进行到底。列宁的统一战线思想比马克思、恩格斯宽泛的统一战线思想更具体。他指出，在面对强大的对手时，其余的各种社会力量要尽可能结成最大范围的同盟，即便这样的同盟存在着暂时性矛盾和矛盾共存性，但它是战胜对手最行之有效的手段之一。随后在共产国际的一系列会议文件中，关于如何建立统一战线、无产阶级在统一战线中的地位和作用等问题逐渐得到解决。1920年7月，在共产国际第二次代表大会上，列宁提出，既要加强无产阶级与"资产阶级民主派"的"临时联盟"，又保持无产阶级政党的"独立性"②。季诺维也夫在《共产党在无产阶级夺取政权之前和之后的作用及其组织结构问题委员会的工作报告》中，进一步明确提出，因为工人的力量太过分散，所以必须联系广大群众参加。共产党应该参与各种党内或非党内的组织，"千方百计对这类组织施加影响"③才能保证党的队伍越来越壮大。共产国际第二次代表大会还将"无产阶级专政"和"苏维埃政权"这两个概念的内容作为工作的主要内容，并要求在其他国家内实现这两个口号，并有步骤地做准备工作，同时探寻纠正各国国内

---

① 《共产党宣言》（1848年2月），《马克思恩格斯文集》第二卷，人民出版社2009年版，第66页。
② 《民族和殖民地问题提纲初稿（为共产国际第二次代表大会草拟）》（1920年6月5日），《列宁专题文集》（论资本主义），人民出版社2009年版，第257页。
③ 《国际共产主义运动史文献》编辑委员会编译：《共产国际第二次代表大会文件（1920年7—8月）》，中国人民大学出版社1988年版，第202页。

无产阶级运动中的缺点、路径和方法①。在列宁、季诺维也夫的报告和共产国际第二次代表大会的工作要求下，中国国内"国共合作"的序幕渐渐拉开了。

从 1922 年 6 月，中国共产党提出"中国现存的各政党，只有国民党比较是革命的民主派"②，到中共二大强调"应该先行邀请国民党及社会主义青年团"③ 共同磋商革命事宜，再到中共中央在杭州西湖举行特别会议，根据共产国际代表的提议，讨论了共产党员以个人身份参加国民党的决议。这三个阶段都在逐步将"国共合作"落到实处。在这个过程中，1923 年 2 月 7 日，北洋政府直系军阀吴佩孚镇压京汉铁路工人大罢工，成为推动国共合作的重要转折点。在这次血腥屠杀中，40 多名工人被杀，200 多名工人受伤，60 多名工人被捕，1000 多名工人被开除。这一流血事件使得中国共产党认识到，没有强有力的同盟者，要战胜强大的敌人是不可能的。

在国共合作步伐进一步加快的进程中，瞿秋白于 1923 年初归国。一回国，瞿秋白很快就参与到国共两党第一次合作的过程中。1923 年 6 月，中共三大召开。瞿秋白同张太雷、李大钊、毛泽东等一起抵制了张国焘拒绝国共合作的"左"倾观点，以及陈独秀等主张资产阶级民权主义革命应该由资产阶级领导，将所有工作的指挥权交由国民党的右倾观点。瞿秋白坚持国共"合作"，但中国共产党不能放弃指挥权。共产党员可以以个人名义加入国民党，但不放弃共产党组织上、政治上的独立性发展。在这次大会上，瞿秋白还起草了《中国共产党党纲草案》，并作了说明报告。1923 年 9 月，瞿秋白在上海加入国民党，投身于国共第一次合作之中。国民党"一

---

① 《国际共产主义运动史文献》编辑委员会编译：《共产国际第二次代表大会文件（1920 年 7—8 月）》，中国人民大学出版社 1988 年版，第 682 页。

② 《中国共产党对于时局的主张》（1922 年 6 月 15 日），《中共中央文件选集（1921—1925）》第一册，中共中央党校出版社 1989 年版，第 37 页。

③ 《中国共产党第二次全国大会议决案（选录）·（三）关于"民主的联合战线的决议案"》（1922 年 7 月），《中共党史参考资料（党的创立时期）》第一册，人民出版社 1979 年版，第 346 页。

大"前夕，1924年1月，根据中共中央的决定，瞿秋白与李大钊、谭平山等组成领导小组，指导出席国民党"一大"的中共党员工作。1924年6月，国民党中央监察委员张泽和、吴稚晖等右派分子提出"弹劾共产党"的提案，矛头直指孙中山和国民党中央。在此关头，8月，瞿秋白远赴广州先后参加了为解决"弹劾共产党"提案而召开的国民党中央政治委员会第五次、第六次会议和中央执行委员会全体会议。在这一系列会议上，瞿秋白慷慨陈词，驳斥了右派分子的言论，最终促使国民党中央委员会通过了关于容纳共产党员的决议。1925年，在五卅惨案发生后，瞿秋白一方面与蔡和森、李立三、刘少奇等组成"行动委员会"，开展反帝爱国斗争；另一方面并没有放松对国共合作统一战线发展态势的研究。特别是在此期间，随着工人阶级反帝反封建斗争的愈演愈烈，民族资产阶级右翼分子感到了极端恐惧，于是，聚集新的右派势力，与大资产阶级大地主阶级一道阻挠国民革命的深入发展。戴季陶主义就是在这个背景下产生的。

瞿秋白立即洞察到了戴季陶主义反对共产党、企图分裂国共合作、篡夺革命领导权的反动本质，于1925年8月受中共中央的委托写了《中国国民革命与戴季陶主义》一书，系统而且深刻地揭露了戴季陶主义的反动本质。中共党内如毛泽东、萧楚女、恽代英以及陈独秀、彭述之等也在同时期参与了对戴季陶主义等资产阶级右派分子的批判活动，有力地维护了第一次国共合作的顺利进行。之后，在国民党右派反共声浪愈演愈烈的情况下，瞿秋白坚持既联合又斗争的思路，有效宣传了中国共产党的革命主张，也在一定程度上保护了中国共产党的革命势力不被任意削弱。

应该说，瞿秋白在国共合作统一战线时期所做的各种实际工作，都是在坚持阶级斗争的手段，揭露资产阶级内部出现的各种"反共""反苏俄"以及维护帝国主义在华势力的卖国企图。所谓坚持统一战线内部的阶级斗争，就是在维护统一战线各方利益的基础之上，坚持既联合又不放弃斗争的策略。之所以产生这样的理论观点，是与国共合作从一开始就遭遇到的各种争议有关。这些争议，既包括来自国民党右派势力的"不合作"主张，也包括来自国家主义派的"反共"主张。前者主要以国民党内的戴季陶主义派、西山会议派为代表；后者主要是醒狮派等国家主义者为代表。针对这些非党或反党的声音，瞿秋白采取了直接揭露其反动本质的批判手段。特别是对以戴季陶为代表的国民党右派分子的批判，在多方面分析民族资产阶级两面性的基础上，揭露其反动的一面，坚定地将国共合作统一战线维持在反帝反封建的革命目标之下。

在五卅运动前，孙中山逝世后召开的国民党第一届三中全会上，戴季陶、沈玄庐就提出所谓国民党的最高原则——反对阶级斗争。接着，他们又在浙江临时省党部提出反对阶级斗争的提案。在五卅运动中，戴季陶发表了《中国独立运动的基点》一文，散布所谓"诱发资本家爱的仁爱性"，"劝日本回东方来"的荒谬观点。同年7月，他写了《国民革命与中国国民党》《孙文主义之哲学基础》等小册子，公开反对阶级斗争，反对工农运动，攻击中国共产党，甚至声言要将共产党人逐出国民党。在他的影响下，广州、上海先后成立了国民党右派组成的孙文主义学会，形成了愈演愈烈的破坏国共合作的声浪。这些声音既是国民党继冯自由、邹鲁等老右派之后兴起的新右派出现的标志，也为蒋介石日后的篡夺革命领导权制造了舆论。瞿秋白敏锐地把握住这一动向，明确提出，民族资产阶级在革命中感觉到——"一是它可以利用民众力量反对帝国主义，争取革命领导权了；二是民众尤其工人阶级的独立行动和组织，对于它太危险了。这是矛盾的两件玩意儿，但是这是中国民族资产阶级的'八字'矛盾，命中注定的矛盾。"[①] 这段话中，瞿秋白意识到，国民党右派在革命性的方面会进一步极

[①]《中国革命与共产党——关于一九二五年至一九二七年中国革命的报告》（1928年4月），《瞿秋白文集·政治理论编》第五卷，人民出版社1995年版，第360页。

端，要与共产党争夺革命的领导权；在反动性的一面也会进一步强化，通过占有领导权来消灭工人武装。在此之前，瞿秋白1925年八九月间连续著文《中国国民革命与戴季陶主义》《五卅运动中之国民革命与阶级斗争》《国民革命与阶级斗争》，1926年3月25日在《新青年》月刊第3号上发表《国民革命运动中之阶级分化》等，系统批判了戴季陶的反动思想，驳斥了他思想上唯心主义的民生史观，政治上的反阶级斗争论，组织上的反共产党员跨党、甚至要取消共产党的谬论。瞿秋白指出，戴季陶思想的根本是"唯心论的道统说"，是将孙中山学说中的改良性进一步扩大，抹杀了其革命性的一面。其鼓吹资本家的仁爱性，实际上是要反对工人阶级的阶级斗争，维护民族资产阶级和大资产阶级的统治秩序。这种镇压工人运动的意图实际上是对帝国主义的妥协，最终会使得国民党成为帝国主义所利用的新的压迫工人阶级的工具，从而背叛了最初统一战线反帝反封建的革命初衷。瞿秋白针对戴季陶的种种反共言论，如戴季陶说："C. P. 自己不能公开，'心里想着共产革命，口里说的半共产革命，手上作的国民革命'，不把C. P. 的名义拿出来。"瞿秋白辩驳道，"C. P. 组织上的不公开，不过是因为军阀政府之压迫，以前在清朝之下的革命同盟会，此时在反动军阀势力之下的国民党，又何尝公开呢？至于在政治上，三四年来C. P. 的政策、主义——主张中国国民革命中农工阶级以自己的阶级斗争的力量去努力参加，以此解放中国"[①]，都完全是"心口如一堂堂正正的"[②]。应该说，瞿秋白针对戴季陶主义的诸多观点都从哲学基础、政治意图以及反动策略这些方面进行了一一辩驳，有效地化解了国民党右派势力企图分裂统一战线的意图，维护了统一战线的发展。

---

① 《中国国民革命与戴季陶主义》（1925年8月），《瞿秋白文集·政治理论编》第三卷，人民出版社1989年版，第331页。
② 同上书，第332页。

戴季陶主义只是资产阶级右派思想在1925年左右爆发的一个节点，在它前后，反共的"逆流"一直存在，瞿秋白也一直在与之斗争。1924年"专以反共产为职志"①的国家主义派，以曾琦、左舜生、李璜等为代表，鼓吹国家主义，反对共产主义，并组织中国青年党，企图在思想舆论界中伤共产主义，弱化中国的反帝情绪；1925年11月23日国民党右派邹鲁、谢持、居正等十余人在北京西山召开所谓"国民党一届四中全会"，通过《取消共产党员在国民党中之党籍》《开除国民党中央执行委员会中的共产党员》《解雇顾问鲍罗廷》等反动决议案，这就是公开反革命的西山会议派。瞿秋白从1923年到1927年，花费大量的心血完成了一系列政论文，他指出，这些反共的组织以及宣传最重要的一点就是攻击中国共产党主张的阶级斗争，维护帝国主义在华的势力，成为国际帝国主义统治中国的"新式工具"。他们打着民族主义的旗帜，自称"外抗强权"，是"革命的团体"，实际上却是与帝国主义相呼应，通过反对共产党来反对苏联，甚至反对马克思主义理论在中国的实现。瞿秋白通过撰写批判反共分子思想"逆流"的政论文，特别是在1926年初完成的《马克思主义之意义》，在动态分析资产阶级右派分子的反共言论之后，形成了对科学共产主义的较为完整的理解。比如，在这篇文章中，瞿秋白解释了"共产社会"与"共产主义"的区别。之所以解释，恰恰是因为国家主义派提出了共产党的社会革命口号是要"适足以召共管"的思想，瞿秋白从哲学层面一语中地揭露他们企图破坏国共合作统一战线、破坏"反帝反封建"革命大业的政治企图，也借此进一步推动了马克思主义理论在中国的深入传播。

其次，"化简就繁"逻辑下坚持无产阶级领导权的"工农联盟"统一战线思想。

---

① 《国民会议与五卅运动——中国革命史上的一九二五年》，(1926年1月22日)，《瞿秋白文集·政治理论编》，第三卷，人民出版社1989年版，第440页。

"工农联盟"统一战线是将"革命进攻和争取群众"① 联系起来，争取最广大劳动群众的下层统一战线。这一思想虽早在中国共产党创建之初就明确提出，但一直没有被重视并发展起来，处于"潜在"状态。直到1927年民族资产阶级"背叛"革命，甚至出现了反对民权主义革命倾向的时候，"工农联盟"统一战线才由"潜在"状态转变为"显性"状态。标志着这一转变的是瞿秋白1925年五卅运动之后，提出的"联合一般革命民众"，反抗"大资产阶级这种种背叛民族利益的行为"②。瞿秋白强调，不能将革命的重心全部放置在民族资产阶级身上，要团结一切民众，保证革命斗争的顺利开展。到1930年，瞿秋白从苏联归国，在9月24日至28日上海召开的中共六届三中全会上，他又再一次强调要"从群众局部的进攻形势，进到总的革命进攻，就应当更加努力去发动领导极广大的，以至落后的群众起来，同着他们的先锋队一同斗争——达到苏维埃政权在全国胜利的目的"。③ 自此，在"苏维埃革命"的口号下，"工农联盟"正式发展起来。

为什么"工农联盟"在中国共产党的早期革命纲领中是一种"潜在"存在，直至1927年大革命失败之后，才被提到重要的地位上重新认识并发展壮大？这其中除了因为当时的中国共产党人对农民阶级的革命特性分析不够准确之外，更主要是由于早期的共产党人大多出身于知识分子阶层，他们与农民阶级天然存在一定"隔阂"。他们同情农民阶级，认为农民是受苦受难的群体，但是并没有看到农民阶级是推动中国资产阶级民主主义革命的重要力量之一。早期的共产党人不仅怀疑农民革命的可行性，甚至否定这种革命主体。这种思想从中国共产党成立至1924年"国共合作"期间

---

① 《三中扩大全会政治讨论的结论》（1930年9月），《瞿秋白文集·政治理论编》第七卷，人民出版社1991年版，第20页。
② 《五卅运动中之国民革命与阶级斗争》（1925年9月8日），《瞿秋白文集·政治理论编》第三卷，人民出版社1989年版，第358页。
③ 《三中扩大全会政治讨论的结论》（1930年9月），《瞿秋白文集·政治理论编》第七卷，人民出版社1991年版，第20页。

一直存在。1921年,中共一大通过的《中国共产党纲领》提到了农民土地问题和组织农民的问题,但是比较模糊和笼统,说是"没收""土地",但对于没收谁的土地、怎么没收、谁去没收、没收后怎么办等问题,都没有做详细的分析;说是把农民"组织起来",引导他们走社会主义道路,但对于怎样组织农民,怎样引导他们走向社会主义道路,也没有作进一步阐述;对于农民自身的状况,也没有进行更为具体细致地分析。显然,中共此时的认识十分明确,即不可能将无产阶级争取建立未来理想社会和争取自身解放的斗争希望寄托在农民身上。1922年6月15日发表的《中国共产党对于时局的主张》,对当时中国农民的地位和受苦的状况做了简要分析:"农民因为物价腾贵的缘故,渐次将自种地卖给地主;所有无产阶级的工人、农民,以及无力避难的半无产阶级的人,因为连年军阀互争地盘的缘故,无辜丧失了无数的生命。"在该文件的"目前奋斗目标"的准则中,提出了"肃清军阀,没收军阀官僚的财产,将他们的土地分给贫苦农民"。这是在当时正式文件中首次提出给贫苦农民分地的问题,它比起中共一大纲领中有关土地问题的提法显得更为明确和具体了;但是,该文件中提到的"定限制租课率的法律"的问题,这显然仅涉及了政策和法律层面。① 中共二大通过的《中国共产党第二次全国代表大会宣言》,对农民在革命中所占的地位、作用,以及工农联盟的必要性初步作了表述,并且提出了一些保障农民利益的具体政策。同年底,在《中国共产党对于目前实际问题计划》中也谈到了农民问题,并且在理论上有所突破,提出农业是国民经济的基础,无地农民是工人阶级有力的同盟军的主张;并且提出,用包括限田和限租在内的六项运动来解决农民的土地问题。1923年中共三大通过了《中国共产党党纲草案》,其中对农民问题和农民在革命中的地位与作用做了充分的

---

① 《中国共产党对于时局的主张》(1922年6月15日),《中共中央文件选集(1921—1925)》第一册,中共中央党校出版社1989年版,第33—46页。

阐述：提出了农民的五项特别要求；首次使用了"贫农"的概念；专门通过了《农民问题决议案》等①。尽管如此，当时的农民革命问题仍只限于文件，远未落实到革命实践之中，甚至到了1927年国共合作破裂之后，有共产党人率先在少数地区发动了农民土地革命运动，党内仍有阻挠的声音。这种阻挠声音存在的最有力证明就是对1927年毛泽东《湖南农民运动考察报告》的质疑和批评。毛泽东的《湖南农民运动考察报告》曾在《向导》周报上刊载了前半部分，随即就被勒令停止刊发。为此，瞿秋白专门指示中共中央在武汉的长江书局，将毛泽东的这一报告再次全文刊发，并以《湖南农民革命》为书名出版。瞿秋白还为该书写了序言。瞿秋白指出，如果"匪徒、惰民、痞子……"②是"反动的绅士谩骂农民协会的称号"③，那么，正是这些"匪徒"创造了"民权政治"④，实现了"耕地农有"⑤，彻底解决了资产阶级民主主义革命的土地问题，解决了农民的问题。这在当时与中共党内以陈独秀为代表的右倾领导者对农民运动的理解截然相反。

应该说，瞿秋白是中共党内较早关注农民问题，从始至终都非常重视解决农民问题的领导人之一。他从苏俄革命的实践经验出发，分析了中国农民参与资产阶级民主主义革命的历史必然性和局限性，形成了一系列理论主张。这些理论主张充分体现了瞿秋白"化简就繁"的思维特点。所谓"化简"是指他将工人阶级和农民阶级之间的"壁垒"打破，在反对任何形式的剥削与压迫的共同革命目标下结成"工农联盟"；所谓"就繁"是指他一方面强调，加强对农民群体的思想改造，打破小农意识，提高农民在无

---

① 《中国共产党对于时局的主张》（1922年6月15日），《中共中央文件选集（1921—1925）》第一册，中共中央党校出版社1989年版，第135、165页。
② 《〈湖南农民革命〉序》（1927年4月11日），《瞿秋白文集·政治理论编》第四卷，人民出版社1993年版，第572页。
③ 同上。
④ 同上。
⑤ 同上书，第574页。

产阶级革命队伍中的马克思主义理论水平；另一方面强调要同党内的机会主义等思想进行斗争，以统一无产阶级队伍内部的思想，使中国共产党真正成为代表先进生产力的进步阶级的政党代表。

要加强对农民群体的思想改造是因为瞿秋白认为，农民阶级自身局限性会破坏农民运动的发展。"中国的农民现在还是社会最保守的部分，因为尽管他们因帝国主义和督军的盘剥而遭受破产，但是，他们还是没有看到自己的敌人，因为这些敌人远在城里和海外"①，出于自发的仇恨心理，他们认为造成自己生存困境的主要压力来自外来势力，"特别感觉到外国人的可恶"，"在民间组织很多团体，谋反抗帝国主义"，如太平天国义和团运动，甚至义和团打出了"扶清灭洋"的口号。但是他们并没有意识到真正的敌人到底是谁，革命之后的出路到底在哪里。以至于出现了在太平天国运动后，农民参加革命最初分得土地的夙愿没有实现，太平天国内部也分散开来，"许多领袖自己冲突起来，一般多数民众在太平军胜利的地方自己仍旧不能掌权，不能分到土地，也不起劲了"。②由此，瞿秋白指出，从思想上改造农民是避免农民革命局限性的重要手段之一。为此，瞿秋白非常鼓励在各地建立农民运动讲习所，开展对农民的思想教育工作。只有让中国农民真正意识到，接受马克思主义理论，接受无产阶级的领导，才能改变被剥削、被压迫的困境，实现彻底的解放。

加强同党内机会主义思想的斗争是因为针对农民问题，党内争议不断。坚持"工农联盟"，瞿秋白的态度是非常坚决的。1927年，他向每一个中国革命者推荐阅读毛泽东的《湖南农民运动考察报告》和澎湃的《海丰农民运动》这两本书。实际上就是要在中共党内重新树立起工农紧密联合的思

---

① 《致季诺维也夫信》（1923年6月21日），《瞿秋白文集·政治理论编》第二卷，人民出版社1988年版，第123页。
② 《中国革命和中国共产党》（1928年），《瞿秋白文集·政治理论编》第六卷，人民出版社1996年版，第195页。

想意识。同时，针对党内机会主义思想中轻视农民革命力量的主张，瞿秋白坚决予以回击。他强调，在革命的过程中一定要保持冷静的头脑，审慎分析革命的敌人和革命的"同盟军"到底是哪些人组成的。在利益趋同的情况下，可以求同存异地与其他政党结成暂时联盟，但是真正推动革命发展的主体仍旧是无产阶级联盟。在无产阶级的阵营里，工人、农民是利益最相关的两个阶级，所以，一定要紧密团结农民兄弟，才能壮大革命主体，实现最终的革命目的。这种根据不同的时代要求分析敌我阵营的意识，与毛泽东同时期的想法非常接近。1925年，毛泽东在《中国社会各阶级的分析》中指出："谁是我们的敌人？谁是我们的朋友？这个问题是革命的首要问题"①，革命要"团结真正的朋友，以攻击真正的敌人"②。毛泽东认为，革命统一战线是一个动态的阶级联盟战线。当面临共同的"敌人"，各阶级可以暂时结成"统一"的联盟。一旦共同的"敌人"发生了变化，新的矛盾便会产生，"统一"的可能性就会降低。所以"统一战线"不是"同一战线"，它是在不断化解主要矛盾的革命要求下形成的革命策略。

2. 坚持无产阶级领导权的"自为"发展路径

坚持无产阶级领导权的"自为"发展路径，主要是指在中国新民主主义革命时期，坚持无产阶级政党领导的独立性、斗争性以及引领性。这种领导不仅是政治领导，同样也包括组织领导和军事领导。之所以强调"自为"发展，主要是因为在资产阶级革命中，资产阶级的两面性容易叛离革命队伍，所以为保证革命的性质不变，革命的目标不变，一定要坚持无产阶级的独立领导权。

关于资产阶级革命中的无产阶级领导权问题的争论，苏俄革命当时已

---

① 《中国社会各阶级的分析》（1925年12月1日），《毛泽东选集》第一卷，人民出版社1991年版，第3页。

② 同上。

经有了"实验"并得出了相对明确的答案。这个答案是列宁在分析了俄国1905年革命和斯托雷平资本主义经济改革之后得出的。在1906年至1911年，斯托雷平在俄国推行了旨在摧毁村社制度、扶持富农经济的土地改革。这一改革，用专制的资本主义发展方式扭转了俄国资产阶级民主革命的发展趋势，维护了沙皇专制统治。今天看来，斯托雷平的资本主义经济改革在一定程度上疏通了严重阻塞俄国经济发展的村社土地所有制，使得土地市场化，提高了农民生产的积极性，也带动了现代科学技术在俄国农业生产中的大量应用，极大提高了生产力发展的水平。应该说，这一革命在一定程度上推动了苏俄社会资本主义的发展，甚至列宁不无担心地说，如果斯托雷平的改革奏效，那么社会主义所要推行的土地改革政策就没有了用武之地。然而，由于这是一场"自上而下"的改革，随着斯托雷平在1911年的被刺身亡，一切努力都化为泡影，没有达到预期的目的。列宁分析了斯托雷平铁腕式推行资本主义改革失败的原因，重新考虑了俄国各种政治力量与思想派别的裂变与重组，俄国社会民主党内部布尔什维克与孟什维克的分歧与斗争，提出了他对于资本主义革命的新认识——既然"历史上的资产阶级革命都是资产阶级领导的，现在还能让它领导吗？无产阶级应否掌握革命的领导权？"在这一问题之下，革命的动力和革命的前途到底是什么？"民主革命胜利后应否向社会主义革命转变？"[①] 这一系列问题的答案在列宁之后的政治策略中都有呈现。同样，深受列宁思想影响的瞿秋白，也在中国开始推行列宁的这一思想，突出的表现就是，坚持资产阶级民权主义革命中的无产阶级与资产阶级的有条件联合。所谓"条件"就是坚持无产阶级的政治领导权。1923年瞿秋白在《自民权主义至社会主义》一文中指出，联合各个阶级是马克思很早以前就已经提出的主张，但是在这个

---

① 中国人民大学马列主义发展史研究所编：《马克思主义史》第二卷，人民出版社1995年版，第172页。

过程中，要保持无产阶级的独立性，"无产阶级赞助资产阶级革命，乃是利用时机推动资产阶级前进，即此突现革命运动中之最彻底最热烈的无产阶级及半无产阶级的份子"。① 如果资产阶级在革命中出现任何妥协的倾向，"无产阶级的政党便当逼迫他实行到底，勿使中途让步"。② 同年6月，瞿秋白发表了《中国资产阶级的发展》一文。在这篇文章中，瞿秋白指出，随着中国资产阶级的发展，无产阶级也在逐渐成熟，无产阶级的队伍也在逐渐壮大。这种成熟的表现是指无产阶级由一开始的经济斗争转变为民族斗争和政治斗争，无产阶级"在极幼稚的状态中已经逼得直接行向民族斗争政治斗争"③，由此可知无产阶级自身理论素养在不断提升。在这种革命发展的情势下，瞿秋白认为，中国的无产阶级应该"联合小资产阶级，督促资产阶级而行向民族革命"④，同时，加强同"世界无产阶级携手"⑤，以"促成伟大的长期的世界社会革命，彻底颠覆帝国主义"。⑥虽然瞿秋白此时并没有明确提出无产阶级领导权，但是他已经明确指出，"督促资产阶级而行向民族革命"，已经预见到在这场运动中，无产阶级与资产阶级所担负的责任和所处的地位截然不同。

随后，瞿秋白分析了中国历次革命失败的教训。从鸦片战争、戊戌变法直至辛亥革命，瞿秋白认为，这些变革失败的主要原因在于缺少中国平民的支持、参与，缺少真正能够领导民族革命运动的先锋和领袖阶级。如果革命仅仅限于由特定群体倡导并在一定范围内试行，不代表绝大多数平民的利益，最终都会以失败告终。特别是辛亥革命，瞿秋白在《孙中山与

---

① 《自民权主义至社会主义》（1923年9月23日），《瞿秋白文集·政治理论编》第二卷，人民出版社1988年版，第196页。
② 同上。
③ 《中国资产阶级的发展》（1923年6月2日），《瞿秋白文集·政治理论编》第二卷，人民出版社1988年版，第89页。
④ 同上书，第90页。
⑤ 同上。
⑥ 同上。

中国革命运动》一文中指出,"辛亥革命里没有一个彻底的团结的真正能领袖革命的阶级,所以失败"。① 只有到了五四时期,当中国的民族解放运动中出现了一支革命的无产阶级队伍,他们包括了"铁路工人、矿山工人、海员以及其他工人"②,他们罢工、"组织工会"③,他们拥有自己的政党,中国的民族解放运动才真正寻到了一条正确的道路。瞿秋白强调,在资产阶级民主主义革命的国共联合过程中,虽然革命的性质是"资产阶级性的民权革命",但是革命的领导阶级必须是无产阶级,"也非由无产阶级取得领袖权不能胜利"。④ 可见,瞿秋白在国共合作之初就已经非常敏锐地把握住了两党合作的原则性问题。

在如何获得和行使无产阶级领导权这一问题上,瞿秋白坚持用斗争的手段获得无产阶级的领导权,用思想引领的手段行使无产阶级领导权。

首先,以斗争的手段获得无产阶级的领导权。

在如何获得无产阶级的领导权问题上,中共早期领导人之间一直存在争议。一方以陈独秀为代表。陈独秀提出,革命的领导权天然地在无产阶级手中,但是随着革命发展形势的需要,在资产阶级民主主义革命时期要由资产阶级领导。另一方以瞿秋白为代表。瞿秋白提出,革命的领导权是需要运用斗争的手段从资产阶级手中夺取,因为资产阶级强大的革命势力以及天生具有的"两面性"特质造成如果不从他们手中夺取革命的领导权,就不能换得最终革命的成功。可见,关于资产阶级的民主主义革命领导权由谁掌控、用什么样的方式掌控,这两个问题成为陈独秀与瞿秋白矛盾争执的核心问题。如果从更大的范围看,这两个问题不仅仅导致早期共产党

---

① 《孙中山与中国革命运动》(1925年2月),《瞿秋白文集·政治理论编》第三卷,人民出版社1989年版,第89页。
② 同上书,第91页。
③ 同上。
④ 《中国革命中之争论问题 第三国际还是第零国际?——中国革命中之孟雪维克主义》(1927年2月),《瞿秋白文集·政治理论编》第四卷,人民出版社1993年版,第490页。

领导人之间的矛盾分歧,也给中国的土地革命带来巨大的影响。应该说1927年的大革命爆发,与我们党长期不重视领导权问题不无关系。

瞿秋白关于以斗争的方式夺取领导权的思想早在国共合作的过程中就已经形成。瞿秋白认识到,中国的资产阶级天然具有一种"骑墙"的态度,"一面利用群众运动"反对帝国主义,"一面又怕工人的反抗,并且也怕农民的骚动,因为中国资产阶级不发展,大半兼做着地主"。[①] 所以,中国特殊的国情造成中国的资产阶级既具有商品社会的资本属性,又不乏自然经济社会下的封建属性。对于这种"两者得兼"的阶级特性,瞿秋白认为,不能将革命的重任全部托付于资产阶级手中,而要坚持"真正要革命的只有中国的工人和农民"。[②] 瞿秋白通过对中国无产阶级状况的考察和分析,得出了"工人是中国革命中最坚决的最彻底的人"[③] 的结论。

据此,他指出,只有坚持无产阶级的领导,才能保证资产阶级民主主义革命反帝反封建的革命目标得以实现。特别是在五卅运动之后,瞿秋白指出,中国的资产阶级民主主义革命一定要有一个"督战者"。所谓"督战者"并不是跳出革命队伍之外的一个特殊存在,而是既参与革命运动,又从中发挥引领作用、指导作用的特殊存在者。而这个特殊的"督战者"就是无产阶级。因为在社会的各个阶级之中,只有无产阶级不仅"最不妥协"[④],与"国际资本帝国主义"[⑤] 呈"天然"[⑥] 的敌对关系,而且也是反对

---

① 《中国革命和中国共产党》(1928年),《瞿秋白文集·政治理论编》第六卷,人民出版社1996年版,第206页。
② 同上书,第207页。
③ 同上书,第202页。
④ 《二十七年以来国民运动中所得教训》(1924年12月20日),《陈独秀著作选编(1923—1925)》第三卷,上海人民出版社2010年版,第406页。
⑤ 同上。
⑥ 同上。

"资本帝国主义"①的"主力军"②。无产阶级作为"督战者",可以监督"农民、手工业者、革命的知识阶级、游民无产者(兵与会匪)及小商人"③的革命活动,同"国内的军阀、官僚、富商、劣绅、大地主、反革命的知识阶级"④斗争到底。这是瞿秋白第一次提出要坚持无产阶级领导权问题,但是他并没有直接提出以什么样的方式获得领导权。

如果说在1927年大革命爆发之前,瞿秋白对以斗争手段夺取无产阶级领导权这一提法还稍显慎重,并没有明确提出。那么在1927年之后,特别是国民党的白色恐怖中,瞿秋白明确提出以斗争的手段来夺取无产阶级领导权。瞿秋白此时所运用的斗争手段包括两个方面:一方面加强路线斗争,批判党内长期存在的机会主义思想;另一方面加强武装斗争,建设自己的武装队伍。

关于路线斗争,瞿秋白在中共五大上发表了《中国革命中之争论问题》一文。在这篇文章中,瞿秋白批判了以陈独秀等为代表的右倾机会主义者放弃革命领导权、轻视农民力量、忽视武装斗争等错误,系统阐述了自己对这些问题的不同看法,特别是分析了在大革命过程中各阶级呈现的状态,指出应该重视无产阶级在资产阶级民主主义革命中的领导权的捍卫,不放弃武装斗争,重视农民,特别是土地问题的解决。只有如此才能团结尽可能多的群体共同参与到反帝反封建的革命斗争之中,而且也可以捍卫革命果实,不被资产阶级篡夺。应该说,这篇文章既是瞿秋白针对陈独秀等机会主义者的"发难"之作,也掀起了党内批评与自我批评之风。这种革命者所应该具有的反思精神、批判意识在当时党内"家长制"之风盛行之下

---

① 《二十七年以来国民运动中所得教训》(1924年12月20日),《陈独秀著作选编(1923—1925)》第三卷,上海人民出版社2010年版,第406页。
② 同上。
③ 同上。
④ 同上。

显得尤为可贵。

关于武装斗争主要是指瞿秋白在1927年发表的《中国革命中无产阶级的新策略》《武装暴动的问题》等文章中提出的"工农武装割据"思想。在1927年"八七"会议之后，党中央派毛泽东以中央特派员的身份回湖南领导湘赣边界秋收暴动。湘赣边界秋收暴动的初衷是攻取湖南省城长沙，由于攻取长沙受挫，起义部队损失较大。毛泽东审时度势，改变进军方向，向罗霄山脉前进，中经"三湾改编"，最终将部队带上了井冈山，创建了中国共产党领导的第一块农村革命根据地。这是中国革命走向胜利的最具决定意义的一步。瞿秋白在1927年12月认识到毛泽东上井冈山的正确性，并给予了充分肯定。在总结各地武装斗争经验的基础上，瞿秋白完成了《武装暴动的问题》一文，指出"中国革命现时的阶段，显然到了工农武装暴动的时期"[①]，由于军阀等的主要势力都集中在城市，考虑到"革命不能有夺取'首都'，一击而中的发展形势"[②]，所以将工农武装的势力分散到各个不同地区，形成"此起彼落"[③]的发展态势，成为客观形势之下必然的选择。实际上这也就是后来"游击战争"发展模式的雏形。瞿秋白进一步解释了游击战争的概念、游击战争的群众基础和游击战争之后的革命根据地的建立问题。虽然瞿秋白当时还没有在军事思维上建立如日后毛泽东的游击战争思维，但是他在当时党将武装斗争重心依然放在城市工人暴动的大背景下，赞同并支持毛泽东的"工农武装割据"思想，显示出他准确把握革命发展态势的能力，并为毛泽东进一步扩大游击战争的规模和扩建农村革命根据地，做了早期的理论储备。正如李泽厚在《试谈马克思主义在中国》一文中指出："这显然是对1927年以毛泽东为代表的红军武装在农村

---

① 《武装暴动的问题》（1927年12月10日），《瞿秋白文集·政治理论编》第五卷，人民出版社1995年版，第156页。
② 同上。
③ 同上。

进行游击战争和建立革命地区的肯定和总结。所以'工农武装割据'的军事斗争策略，是瞿秋白在理论上首先概括出来的。"①

如果将瞿秋白的《武装暴动的问题》与毛泽东在1928年10月发表的两篇文章《中国的红色政权为什么能够存在?》《井冈山的斗争》比较一下，便会发现，两位中国共产党早期的领导人在中国红色政权建立的客观基础、主观原因和发展方向三个方面有共同的看法。在红色政权建立的客观基础方面，瞿秋白指出，由于中国豪绅资产阶级发展的不平衡，造成中国的红色武装力量在各省发展也不平衡，同样，毛泽东也指出，中国半殖民地的社会性质、各省市工农兵革命力量发展不平衡也极易造成"一国之内，在四围白色政权的包围中，有一小块或若干小块红色政权的区域长期地存在"②。在红色政权建立的主观原因方面，瞿秋白强调只有充分发动极广大的群众斗争，才能"成为有力的武装行动"③，才能在农村建立革命的政权。同样毛泽东也指出，在"有相当力量的正式红军"④存在的地方，红色政权更容易存在。在红色政权建立的发展方向方面，瞿秋白指出，要利用这种零星建立的革命政权"动摇削弱以至于各自推翻当地的反动政权"⑤，最终的目的是要"使革命势力汇合起来，创造尽可能的大范围内工农政权胜利的局面"⑥。而毛泽东也认为，不仅要巩固"小块红色区域的长期存在"⑦，

---

① 李泽厚:《中国现代思想史论》，生活·读书·新知三联书店2009年版，第160—161页。
② 《中国的红色政权为什么能够存在?》（1928年10月5日），《毛泽东选集》第一卷，人民出版社1991年版，第48页。
③ 《武装暴动的问题》（1927年12月10日），《瞿秋白文集·政治理论编》第五卷，人民出版社1995年版，第159页。
④ 《中国的红色政权为什么能够存在?》（1928年10月5日），《毛泽东选集》第一卷，人民出版社1991年版，第50页。
⑤ 《武装暴动的问题》（1927年12月10日），《瞿秋白文集·政治理论编》第五卷，人民出版社1995年版，第161页。
⑥ 同上。
⑦ 《中国的红色政权为什么能够存在?》（1928年10月5日），《毛泽东选集》第一卷，人民出版社1991年版，第50页。

还要将其"继续发展，日渐接近于全国政权的取得"①。可见，瞿秋白与毛泽东在用斗争手段建立"工农武装割据"方面非常一致，只不过，由于瞿秋白没有直接从事军事斗争的经验，所以他有关"工农武装割据"的提法以理论分析居多。比如他明确提出了何谓"游击战争"的概念，但是对于如何创建、巩固和发展"红色政权"，论述得不够具体、系统，这些问题在毛泽东的文章中都一一找到了答案。所以说，瞿秋白是在理论上与毛泽东的武装斗争思想保持高度的一致性，但是毛泽东在实践基础上进一步丰富和发展了这一思想，并使之最终成了马克思主义中国化理论成果中的重要组成部分。

除此之外，瞿秋白坚持无产阶级的"自为"发展之路还体现在瞿秋白主持召开的中共"八七"会议上。在这次会议上，瞿秋白代表临时中央政治局常委作了报告，提出要以革命的手段夺取中国革命的领导权，坚持土地革命、"独立的工农阶级斗争"②为党的基本策略。特别是瞿秋白在报告中分析了之前党内存在的各种错误主张，强调"我们要纠正过去错误，要注意群众，要由下而上"③的斗争，这实际上已经找到了之前党内各种错误主张的"症结"——脱离群众，没有"由下而上"的动员最广大群众参与革命运动。蔡和森在党的第六次代表大会上讨论政治报告时发言，分析了"八七"以后党的错误思想，同时也肯定了"八七"会议的重要意义。他指出"要承认党在'八七'后，我们有伟大的成功，取得了农民群众的领导，取得了许多农民成分的党人"。④应该说，"八七"会议是在土地革命面临重

---

① 《中国的红色政权为什么能够存在?》（1928年10月5日），《毛泽东选集》第一卷，人民出版社1991年版，第50页。
② 《在"八七"会议上的报告》（1927年8月7日），《瞿秋白文集·政治理论编》第五卷，人民出版社1995年版，第3页。
③ 同上。
④ 《在党的第六次代表大会上讨论政治报告时的发言》（1928年6月22日），《蔡和森文集》下，人民出版社2013年版，第943页。

大困境的关键时刻召开的重要会议,它纠正了过去的错误,坚持了土地革命和武装斗争等正确的革命策略,指明了中国共产党下一步的发展方向。

3. 以思想引领的方式行使无产阶级领导权。

瞿秋白关于用思想引领的方式贯彻无产阶级领导权的意识,形成于他翻译并一直被不断应用的列宁《社会民主党在民主革命中的两种策略》一书。1905年六七月间列宁完成了《社会民主党在民主革命中的两种策略》一书。这是一本表明布尔什维克与孟什维克在组织上公开决裂的决心书。该书不仅总结了布尔什维克与孟什维克两种完全不同的策略,而且系统阐述了俄国无产阶级必须选择民主主义革命道路以及当前党的紧迫工作。列宁指出,首先我们得承认,当前革命的性质是无产阶级领导的资产阶级民主革命,革命的领导阶级是无产阶级,在革命中要保持无产阶级政党的独立性;革命后建立的临时政府应该是民主共和制,代表着无产阶级利益的政府。同时,社会民主党必须充分利用一切条件与时机,采取一切措施尽快将资产阶级民主革命转变为社会主义革命。这是一种富有远见卓识的革命策略,既强调了无产阶级在资产阶级民主革命中的独立性,又强调了要采取一切措施迫使资产阶级民主革命转变为社会主义革命。如何实现这种转变,列宁随后在1920年7月26日共产国际第二次代表大会所做的《民族和殖民地问题》的报告中指出,当"殖民地国家的资产阶级解放运动真正具有革命性质的时候",也就是说,当无产阶级掌握了资产阶级革命的领导权之后,要"用革命精神去教育、组织农民和广大被剥削群众"[①]。当然,如果资产阶级不接受无产阶级政党的精神引领,无产阶级政党将要付诸武力,以反对这些"改良派资产阶级"[②]。

---

① 《国际共产主义运动史文献》编辑委员会编译:《共产国际第二次代表大会文件(1920年7—8月)》,中国人民大学出版社1988年版,第224—225页。

② 同上。

应该说，列宁的这两段文字深深镌刻在了瞿秋白无产阶级领导权的思想之中。关于革命的策略问题，瞿秋白指出，中国革命必须分作两步走，第一步是民主革命，其首要任务是"打倒帝国主义和军阀"，是中国"摆脱封建宗法制度的束缚和帝国主义的剥削"，争得"民权主义的民权和民族经济的解放"①；第二步是行向或与国际共产主义运动一道"合流"为社会主义革命。这一指导思想一直贯穿在瞿秋白革命策略方针的始终。只不过，在如何争得无产阶级的领导权这一问题上，瞿秋白与当时的其他共产党人，特别是陈独秀之间产生了较大的分歧。瞿秋白一直坚持要用武力"争取"这一领导权，而陈独秀却认为领导权"天然"就在无产阶级手中。关于革命思想引领的问题，瞿秋白不止一次强调，"中国革命如果不解决农民问题，是永世也不能胜利的"②。而要解决农民问题，让农民运动中的迷信色彩消逝，最主要的方法是与城市无产阶级联合，用"赤化"的力量去改造农民。这种"赤化"既包括满足农民的土地需求，也包括用共产主义的思想去改造农民的小资产阶级性，从而使其真正成为反帝反封建的主力军。

4. 探索无产阶级政党的建设发展路径

中国共产党是无产阶级的政党。在资产阶级民主革命的进程中，中国共产党不仅加强对外的革命斗争，也不断强化自身的内在"修炼"，通过不断丰富自己的革命经验，加强无产阶级政党的建设。瞿秋白在探讨中国革命的发展路径的过程中，除了坚持联合发展和"自为"发展的路径外，也从查找自身问题出发，探寻无产阶级政党的建设发展问题。通过以他为代表的中国共产党人的一系列努力，中国共产党的执政基础不断巩固，党员队伍不断扩大，马克思列宁主义的教育也逐步渗透到每一个党员的内心，

---

① 《北京屠杀与国民革命之前途》（1926年4月7日），《瞿秋白文集·政治理论编》第四卷，人民出版社1993年版，第40页。
② 《世界的及中国的赤化与反赤之斗争》（1926年6月7日），《瞿秋白文集·政治理论编》第四卷，人民出版社1993年版，第312页。

提高了党的战斗能力，较好地发挥了党领导工农运动的核心领导力，保证了革命队伍和革命力量逐步发展壮大。

回顾瞿秋白关于党的建设的思想，从1920年远赴苏俄，直至1935年被害于福建长汀，他用15年的时间，做了两方面的工作：一是研究如何保持中国共产党长久的生命力，加强组织建设；一是如何加强自我教育，加强思想建设。这是瞿秋白从苏俄传播马克思主义的过程中总结出来的党建理论。不论是加强组织建设，还是加强思想建设，目的都是为了能够更好地加强无产阶级政党的力量。

首先，无产阶级政党的组织建设要兼顾民主与集中两方面力量。瞿秋白对党内民主与集中的认识直接来源于他在1920年报道苏俄的过程，对苏俄共产党组织建设特点的理解。瞿秋白在1921年对第十次全俄代表大会进行了报道，在《共产主义之人间化》一文中提到，共产党的组织问题，"其重要不下于苏维埃机关的组织问题"①。他指出，随着"第十次大会所讨论职工联合会职务的实行，废食粮均配法而代以物产课税法，民族问题的新审议，外交方针的更改等等"，党的组织建设也"由军事时代转移而至于和平时代"。②特别是面临着军事时代集权性组织建设的弊端，出现了"不惜推倒所谓'全体人民之自由，全体人民之权利'的偶像"，"盲目的标榜'无产阶级全体的权利'"，"不顾'党内的平等权利'"，实行"绝对的中央集权制"③，造成了不仅是在党内，而且是在党外"共产党与人民不十分融洽"的问题。瞿秋白指出，面对这种问题，当时的苏俄共产党采取了"工人的组织民主主义"，即"党中的职员自下至上都用选举法选任，一切问题都要公开的演说讨论，全体投票公决；党员人数求其增加，而只求其资格

---

① 《共产主义之人间化——第十次全俄共产党大会》（1921年3月31日—4月15日），《瞿秋白文集·政治理论编》第一卷，人民出版社1987年版，第204页。
② 同上。
③ 同上书，第207页。

知识的提高，励行共产主义的教育，养成积极的自动的党员，发展各个人的本能，而且增进党员的团结力"。① 通过这些举措，让党员"接近真正的无产阶级，贫困的农民"，要求"党员人人都参与党务"，"党内的高级人员与下级人员，新党员与旧党员，军事职员和民事职员，年老的党员和年少的党员，互相接近。再进一步应当使党员接近无党农民及工人"。② 这是苏俄共产党面临军事集权下党组织建设的弊端提出的解决方案。同时，瞿秋白还在理论上进一步论证了这一方案的有效性。他指出，在理论方面，"全体人民之权利""无产阶级全体之权利"以及"共产党员全体之权利"三者之间，第一个是"马克思主义所不承认的"，第二和第三个是应当普及的。瞿秋白进一步指出，虽事实上不能使共产党员和无产阶级全体立刻享着真正的平等权利，但是要通过"提携他们，辅助他们，使他们自己有能力取得平等的权利"。③ 从这些分析可以看出，瞿秋白认同当时苏俄共产党所推行的"工人的组织民主主义"，认为这是从根本上避免出现仅靠"最有觉悟有运用权力"的优秀共产党员管理党务的弊端，从而为党内的真正民主打下了基础。当然，在瞿秋白的这些分析中也并不回避，在合适的情况下适当的民主集中制度也是行之有效的。只不过，要学会如何掌握民主与集中之间的关系。

随后，瞿秋白将这种民主与集中的兼顾思想应用于中国革命。他在1925年4月22日《新青年》月刊第1号上发表的《列宁主义概说》中指出，共产党要有"铁的纪律"。"所谓铁的纪律，便是要有统一的意志，全党党员的行动绝对的一致。当然不是说，党内不应当有意见的争执、批评和讨论。铁的纪律，正要预先有详细谨慎的讨论和批评，然后大家共同服

---

① 《共产主义之人间化——第十次全俄共产党大会》（1921年3月31日—4月15日），《瞿秋白文集·政治理论编》第一卷，人民出版社1987年版，第205页。
② 同上书，第204—205页。
③ 同上书，第207页。

从多数的决议,这才是自觉的自愿的服从,而不是盲目的机械的服从。可是,既经决议之后,批评和讨论既经充分辨明之后,意志的统一和行动的一致,便是全党党员的天职。否则,决不能有统一的党,更无所谓纪律——无产阶级先锋队的战斗步骤,尚且自相参差不齐,怎能指导群众,怎能克服强大敌人呢?"① 瞿秋白非常注意在决策形成之前的民主氛围,但如果决策一旦形成,他便义无反顾地坚持党的集体领导。瞿秋白在中共"五大"的《中国革命中之争论问题》中指出,按照共产国际的规定:"共产党的组织,从中央至工厂支部或街市支部,必须很坚决的实行党的集体的(Collective)指导。"② 特别是针对以陈独秀为代表的右倾机会主义统治中央的过程中,党内出现的"宗法社会的制度","中央受不着群众的监督"的问题,瞿秋白强调"党要在斗争的新方针之下,造出新的党的组织与生命,要实现党的民主化,要实现党员群众集体的政治生活,要真正实现党的无产阶级化"。③ 这是在大革命失败之后,瞿秋白为总结党内存在的民主与集中失衡状况,提出的解决问题的主要方法之一。

其次,无产阶级政党的党员思想建设要坚持"自律"和"他律"两方面原则。瞿秋白对于"自律"和"他律"的认识。源于他对共产党员的党性要求。瞿秋白认为:"共产党是为工人阶级奋斗的党,是工人阶级自己的党,个个共产党员都愿意为工人阶级而死。"④同时,共产党员要明确地知道:"中国民族处于列强统治之下的时候,工人阶级决不能独得着解放,要

---

① 《列宁主义概说——改译施达林著之〈列宁与列宁主义〉里的一部》(1925年2月),《瞿秋白文集·政治理论编》第三卷,人民出版社1989年版,第45页。
② 《中国革命中之争论问题 第三国际还是第零国际?——中国革命中之孟什维克主义》(1927年2月),《瞿秋白文集·政治理论编》第四卷,人民出版社1993年版,第527页。
③ 《就〈布尔塞维克党之民主集权制〉答志益》(1927年12月2日),《瞿秋白文集·政治理论编》第五卷,人民出版社1995年版,第135页。
④ 《中国职工运动战士大追悼周之意义》(1926年2月6日),《瞿秋白文集·政治理论编》第三卷,人民出版社1989年版,第563页。

解放自己，必须同时解放全民族。"① 肩负如此重要使命的中国共产党党员，一定要有异乎常人的组织纪律性，同时也要接受群众和同志的批评，对自己开展批判和自我批评。1927年初，当中国革命迅猛发展，而党内出现了机会主义倾向的时候，瞿秋白提出来要在党内开展批评和自我批评的运动。他强调，我们党是无产阶级的政党，是用马克思列宁主义武装起来的，为解放广大受苦受难的劳苦大众而斗争的政党。如果党员的思想有问题，党内思想有错误，绝不能"讳疾忌医"，而应该"公开地揭发出来"，进行批评和自我批评，坚决予以纠正。"如果负政治责任的同志有不好的倾向，有不适当的策略，也应当指出，使同志甚至于群众知道"，以便总结经验，吸取教训，改造错误。若是为了"保存面子""保存威信"，对于错误"不宣布""不直说"，那是有害于党的事业的。"殊不知道真能保存威信，并且使党前进的，真是自我批评。'家丑不可外扬'和'不痴不聋不作阿家翁'的办法，如今行不通了，宗法社会已经崩坏了。"② 他告诫全党："我们的党是有病"，"革命时机紧迫，赶快医治，还可以治好！为医治起见，必须赶快施手术，暴露其病根！"③ 瞿秋白所强调的批评和自我批评的方法，如果从加强党员党性教育的角度而言，就是用他律的手段加强党员的自律建设，及时纠正党内存在的问题，避免党组织涣散。瞿秋白不仅要求党组织、党员要经常开展批评和自我批评工作，他自己也是经常这样做的。从未加入党组织就写成的《饿乡纪程》和《赤都心史》，所记之"程"和所写之"史"，都是瞿秋白内心自我的心路历程。他不断自我剖析，自我反思，以期更好地认识自身存在的问题，寻求解决问题的方法。直到他生命末期完

---

① 《五卅后反帝国主义联合战线的前途》（1925年8月13日），《瞿秋白文集·政治理论编》第三卷，人民出版社1989年版，第307页。

② 《中国革命中之争论问题　第三国际还是第零国际？——中国革命中之孟什维克主义》（1927年2月），《瞿秋白文集·政治理论编》第四卷，人民出版社1993年版，第528—541页。

③ 同上书，第546页。

成的《多余的话》，这种批评和自我批评的工作仍在进行。他不仅分析了当时党内存在的各种问题，也分析自己在从事党的事业的过程中出现的主观方面的诸多问题，诸如性格、小资产阶级的局限性等。特别是《多余的话》中表现出的勇于自我剖析、自我批评的精神非常值得后人学习。

最后，无产阶级政党的党员思想教育要强化"历史的工具论"与群众的"主体论"两方面内容。瞿秋白对"历史的工具论"与群众的"主体论"之间辩证关系的认识，根源在于他对"我"与"我们"，"个体"和"群体"之间关系的理解。早年的瞿秋白具有鲜明的个体意识，然而到了后期，在《饿乡纪程》里一篇以"我"为题的文章，表明了瞿秋白对这一问题认识的转变。他在文章里分析了个体与群体之间的关系，认为要在解放人类中实现自我的志向，应当"发展自己的个性"，但如只想着发展个性，那会"失去进取的创造力"；应当在"人类进步的过程中或能为此过程尽力，同时实现自己的个性"。随后，他将这种"个体"融入"群体"的意识明确投影在他对列宁的评价上。由此产生了"历史工具论"的表述。

"历史工具论"是瞿秋白在1924年悼念列宁时使用的一个概念。他指出，"列宁不是英雄，不是伟人，而只是二十世纪世界无产阶级的工具"[1]。之所以这样概括列宁，是为了强调在历史的发展过程中，真正推动历史发展进程的是人民群众，而不是某一个"伟人"或"天才"。虽然很多人认为"伟人"是"了不得的天才"，有"神一般的奇智"[2]，"有了列宁，全世界的平民便能自觉地、有组织地、有系统地进行革命的伟业"[3]。但是，如果没有了列宁，群众"固然现时感觉着丧失了一个好工具的痛苦，纪念他，哀悼他，感谢他，然而并不因此停止他们的革命事业；因为组织已经成立，

---

[1] 《历史的工具——列宁》（1924年3月9日），《瞿秋白文集·政治理论编》第二卷，人民出版社1988年版，第486页。
[2] 同上。
[3] 同上书，第487页。

这列宁的精神并没有死"。① 瞿秋白非常推崇将自我的力量转化为组织的力量，即由"个体"带动，外加上群众参与，两者辩证发展保证党的事业持续地发展壮大。按照这一思路发展下去，瞿秋白要求，党的工作要做到群众的前面，要时刻注意方式方法，让党员的"工具"真正能够在群众运动中发挥作用。1930年8月，从苏联回国后，瞿秋白于9月24日至28日，在上海主持召开了中共六届三中全会。在会上，瞿秋白明确提出加强党的建设，解决党内基层的干部不能自己承担自己工作的问题。瞿秋白举例说，在党内有些基层的党员干部，"一切事情都要跑到区委或省委来请示，都要待省委来解决，甚至于自己连问题都还找不出，提出了要省委指示，还要省委一个问题一个问题的来问"。② 这样的"支部干事"只是尽了传达的任务，不能解决问题。这类问题长期得不到解决，势必造成"十九万党员中只有二千工人分子"，党的工作远远落在群众运动的后面。所以，要发挥党员作为"历史的工具"的重要作用，势必先要提高基层党组织和党员的理论水平，有目的有计划地对党员进行思想教育，提高领导革命的能力。

另外，在瞿秋白强调群众主体性的同时，还必须看到，瞿秋白非常重视通过做群众工作来加强知识分子与群众之间的联系，这也是一种知识分子特有的自我"救赎"的方式。瞿秋白是背着知识分子"原罪"意识走入无产阶级革命队伍之中的。在从人道主义者、民主主义者转变为共产主义者的过程中，他切身感受到并不是简单的"入党"仪式就可以改变思想的实质，而是要将自己原先所掌握的建立在剥削制度基础上的知识应用于解放劳苦大众的伟大事业之中，才是一种最理想的"救赎"方式和"蜕变"路径。之所以会有这一想法，一方面与他深受马克思主义关于无产阶级先

---

① 《历史的工具——列宁》（1924年3月9日），《瞿秋白文集·政治理论编》第二卷，人民出版社1988年版，第488页。
② 《三中扩大全会政治讨论的结论》（1930年9月），《瞿秋白文集·政治理论编》第七卷，人民出版社1991年版，第24页。

进性思想建设的要求有关；另一方面也与他在苏俄时期，眼见的苏联红军忘我的工作热情有关。在《赤都心史》中，瞿秋白详细讲述了与一位红军战士的谈话。这位红军战士十月革命前曾参加对德战争，革命后在国内战争时期当一个村的苏维埃秘书，历经战乱之苦。红军战士最深的人生体验是有一次深夜两点钟从火车站回家的路上，替一位老妇人把一大袋马铃薯背着送她回家。待送老妇人回家后，红军战士才回自己的家。经过这件事，这位红军战士感到"初下站烦闷的心绪反而去掉了。自己觉得非常之舒泰，'为人服务'，忘了这'我'，'我'却安逸，念念着'我'，'我'反受苦"。① 瞿秋白说，这是一次"哲学谈话"，深得"心灵之感受"。这虽然是瞿秋白在记录苏俄共产党党员工作和生活情况的一个很小的例子，但从中也可以看出，瞿秋白非常推崇这种"为人民服务"的精神。

与人民群众保持密切关系的群众路线，瞿秋白认为是加强党的建设重中之重的问题，需要长期坚持。1930年8月，瞿秋白在主持中共六届三中全会上，明确提出了群众路线的问题。瞿秋白说，我们的"赤色工会"在全国有六万多人，这个数量几乎等同于在党内工人的数量。这就造成了凡是加入"赤色工会"的都是党员身份的工人，那么那些没有加入"赤色工会"的工人则不是党员的身份，而尚未加入工会的工人还非常多。这与英国共产党的情况截然相反。在英国党员只有三千人，但是这些党员却可以影响并组织工人十万之众。由此可知，如何加强党的领导和加强党同群众的关系，是党的自身建设方面重要的问题。无独有偶，瞿秋白的这一群众路线的思想，在同时期中国共产党其他领导人的思想中也有体现，毛泽东就是其中一位。毛泽东《湖南农民运动考察报告》中首次提出了相信群众、依靠群众、放手发动群众、尊重群众首创精神的思想，标志着我们党群众

---

① 《赤都心史·二三·心灵之感受》，《瞿秋白文集·文学编》第一卷，人民文学出版社1985年版，第175页。

路线的萌芽。可见，中国共产党从诞生之日起，就把联系群众、发动群众、组织群众、引导群众作为中国革命的出路提出来，并持之以恒地加以探索、发展。

三 对新民主主义文化的探索

"以文化救中国"①，是瞿秋白一生坚持的道路。虽然从1923年至1931年的8年间，瞿秋白的重心偏于国内的阶级斗争和中国共产党的自身建设方面，但是，文化变革始终是他推行包括政治斗争、经济斗争在内的一系列变革的最终目的。当1931年他从政治舞台上"抽身"而转入左翼文化运动中来时，实际上是回归了早在1923年远赴苏俄时就已经择定的"以文化救中国"之路。这样的一种"回归"，既是历史的偶然，也是必然。正如他在《自由世界与必然世界》中论述马克思和列宁是历史的工具时所讲到的："个性的先觉仅仅应此斗争的需要而生，是社会的或阶级的历史工具而已（如马克思、列宁）。他是历史发展的一因素，他亦是历史发展的一结果。"②瞿秋白与他所论及的马克思、恩格斯、列宁一样，都是历史的工具。他们的每一个思想主张，从形成到发展，都与所处的历史环境以及个人的个性特点有着密不可分的关系。虽然个性特点偏于偶然性因素，但是偶然中暗含着必然的规律性。

瞿秋白"以文化救中国"，不仅代表他个人的选择，还代表了中国传统知识分子在面对传统文化被不断质疑、外来文化被随意应用所造成的本土思想混乱状态下，决心重新构建中华民族现代思想体系的一种自觉选择。

---

① 《饿乡纪程·四》，《瞿秋白文集·文学编》第一卷，人民文学出版社1985年版，第25页。
② 《自由世界与必然世界》（1923年11月24日），《瞿秋白文集·政治理论编》第二卷，人民出版社1988年版，第307页。

1. 探索无产阶级文化的发展之路

文化问题是瞿秋白一直关注的问题。从 1920 年远赴苏俄开始，他给自己确定的目标，就是要研究苏俄的文化发展状况。即便日后将研究的重心转向了革命理论，但是文化研究始终在他的研究视域之内，并且他的很多研究成果对同时期其他学者影响深远。

首先，是瞿秋白的文化观。1923 年，瞿秋白收入《瞿秋白论文集》中的《东方文化与世界革命》一文中，提到他鲜明的文化观点——"东西文化的差异，其实不过是时间上的"①。之所以形成这种论断，主要是基于唯物史观的经济基础决定论。他指出，在人类社会的发展过程中，自然条件不同，生产力发展程度不同，"各国各民族的文化于同一时代乃呈先后错落的现象"②。经济基础决定了文化发展的进度、速度和程度。随后，瞿秋白进一步丰富了文化的内涵，指出，"文化（Culture）是人类一切'所作'"③。"所作"包括"生产力之状态"④"根据于此状态而成就的经济关系"⑤"就此经济关系而形成的社会政治组织"⑥ 和"依此经济及社会政治组织而定的社会心理，反映此种社会心理的各种思想系统"⑦。这些"所作"都发生在"人类""一定的时间一定的空间"⑧ 里，都是"客观"⑨ 存在的。由这个定义可知，瞿秋白的文化观强调，生产力是产生文化的决定力量，文化是在生产力发展到一定程度之后出现的。之所以会有如此判断，依据

---

① 《东方文化与世界革命》（1923 年 3 月），《瞿秋白文集·政治理论编》第二卷，人民出版社 1988 年版，第 14 页。
② 同上。
③ 同上书，第 20 页。
④ 同上。
⑤ 同上。
⑥ 同上。
⑦ 同上。
⑧ 同上。
⑨ 同上。

在于句中出现的"就此"和"依此"这样的词汇。句中的"此"即生产力状态。在这个"此"的基础上,渐次发展出了社会经济关系、政治组织、社会心理以及反映社会心理的各种思想。细致梳理这四者之间的关系,便可发现,瞿秋白对文化定义的理解呈现出一个"枝繁叶茂"的"树状"结构。其中,"根"为生产力,"干"为经济关系,"茎"为社会政治组织,而"叶"则是社会心理和各种思想。这样的文化"树状"结构图反映了历史唯物主义的观点,从"根",即客观存在的物质条件来分析人头脑中产生的各种思想和意识形态。在这种文化观中,瞿秋白具体分析了文学与社会的关系。他认为文学只是社会的反映。只有社会变动了,才能影响到思想;思想变化了,才能影响于文学。这也就是日后毛泽东在《新民主主义论》中提出的:"一定的文化是一定社会的政治和经济在观念形态上的反映。"[①]当时的瞿秋白已经基本上形成了这种文化观,只是尚未形成如毛泽东这样简明扼要地对文化的概述。

遵循如上的"树状"图,瞿秋白还提供给人科学认识和分析文化的方法论,即要研究文化,必须要从特定的时间和空间入手,分析其产生的历史和现实背景。只有如此,才能形成对某一种文化现象相对客观、公正的理解。正如瞿秋白所言,任何一位作者都是"人而非虚灵"[②],都"不能离时间空间而独立"[③],所以研究任何一位作者的作品,都应该遵循从客观环境入手,深入作者内心世界的顺序。这是一种从"根"到"叶",由外到内的认识顺序。反之,如果不遵循,则"只知道高尚玄妙的思想"[④],必定会

[①] 《新民主主义论》(1940年1月),《毛泽东选集》第二卷,人民出版社1991年版,第694页。
[②] 《东方文化与世界革命》(1923年3月),《瞿秋白文集·政治理论编》第二卷,人民出版社1988年版,第20页。
[③] 同上。
[④] 同上。

"头晕眼暗"①，陷入唯心主义认识论的困境之中。按照这种方法，瞿秋白分析了俄国文学史，指出："俄国文学史向来不能与革命思想史分开，正因为他不论是颓废是进取，无不与实际社会生活相的某部分相应。俄国文学的伟大，俄国文学的'艺术的真实'，亦正在此。"② 这种"艺术的真实"主要就是指，任何一位作家的作品都是对其所处时代的政治经济生活的如实再现。恰如，当民粹派的"恐怖主义"运动轰轰烈烈展开的时候，萨文夸夫·路卜洵的中篇小说《灰色马》中的"佐治式的英雄"便会出现，瞿秋白说，"此种时代此种环境，怎能不造成文学作品里的特殊'派调'？"③ 当无产阶级运动成为社会主潮的时候，珀陂尼的《完了的人》中的"超阶级的'我'"④ 被社会抛弃，成了多余的人。瞿秋白一语中的地指出其中的原因，在有阶级的社会中，绝对"生不出'绝对艺术派'的诗人"⑤，他已经为这个世界抛弃了。可知，文学是反映社会政治经济发展状况的一面镜子，"镜子"里的世界不是"梦境"，而是现实的生活。

其次，是瞿秋白的无产阶级文化观。瞿秋白的无产阶级文化观是建立在唯物史观基础上，对比了资产阶级文化观之后形成的。瞿秋白指出，文学艺术随着经济生活的发展而产生变化。他将文学艺术比喻为花，把经济基础比喻为培养这朵花的土壤。"土壤的膏腴，干枝的壮健，共同拥现此一朵蓓蕾。"⑥ 这是一个极具文学色彩的对无产阶级文化的概括。他使用比喻手法指出，文化是社会心理的反映，但是，文化的根本在于"经济生活"。

---

① 《东方文化与世界革命》（1923年3月），《瞿秋白文集·政治理论编》第二卷，人民出版社1988年版，第20页。
② 《郑译〈灰色马〉序》，《瞿秋白文集·文学编》第一卷，人民文学出版社1985年版，第256页。
③ 同上。
④ 《艺术与人生》，《瞿秋白文集·文学编》第一卷，人民文学出版社1985年版，第309页。
⑤ 同上书。
⑥ 《赤都心史·一·黎明》，《瞿秋白文集·文学编》第一卷，人民文学出版社1985年版，第118页。

当经济和政治都发生变化的时候，文化自然也随着变化。据此，瞿秋白对比分析了资产阶级和无产阶级文化，指出，资产阶级经济的"根""本方就干枯"，"资产阶级经济地位动摇"，此时资产阶级文化之"花色还勉留几朝的光艳"。但是，伴随着资本主义经济的发展，无产阶级队伍的逐渐壮大，无产阶级文化的"新芽刚才突发"。尽管此时仅是"新芽"，"春意还隐于万重的凝雾"。但是，资产阶级文化已是"夜之余"，无产阶级文化则是"晨之初"。这二者，一个是"春阑的残花"，一个是"冬尽的新芽"；一个是"夜阑时神昏意怠的醉荡之舞，看来已是奄然就息"，一个则是"黎明后清新爽健的劳作之歌，还依稀微忽"。无产阶级的文化预示着新的"黎明"①已经来临。由此可知，无产阶级文化是建立在先进生产力发展基础上，随着无产阶级队伍的壮大而逐渐产生并发展起来的，并且它的出现预示着更为"先进"的文化生活已经到来。

最后，是瞿秋白发展无产阶级文化的思路。瞿秋白认为发展无产阶级文化，就是运用马克思主义先进的理论思想，全面武装无产阶级的精神世界，促进无产阶级队伍整体理论水平的提高，为实现共产主义提供人才保障和"智力"支持。

瞿秋白非常注重文化教育。早在报道苏俄"新经济政策"时期，瞿秋白就关注苏俄社会的文化状况，介绍苏俄推进政治、经济、文化改革方面的方法和措施，特别是文化教育和文化建设方面的种种举措。他在《赤都心史》中提到莫斯科市民热衷于"俄国旧历中最大的一佳节"——复活节，而对五一节兴致甚少，还指出："农民因俄国旧文化的缘故，守旧而且愚昧。"这些发现都让瞿秋白意识到，文化对推动民族的复兴与发展，作用巨大。"据郭质生说：十月革命初期，各地乡村中农民奋起，高呼分权万岁，

---

① 《赤都心史·一·黎明》，《瞿秋白文集·文学编》第一卷，人民文学出版社1985年版，第118页。

各村通行须有当地地方政府的执照,如此者三月。后来国内战争剧烈,农民少壮都受征调,政府派遣食粮军收集食粮,农民才渐渐忘掉苏维埃政府分给土地驱逐地主的政策而起怨忿之心。现时新经济政策初实行,还时时听见农民反抗的事——他们还不十分相信呢。"① 但是经过无产阶级政党对马克思主义理论的宣传,以及让退伍回家的兵士加强对当地农民的思想改造,"十月革命"之后俄国人民的整体文化水平和思想觉悟极大地提升。瞿秋白指出:"革命前俄国人民有百分之七八十不识字,如今识字者的数目一跃而至百分之五十。"② 这样的文化教育必将极大推动社会的发展。以文化救中国的热诚,促使瞿秋白回国之后第一件事就是推动中国社会文化教育和无产阶级文化建设的开展。1923 年 5 月,瞿秋白在《新青年》上发表的第一篇文章便是对《新青年》今后文化工作方向的一个规划。

瞿秋白指出:"《新青年》自诞生以来,先向宗法社会、军阀制度作战,革命性的表示非常明显。继因社会现实的教训,于'革命'的观念,得有更切实的了解,——知道非劳动阶级不能革命,所以《新青年》早已成为无产阶级的思想机关。不但对于宗法社会的思想进行剧激的争斗,并且对于资产阶级的思想同时攻击。"③ 要做到这种"双向"的斗争,"解放中国社会,必须力除种种障碍:那宗法社会的专制主义,笼统的头脑,反对科学,迷信,固然是革命的障碍;而资产阶级的市侩主义,琐屑的对付,谬解科学,'浪漫',亦是革命的大障碍"。④ 为了攻克这"种种障碍",瞿秋白指出,《新青年》必须开展如下五项工作:

一是《新青年》要研究社会科学。瞿秋白认为:"《新青年》当为社会

---

① 《赤都心史·一一·宗教的俄罗斯》,《瞿秋白文集·文学编》第一卷,人民文学出版社 1985 年版,第 142 页。

② 同上。

③ 《〈新青年〉之新宣言》(1923 年 5 月),《瞿秋白文集·政治理论编》第二卷,人民出版社 1988 年版,第 8 页。

④ 同上。

科学的杂志。《新青年》之有革命性，并不是因为他格外喜欢革命，'爱说激烈话'，而是因为现代社会已有解决社会问题之物质的基础，所以发生社会科学，根据于此科学的客观性，研究考察而知革命之不可免；况且无产阶级在社会关系之中，自然处于革命领袖的地位，所以无产阶级的思想机关，不期然而然突现极鲜明的革命色彩。"① 瞿秋白认为，《新青年》革命性的产生是由于当时社会客观环境所致，"中国古旧的宗法社会之中，一切思想学术非常幼稚，同时社会演化却已至极复杂的形式，——世界帝国主义，突然渗入中国的社会生活，弄得现时一切社会现象繁杂淆乱，初看起来，似乎绝无规律，中国人的简单头脑遇见此种难题尤其莫名其妙，于是只好假清高唱几句'否认科学'的'高调'"②。在这种鱼龙混杂的思想"迷局"中，只有"革命的无产阶级，能勇猛精进，不怕'打开天窗说亮话'"。掌握先进思想武器的无产阶级要"竭全力以指导中国社会思想之正当轨道，——研究社会科学，当严格的以科学方法研究一切，自哲学以至于文学，作根本上考察，综观社会现象之公律，而求结论"。在寻求新的文化出路的过程中，瞿秋白认为，无产阶级自身也要不断地自我提升——"无产阶级，不能像垂死的旧社会苟安任运，应当积极斗争，所以特别需要社会科学的根本智识，方能明察现实的社会现象，求得解决社会问题的方法。凡是中国社会之新活力，真为劳动平民自由正义而奋斗的青年，不宜猥猥琐琐泥滞于目前零碎的乱象，或者因此而灰心丧志，或者因此而敷衍涂砌，自以为高洁，或自夸为解决问题；更不宜好高骛远，盲目的爱新奇，只知求所谓高深邃远的学问，以至于厌恶实际运动"。③ 瞿秋白指出无产阶级是脚踏实地的研究的阶级，研究社会科学，要以科学的方法来进行，"《新青

---

① 《〈新青年〉之新宣言》（1923年5月），《瞿秋白文集·政治理论编》第二卷，人民出版社1988年版，第8—9页。
② 同上书，第8页。
③ 同上书，第9页。

年》对于社会科学的研究，必定要由浅入深，有系统有规划的应此中国社会思想的急需。——社会现象复杂得很呢，但是几个'新术语'尚且要细加绅绎，然后能令真正虚心诚意的革命青年及劳动平民知道'社会'是个什么东西！""研究社会科学，当严格的以科学方法研究一切，自哲学以至于文学，作根本上考察，综观社会现象之公律，而求结论"，也就是说，研究社会科学要遵循科学的方法——社会科学要系统、要有规划，不能满足于解释了所谓新术语就是研究上的突破和创新。无产阶级进行哲学社会科学领域的研究，目的是要告诉革命青年和劳动平民什么是社会，什么是新社会。同时，瞿秋白也指出，无产阶级是寻求新社会发展道路的阶级，但是在这个阶级内部也存在停滞的人，存在灰心的人，存在敷衍的人，也存在好高骛远之人，存在自以为高洁的人。这是要引起我们高度关注的。

二是《新青年》要研究社会现实的政治经济状况。瞿秋白认为："研究社会科学，本是为解释现实的社会现状，解决现实的社会问题，分析现实的社会运动；真正的科学，绝不是玄虚的理想。"① 中国处于由传统向现代转型的变革期，急需有一批年轻人从事社会研究，而研究的第一步当以研究中国现实的政治经济状况为起点。瞿秋白进一步指出，中国的问题要有中国的方案，"中国新思想的幼稚时期已过。现在再也可以不用搬出种种现成的模型，勉强要中国照着他捏。其实'中国式的新乌托邦家'不但不详悉他自己所荐举的模型，而且也不明瞭中国社会，正因不了解社会科学的方法，不能综观实际现象而取客观的公律，所以不是泥于太具体的事实，——说到中国政治，头脑里只有张、曹、吴、孙几个大姓大名，就是力避现实，逃于玄想；说到经济改造，满嘴的消费、生产、分配等类的外

---

① 《〈新青年〉之新宣言》（1923年5月），《瞿秋白文集·政治理论编》第二卷，人民出版社1988年版，第9页。

国新名称，不会应用于实际"。①所以，要想解决中国的问题，不能照搬西方的一套理论，更不脱离中国具体国情，限于教条主义、形式主义的泥淖，要勇于寻求一条符合中国国情的马克思主义新路来。不用"中国式的新乌托邦家"，那就需要培养一批真正从中国革命困境中闯出一条新路来的马克思主义理论家、革命者，瞿秋白认为，《新青年》的作用即在于此。

三是《新青年》要引导社会思潮，表现社会思想，掀起革命情绪。瞿秋白认为："《新青年》当表现社会思想之渊源，兴起革命情绪的观感。社会科学本是要确定社会意识，兴奋社会情感，以助受压迫被剥削的平民实际运动之进行。所以对于一般的思想及情绪之流动，都不得不加以正确的分析及映照。"② 社会科学的任务，具体到文学的任务，就是要"确定社会意识，兴奋社会情感，以助受压迫被剥削的平民实际运动之进行"，这具有很强的平民立场和革命情绪。为了达到这一点，《新青年》要开展两方面工作：一要确立评价文学作品好坏的标准，"一切文学艺术思想的流派，本没有抽象的'好'与'坏'，在此中国社会忙于迎新送旧之时，《新青年》应当分析此等流派之渊源，指出社会情绪变动的根由，方能令一般的意识渐渐明晰，不至于终陷于那混沌颠顸等于飞蛾投火的景象"。③ 评价文学作品的好与坏，不能抽象地看待，而应该结合具体的社会发展需求来看待。迎合新思想的，剔除旧习俗的，都应该是好的艺术作品。二要在对比资产阶级文学、外国文学之后，确立悲壮庄严的美学标准，"现时中国文学思想，——资产阶级的'诗思'，往往有颓废派的倾向，此旧社会的反映，与劳动阶级的心声同时并呈，很可以排比并观，考察此中的动象；亦可以借外国文学相当的各时期之社会的侧影，旁衬出此中的因果。尤其要收集革

---

① 《〈新青年〉之新宣言》（1923年5月），《瞿秋白文集·政治理论编》第二卷，人民出版社1988年版，第9—10页。
② 同上书，第10页。
③ 同上。

命的文学作品,与中国麻木不仁的社会以悲壮庄严的兴感"。① 以创作文学作品来参与社会变革,这是马克思、恩格斯文艺理论中特别重要的思想。瞿秋白将之运用到中国左翼文学的创作之中,以改变中国文坛颓废、恶俗的气象,推动马克思主义文艺理论中国"化"的进程。

四是《新青年》要建立中国社会之世界观,综合分析世界的社会现象。瞿秋白认为,中国的无产阶级应该具有世界的眼光,不能仅仅局限于解决中国内部的问题——"中国受文化上的封锁三千多年,如今正是跨入国际舞台的时候,非亟亟开豁世界观不可。况且无产阶级的斗争本来就是国际的,尤其不可以不知道各国劳工革命运动的经验。因此,《新青年》当注意于社会科学之世界范围中的材料,研究各国无产阶级运动之过去与现在,使中国得有所借鉴。从最反动的日本至赤色的苏维埃俄国,都应当研究"。② 瞿秋白一直坚持,"社会科学本无国界;仅因历史的关系,造成相隔离的文化单位,所以觉得各国有各国的'国粹',其实不过是社会的幻觉,泥滞于形式上的差别"。③ 瞿秋白要求《新青年》打破文化上的闭关锁国,确立国际视角,综合分析世界各国的社会现象,推动中国的无产阶级革命运动尽快融入世界无产阶级革命运动的洪流之中。应该说,这一思想的形成与当时世界无产阶级运动的蓬勃开展、苏俄社会主义运动的国际化战略布局不无关系。

五是《新青年》要为改造社会而求真理。"求真理"是瞿秋白从苏俄传播马克思主义到中国的初衷。他要把自己所理解的马克思主义理论介绍到中国来,就是为了给中国的社会变革寻求一条出路。作为新思想诞生地的《新青年》,必须担此重任——"《新青年》当为改造社会的真理而与各种社

---

① 《〈新青年〉之新宣言》(1923年5月),《瞿秋白文集·政治理论编》第二卷,人民出版社1988年版,第10页。
② 同上书,第11页。
③ 同上。

会思想的流派辩论"。瞿秋白进一步指出社会科学研究的复杂之处和特殊之处——"社会科学,因研究之者处于所研究的对象之中,其客观的真理,比自然科学更容易混淆。因此,人既生于社会之中,人的思想就不能没有反映社会中阶级利益的痕迹;于是社会科学中之各流派,往往各具阶级性,比自然科学中更加显著"。社会科学不似自然科学,它因为研究主体处于研究对象之中,所以不容易客观公正。只有跳出这种环境,以第三方的或者相对中立的身份进行研究才可能寻找到真理。瞿秋白认为,无产阶级具有这种"第三方"的身份优势。因为无产阶级身份上不是现存社会的既得利益者,而是反抗者,所以无产阶级可以跳出现有社会的窠臼。另外,中国的无产阶级在文化话语权上是弱势存在,所以他们的态度更谦卑更平和,更容易综合各方面的材料,权衡各方面的主张,寻求更客观的真理。基于此,瞿秋白认为,《新青年》作为无产阶级的思想机关,完全有优势寻求到真理——"无产阶级于现代社会中,对于现存制度自取最对抗的态度;所以他的观察,始终是比较上最客观的。何况《新青年》在世界无产阶级的文字机关中,算是最幼稚的,未必有充分健全的精力,足以为绝对正确的观察。有此两因,都足以令《新青年》不能辞却与各方面的辩论:一则以指出守旧各派纯主观的谬误,一则以求真诚讨论后之更正确的结论。于辩论之中,方能明白何者为无产阶级的科学结论,何者为更正确更切合于事实的理论。总之,为改造社会而求真理"。①

如上这五项工作实际上都是从如何推动中国传统文化向现代文化转型方面展开的。

最后,瞿秋白总结了《新青年》的三次转型:"中国幼稚的无产阶级,仅仅有最小限度的力量,能用到《新青年》上来,令他继续旧时《新青年》

---

① 《〈新青年〉之新宣言》(1923年5月),《瞿秋白文集·政治理论编》第二卷,人民出版社1988年版,第11页。

之中国'思想革命'的事业，行彻底的坚决斗争，以颠覆一切旧思想，引导实际运动，帮助实际运动，以解放中国，解放全人类，消灭一切精神上物质上的奴隶制度，达最终的目的：共产大同。《新青年》虽然力弱，必定尽力担负此重大责任，谨再郑重宣告于中国社会：《新青年》曾为中国真革命思想的先驱，《新青年》今更为中国无产阶级革命的罗针。"[①]瞿秋白认为《新青年》经历了由"思想革命"到"革命思想"最终落实到"无产阶级革命"这样的三次转型。这三次转型也是马克思主义传播过程中的三个阶段。从最初传播中与其他西方思想共同涌入时带有的"思想革命"色彩，后来因为有了十月革命而愈加鲜明的"革命思想"，直到1921年共产党成立，无产阶级逐步壮大而成为无产阶级的思想武器，这也是一种由抽象到具象的过程，从精神世界的冲击论到现实世界的工具论的转型。《新青年》的最终目标是要帮助无产阶级革命取得共产大同的目的，这也是瞿秋白对这次《新青年》的改版寄予的最厚重的希望。

随后，瞿秋白身体力行，翻译并传播马克思主义哲学、政治经济学，特别是马克思主义文艺理论方面的书籍；运用马克思主义理论分析中国社会，参与无产阶级革命运动，并为最终形成无产阶级世界观做出了重要贡献。

2. 探索反帝反封建的民族文化发展之路

毛泽东曾在《新民主主义论》中指出"新民主主义文化"，"就是无产阶级领导的人民大众的反帝反封建的文化"。[②]"反帝反封建"是中国新民主主义革命的主要任务，同时，也成了新民主主义文化革命的主要任务。瞿秋白的新民主主义文化建设思想正是从这一任务出发，通过学习和借鉴苏

---

① 《〈新青年〉之新宣言》（1923年5月），《瞿秋白文集·政治理论编》第二卷，人民出版社1988年版，第11—12页。

② 《新民主主义论》（1940年1月），《毛泽东选集》第二卷，人民出版社1991年版，第698页。

俄新文化的发展思路，参与与各种资产阶级文化思潮的论争，延续了五四新文化的批判精神，为最终寻得"复兴中国文化"的出路，重塑民族文化的自信心，做出自己的努力。

首先，学习和借鉴苏俄新文化的发展思路。瞿秋白很早就指出："文化不是天赋的，中国民族应当如何努力；并欧洲人所笑的野蛮的俄罗斯人都不如。经济生活，生产方式不变，一方面既不能有文化的要求，以进于概括而论的文明；别一方面更不能有阶级的觉悟，担负再造文物的重责。东方古文化国的文化何时才能重兴？"[①] 他强调："我们的责任是在于：研究共产主义——此社会组织在人类文化上的价值，研究俄罗斯文化——人类文化之一部分，自旧文化进于新文化的出发点。"[②] 基于此，他对苏俄文化和文学非常重视，他将苏俄文学当作一种特殊的文学加以研究和学习。他说："俄国因为政治上，经济上的变动影响了社会人生，思想就随之而变，萦回推荡，一直到现在，而有他的特殊文学。"[③] 同时因为苏俄社会与中国社会有非常多的相似性，所以他认为，这种特殊的文学对推动中国文学和中国文化的发展具有重要的参考性价值。受此影响，瞿秋白在分析苏俄文学家的作品时，经常会将其"植入"中国社会的文化语境内，考量其对中国文学和文化产生的影响。

瞿秋白对苏联文化的"植入"主要是从20世纪20年代初期开始的。当时的苏联结束了疾风暴雨般的内战，转入恢复国民经济、进行和平建设的历史新阶段。在这个政治变革的大背景之下，广大工农和劳动群众对文化的需求逐渐发生变化。在文学领域内，无产阶级文学应时而生。当时的

---

① 《饿乡纪程·八》，《瞿秋白文集·文学编》第一卷，人民文学出版社1985年版，第57页。
② 《饿乡纪程·一二》，《瞿秋白文集·文学编》第一卷，人民文学出版社1985年版，第84页。
③ 《〈俄罗斯名家短篇小说集〉序》，《瞿秋白文集·文学编》第二卷，人民文学出版社1986年版，第249页。

苏联国内针对何为无产阶级文学,产生了两个主要的论战群体。一方是俄共中曾担任人民军事委员的托洛茨基和《红色处女地》的主编沃隆斯基;另一方是"拉普"的前身"岗位派"。论战双方围绕无产阶级能否建立属于自己阶级属性的文化思想、文学理念,以及无产阶级文学应该具有的特质、无产阶级文学与前代文学、同路人文学的关系、党对文学应该采取什么政策等问题展开激烈争论。这场论战直到1925年俄共(布)中央做出《关于党在文学方面的政策》这一决议而告结束。苏联在新文化建设上的努力,深刻影响了瞿秋白的文化建设思想。

在评论果戈理的戏剧时,瞿秋白说:"他艺术上的本领就在于描写刻画'社会的恶'……现在中国的社会还不算'恶'吗?"[①] 他又指出文学的任务,是要"在侧面着笔,以文学的艺术的方法变更人生观,打破社会习惯"[②]。"现在中国实在很需要这一种文学。"[③] 他在评论普希金的小说时,强调他的文学的主要特征是"现实主义,写实有的生活","能写极平凡的人","用历史的背景",将历史化作"'美术的布景',史实跃跃欲现"[④]。还有屠格涅夫、托尔斯泰等的小说,也是如此。"读此类俄国的小说,还可以知道当日俄国国情,却和中国差不多。"他们所描写的"乡村教育的简陋""官吏的卑鄙龌龊"、劳动者的"贫苦不幸"等,都是如此。从这些作品"可以推及中国现在所需要的文学","去寻中国现在所需要的文学,应当怎样去模仿,模仿什么样的,应当怎样去创造,创造什么样的,才能使人人都看得懂……受得着新文学的影响,受得着新文学的感动"[⑤]。

---

① 《〈仆御室〉译者志》,《瞿秋白文集·文学编》第四卷,人民文学出版社1986年版,第392页。
② 同上。
③ 同上书,第392—393页。
④ 《俄国文学史》六《普希金》,《瞿秋白文集·文学编》第二卷,人民文学出版社1986年版,第160页。
⑤ 《序沈颖译〈驿站监察吏〉》,《瞿秋白文集·文学编》第二卷,人民文学出版社1986年版,第246页。

除以上这些作家之外,瞿秋白特别推荐了苏俄新文学家的代表——高尔基。他赞赏高尔基1919年所写的《昨天和今天》:"昨天是大欺罔的日子——那是他的威权的最后一天。"俄国农民革命已经彻底推翻这个"昨天"。我们在那个"大欺罔的时代"尚且看见艺术里放些光明——俄国大文学家诚挚隐痛的心灵之巨烛。随后,他翻译了高尔基的一系列小说,并指出:"高尔基的创作生活一直同广大的群众斗争联系着的。如果看一看俄国革命运动的历史,一九○五年,反动期间,欧战,'十月',经济恢复和五年计划……那末,我们可以看见高尔基的天才总在反应着当时的事变,回答历史所提出来的新的问题。"① 这些作品对于中国读者来讲尤为珍贵,特别是"在中国现在——介绍和学习世界文学的参考书如此之少的时候。读者真正要学习的时候,他自然会深刻的思索,勤恳的找寻材料,用批判的态度去读一切书"。② 他认为,中国文学应该是沿着高尔基等的苏俄新文学的发展方向前进。应该说,苏俄新文化的发展提供给了瞿秋白一条直达无产阶级文化的"捷径",他如同在《那个城》里的"孩子"一样,拼命向"城堡"飞奔,因为"他渴望生活,美,善"③。

其次,参与与各种资产阶级文化思潮的论争。瞿秋白在努力介绍苏俄文学到中国的过程中,还和鲁迅等一起率领左翼文艺队伍,同形形色色的资产阶级文艺思想进行了不调和的斗争。他尖锐地批判了新月派的非政治主义、国民党的"民族主义文学"以及所谓"自由人"和"第三种人"等文艺流派的反动的或错误的思想,参加了中国社会性质和中国社会史的论战,巩固和扩大了革命思想文化阵地,有力回击了国民党反动派的文化"围剿"。

---

① 《"非政治化的"高尔基——读〈革命文豪高尔基〉二》,《瞿秋白文集·文学编》第二卷,人民文学出版社1986年版,第113页。
② 同上书,第114页。
③ 《那个城》,《瞿秋白文集·文学编》第一卷,人民文学出版社1985年版,第301页。

一是，与新月派的斗争。新月派是由一部分资产阶级知识分子组成的文学和政治流派，主要代表人物是胡适、陈西滢、徐志摩、梁实秋等。他们1923年在北京组织新月社，1928年在上海出版《新月》月刊，故称之为"新月派"。他们还创办过《现代评论》，因为也被称为"现代评论派"。

新月派的主要观点是从复归传统入手，鼓吹资产阶级带有改良倾向的人性论，反对无产阶级的革命文学。在《新月》创刊号上，徐志摩执笔的《新月的态度》明确标榜以所谓"不妨碍健康"和"不折辱尊严"为文艺的原则，表示所谓"美观是靠我们随时的种植和铲除"的，反对各种带有功利倾向的文学。实际上他们的矛头直指无产阶级的革命文学。瞿秋白针对新月派提出的"非政治主义派"的观点，进行了有力回击，进一步强调了文学的阶级性，强调无产阶级创造的新文艺就是要公开号召斗争，揭穿一切假面具，提出自己的理想和要求。于是无产阶级文艺的斗争美学，在这里表现得尤其明显。

瞿秋白指出："我们马克斯主义者知道一切作家都是政治家，我们知道艺术是意识形态的强有力的方式，这种意识形态反映某一阶级的实质，同时，这是替阶级服务去组织自己，组织附属阶级或者将要附属于它的别些阶级的一个工具，而且这又是瓦解敌人的一个工具。"① 所以，文艺的"工具论"和"功利性"是伴随着阶级社会经济、政治发展而必然出现的，超阶级的文艺是不存在的。

当然，有些艺术家表面上看起来似乎没有丝毫的政治企图，但实际上，这些作家是在用"为艺术而艺术"的假招牌，诱惑群众不要过问政治，这也是在帮助统治阶级的一种策略。为了掀开他们的"假面具"，瞿秋白指出，无产阶级文化的一个重要功能就是"揭穿这种事实"，让这些小资产阶

---

① ［俄］卢那察尔斯基：《作家与政治家（原序）》，瞿秋白译，《瞿秋白文集·文学编》第五卷，人民文学出版社1987年版，第95页。

级作家"清醒一下,谨慎一些,认真地挑选自己的道路"。这里的道路无非两条,一条是"同着群众走";一条是"同着统治阶级走"。对于选择前者的小资产阶级作家,瞿秋白主张是团结并吸纳入无产阶级队伍之中的;但是对于选择后者的人而言,瞿秋白则要与之进行不懈地斗争。

二是,与"民族主义的文学"的斗争。"左联"成立不久,国民党中央党部唆使一些文化党棍,掀起了"民族主义文学运动"。这个"运动"的大头目有:《中央日报》副刊编辑、电影检查委员会委员王平陵,国民党上海市政府委员朱应鹏,国民党上海市党部委员、上海警备司令部侦缉队长兼军法处长范争波,中央军教练团军官黄震遐等。他们纠集一帮政客、流氓、特务、文痞作喽啰,出版《前锋周报》《开展月刊》和《前锋月刊》,发表宣言和文章,进行反共反人民的宣传。他们攻击"左联",说什么"那自命左翼的所谓无产阶级的文艺运动又是那样的嚣张,把艺术拘囚在阶级上",宣称"文艺的最高意义就是民族主义"。鲁迅和左联的一些革命作家立即给予回击。1930年,瞿秋白从苏联回国,也直接参加了文艺战线上的这场斗争,先后发表一系列文章,揭露和批判"民族主义文学"的反动实质。

瞿秋白认为,现在中国的"红白战争"一天比一天激烈,"剿匪"成了国民党反动派"天字第一号的要紧事情"。为了尽快"剿匪"成功,国民党反动派会鼓吹一批"战争的小说"①,"定做一种鼓吹杀人放火的文学"②,这些就是"民族主义的文学"③;它们的代表作是《陇海线上》《国门之战》等。瞿秋白指出,《陇海线上》反映的是国民党新军阀在陇海线上的混战,虽然标榜着"为民族而战"④,实际上伤害的多是老百姓,是广大的民众。这些混战中的英雄,并不是民族的英雄,而是"狗样的英雄":见着叫花子

---

① 《狗样的英雄》,《瞿秋白文集·文学编》第一卷,人民文学出版社1985年版,第367页。
② 同上。
③ 同上。
④ 同上书,第369页。

（即贫穷的老百姓）"拼命的咬"，见着主人和财神老爷（即帝国主义和地主买办等）"忠顺的摇尾巴"。①而且，由于《陇海线上》等"民族主义文学"作品以"民族战争"的口号鼓吹战争，容易在青年读者中形成"投笔从戎"的心态，去为国民党反动派当炮灰。瞿秋白尖锐地批判他们"民族主义文学家就高唱吃人肉喝人血的诗词……马上念起符咒似的二十世纪的书经：'三民主义，吾党所宗。咨尔多士，为民前锋'"②。甚至，瞿秋白采用了乡间的一种"叫魂"的"宗教仪式"，进一步讥讽"民族主义文学"。他写道："听说所谓民族也有灵魂，因此很自然的，这位民族先生生了病，也非得实行叫魂不可。"结果，"民族先生"或被阴间的阎王用一只钩子吊住脊梁骨挂在梁上，或被刀锯斧钺，油锅炮烙来瓜分脔割。很清楚，国民党的"民族主义文学"所谓的发扬"民族意识"，叫醒"民族灵魂"只是为了消灭"赤化"，镇压革命人民，是帝国主义在中国的"奴才"。

三是，瞿秋白还参与了与一些小资产阶级知识分子关于"文艺自由论"之类观点的论战。之所以会出现这些论战，主要是论战的双方在经过五四新文化后期的马克思主义洗礼之后，产生了分化。一部分知识分子仍然停留在资产阶级民主主义、人道主义的"原点"，而另外一些接受马克思主义思想的知识分子，成了进一步在中国传播马克思主义的主体。这是五四之后成长起来的知识分子内部群体的分化。

由于这批知识分子成长于传统的文化语境之内，身上或深或浅地留有"旧时"的痕迹，所以当他们的心灵在接触到这种具有颠覆传统道德规范，同时也批判资本主义价值规范的先锋思潮之时，对其产生了诸多理解和想象。从1898年以胡贻谷翻译的《泰西民法志》等一系列涉及马克思主义的

---

① 《财神还是反财神？狗道主义》，《瞿秋白文集·文学编》第一卷，人民文学出版社1985年版，第405页。
② 《青年的九月》，《瞿秋白文集·文学编》第二卷，人民文学出版社1986年版，第35页。

翻译文本可以看出，当时的知识分子大多关注的是马克思的唯物史观、政治经济学说、阶级斗争学说和社会主义思潮，并没有意识到它会对中国文学产生如此深远的影响。直到1925年2月12日《民国日报·觉悟》上刊载了郑超龄翻译的列宁的《托尔斯泰与当代工人运动》，中国知识分子才发现并开始关注马克思主义的文艺理论。

这种发现绝非偶然。其实在此之前，曾经参与五四新文化运动的知识分子已经能够从马克思关于社会主义思潮的论述中读出文学在这场变革中所要承担的责任和义务。那时的知识分子从各自不同的视角出发，接受马克思、恩格斯对于文学与艺术的理解。在这其中，有以陈独秀为代表的"文学的社会性"主张和以李大钊为代表的"平民文学"的主张。应该说，这些主张都带有鲜明的社会参与意识和文学的工具色彩，使得文学开始走出了唯美的范畴，而以实用为基点。正如李大钊所言："我们所要求的新文学，是为社会写实的文学，不是为个人造名的文学；是以博爱心为基础的文学，不是以好名心为基础的文学；是为文学而创作的文学，不是为文学本身以外的什么东西而创作的文学。"① 由此，文学的写实性愈加成为文学创作的主流。

文艺的发展是有惯性的，伴随着五四新文化运动的落潮，在此后的马克思主义文艺思想的接受中，知识分子继承着五四的衣钵，坚持从实用的角度来指导文学创作。从"问题小说"、乡土写实派小说以及自我小说，到随感录作家群、言志派散文群、新月诗人以至田汉的"新浪漫主义"戏剧都突出强调了文学对于生活的反映功能，即文学的社会属性。以文学为工具参与社会变革的高调倡导既源于中国知识分子与生俱来的"拯世救民"思想，也源于中国人强烈的实用理性特点。眼见着以马克思主义为指导的

---

① 《什么是新文学》（1919年12月8日），《李大钊文集》下，人民出版社1984年版，第164页。

苏联取得了翻天覆地的变革，中国知识分子逐渐由从日、俄两方面输入马克思主义文艺理论变为仅由俄国为媒介来接受马克思主义。这样，原本存在广泛解读空间的马克思主义文艺理论在经历过俄国革命和"北伐战争"的双重洗礼之后，被赋予更多的革命功利主义倾向。特别是如鲁迅所言，中国的"革命文学"是由于"政治环境突然改变，革命遭了挫折，阶级的分化非常显明；国民党以'清党'之名，大戮共产党及其革命群众"①，在这种"革命的挫折"②之下，许多被伤害的青年投身于以文学反抗国民党的文学运动中来，这一外部环境加速了中国文学由"文学革命"向"革命文学"的转型。另外，更主要的原因是文学的实用性质已经在读者心目中产生了或深或浅的影响。革命文学在其出现之前，已经"通过预告、公开的或隐蔽的信号、熟悉的特点或隐蔽地暗示，预先为读者提示一种特殊的接受。它唤醒以往阅读的记忆，将读者带入一种特定的情感态度中，随之开始唤起'中间或终结'的期待，于是这种期待便在阅读过程中根据这类本文的流派和风格的特殊规则被完整地保持下去，或被改变、重新定向，或讽刺地获得实现"③。于是，传统的叙事模式被披上了革命的外衣，出现在了"普罗文学"的舞台之上。突出表现为在"左翼小说"中的"革命+恋爱"模式便是传统小说中"才子佳人"模式的革命版演绎。而同时出现的关于无产阶级革命观的论争也可以看作革命功利主义与革命投机主义的一场较量。

鲁迅在《"醉眼"中的朦胧》中谈到在1928年的中国文坛，文学被各种各样的理论所"绑架"，不论是"创造派的革命文学家和无产阶级作家"

---

① 《上海文艺之一瞥》（1931年7月20日），《鲁迅全集》第四卷，人民文学出版社1981年版，第296—297页。
② 同上书，第297页。
③ ［德］H. R. 姚斯、［美］R. C. 霍拉勃：《接受美学与接受理论》，周宁、金元浦译，辽宁人民出版社1987年版，第29页。

"玩着'艺术的武器'",还是"非革命武学家"也玩起了"武器的艺术"①,都在强调,文艺发展要与革命、斗争相依傍。瞿秋白在1931年9月《文学导报》第五期上发表文章《大众文艺和反对帝国主义的斗争》,直接喊着"革命的文艺,向着大众去!"② 在这种鲜明的政治功利倾向指导下,文学为无产阶级服务、文学的阶级属性、文学的大众色彩以及文学作家的立场与世界观等主张,都理所当然地成了文学创作的主流话语。即便在随后的国统区文学和沦陷区文学中出现过以梁实秋、朱光潜为代表的新人文主义文艺观和胡风带有强烈主观色彩的现实主义文学观,都只能成为历史洪流中的一条条支流,已经不能扭转文学的政治功利倾向的蔓延。伴随着中国共产党在革命根据地政权的确立和毛泽东文艺思想在国统区的传播,政治性话语逐渐成为马克思主义文艺理论中国化最权威的解释。

最后,确立"无产阶级"政治与美学的"间性"价值。马克思曾这样来阐述自己的工作:"对当代的斗争和愿望作出当代的自我阐明(批判的哲学)。"③ 这种批判的哲学思想虽然首次明确出现在1843年马克思给阿尔诺德·卢格的信中,但是它早就深植于马克思的头脑之中。这种批判的思想一方面产生于马克思早期的家庭、社会生活;另一方面也被马克思不断地发展完善,以至于形成了他独特的"批判的批判"——"自我批判"。社会学家沃特斯曾言:"当自我能够把与自己发生互动的他人的意向整合进一套一般性的行为标准,当自我扮演一般化他人的角色的时候,自我就达到了发展的最高阶段。"④ 这里所指的"他人的意向"和"他人的角色"都是指

---

① 《"醉眼"中的朦胧》(1928年2月23日),《鲁迅全集》第四卷,人民文学出版社1981年版,第66页。
② 《大众文艺和反对帝国主义的斗争》,《瞿秋白文集·文学编》第三卷,人民文学出版社1989年版,第5页。
③ 《马克思致阿尔诺德·卢格》(1843年9月),《马克思恩格斯文集》第十卷,人民出版社2009年版,第10页。
④ [澳]马尔科姆·沃特斯:《现代社会学理论》,华夏出版社2000年版,第29页。

生存于社会这一网络中,研究学者们无时无刻不会接触到的旁人的意识和旁人的观念。

要想学会"整合"和"扮演"他人的思想和观念就必须是以笃信自我批判世界的眼光为前提。只有如此,才能找到新的突破口,发现问题并着手解决问题。但是,马克思却将这种批判的道路进一步延伸,因为他意识到了社会政治制度、经济制度、文化制度等诸多方面要想获得彻底的变革,必须从意识层面的变革入手。因为"意识的改革只在于使世界认清本身的意识,使它从对于自身的迷梦中惊醒过来,向它说明它自己的行动。"① 这里所谓的"迷梦",按照恩格斯的说法,是"他从纯粹的思维中——或者从他自己的思维中,或者从他的先辈的思维中引出的"②。对于这种"迷梦"的固守,不仅使人类失去了突破自我的能力,而且更失去了表达自我的能力。所以,马克思、恩格斯强调,所谓批判不仅是批判前人,更要不断地自我批判,批判存在于思维空间中一切既定的、虚假的意识,同时也根据客观事实的发展批判既成的理论,不断寻求理论的自我突破。"我们的口号必须是:意识改革不是靠教条,而是靠分析连自己都不清楚的神秘的意识,不管这种意识是以宗教的形式还是以政治的形式出现。那时就可以看出,世界早就在幻想一种只要它意识到便能真正掌握的东西了。那时就可以看出,问题不在于将过去和未来断然割开,而在于实现过去的思想。最后还会看到,人类不是在开始一项新的工作,而是在自觉地完成自己原来的工作。"③

这种批判的精神在以瞿秋白为代表的左翼文化批评中屡见不鲜。从传

---

① 《马克思致阿尔诺德·卢格》(1843年9月),《马克思恩格斯文集》第十卷,人民出版社2009年版,第9页。
② 《恩格斯致弗兰茨·梅林》(1893年7月14日),《马克思恩格斯文集》第十卷,人民出版社2009年版,第658页。
③ 《马克思致阿尔诺德·卢格》(1843年9月),《马克思恩格斯文集》第十卷,人民出版社2009年版,第9—10页。

统的研究成果看，左翼文学批评中文化政治性特点是显见的。不论是鲁迅主张的"改革最快的还是火与剑"①，还是郭沫若提出的"站在第四阶级说话的文艺"②，都强调文学批评的标准是政治手段和阶级立场的激进与鲜明。特别是大革命失败后的白色恐怖，强权的"禁锢"使得受压迫的文学批评家更为极端。他们用绝对化的阶级观念、军事化的思维方式完成由"文学革命"到"革命文学"的推进，同时强调，在代表不同阶级立场的文化对垒之中没有中间地带，即"我们现在处的是阶级单纯化、尖锐化的时代，不是此就是彼，左右的中间没有中道存在。"③ 这种将带有多元文化倾向的文学艺术创作陡然之间向单线性、一元化政治转型，不仅使得中国现代作家队伍迅速分化，也使得左翼文学队伍内部产生了不可逆转的裂变。

受此影响，政党文学、无产阶级文学中的美学存在研究成了左翼文学批评中的"潜"话语。因为在当时的时代语境之下，坚持党性和阶级性是普罗文学必须遵守的创作信条，而美学抑或人性是被归入自由主义作家或资产阶级作家的创作特征之列的。这样，政治与美学便成了并行不悖的明、暗两条话语系统。

其实，如果深究左翼文学的批评话语，我们会发现，政治与美学在左翼文学批评话语中并非永远并行发展。它们时而平行，时而交错。正如瞿秋白在《赤俄新文艺时代的第一燕》中所说的，无产阶级美文中"伟大的幻想"并不影响作品中"艺术的和谐"④。政治话语，即党派文学和无产阶级文学的话语与美学话语，即大众美学和崇高美学，这两者貌似各有所指，

---

① 《两地书·一〇》（1925 年 4 月 8 日），《鲁迅全集》第十一卷，人民文学出版社 1981 年版，第 39 页。

② 《文艺家的觉悟》（1926 年 5 月 1 日），《郭沫若全集·文学编》第十六卷，人民文学出版社 1989 年版，第 29 页。

③ 《留声机器的回音》（1928 年 3 月 15 日），《郭沫若全集·文学编》第十六卷，人民文学出版社 1989 年版，第 65 页。

④ 《赤俄新文艺时代的第一燕》（1924 年 6 月 10 日），《瞿秋白文集·文学编》第二卷，人民文学出版社 1986 年版，第 258 页。

其实相辅相成。党派文学中相对鲜明的精英特质会被大众美学中"民间化"的平民书写所"稀释",而崇高美学中英雄形象的塑造也会突出无产阶级文学里文化先进性的立意和旨归。所以,政治与美学的"间性"价值应该在无产阶级文学中表现得更为明显,而不是一定要极端地否定一方,肯定另一方。

3. 探索"到民间去"的大众文化发展之路

"到民间去"在五四新文化运动期间曾经风靡一时。当时的很多知识分子认为,只有"到民间去"才能解决劳工问题,妇女受教育等问题。但是,如何"到民间去"?"到民间去"之后需要做什么?这些问题在五四时期并没有解决。真正让文学"到民间去"是在20世纪30年代的中国左翼文学运动期间。在中国左翼作家群体中,瞿秋白首倡文艺要为人民大众服务,要表现工农群众的生活、思想和精神世界,要推动反帝反封建的民主主义革命运动。他一系列文艺"到民间去"的理论和主张推动了中国文学的大众化进程。

首先,精英特质的大众美学"民间化"。

瞿秋白曾经在《文艺的自由和文学家的不自由》中谈到,"事实上,著作家和批判家,有意的无意的反映着某一阶级的生活,因此,也就赞助着某一阶级的斗争"[①]。在这里,他指出貌似自由的文艺批评家其实是不自由的,因为在"有阶级的社会里,没有真正的实在的自由"[②],而要想获得自由,必须是在无产阶级的立场之下,"到民间去"。将精英意识放逐到民间化的语境之内,才能真正做到文艺的相对"自由"创作。受此影响,左翼文学批评强调文学创作的主旨由从主体反映出发的"镜像"观转为群体变革为宗的"斧子"观。这是将无产阶级知识分子的精英话语用既保有党派

---

① 《文艺的自由和文学家的不自由》(1932年10月),《瞿秋白文集·文学编》第三卷,人民文学出版社1989年版,第61页。

② 同上。

原则又体现大众美学特点的"间性"手段体现出来。

从"镜像"到"斧子",是由内而外的文学大众化转型。"镜像"是指文学从创作主体的内心出发,以心为"镜",投影外在的客观世界。这种"镜像"观在五四新文化运动中表现得尤其明显,如郁达夫的《沉沦》、庐隐的《海滨故人》等。但到了"后五四"时期,特别是左翼文学思潮泛起之时,从个体感官出发的抒情创作已经被打上"落伍"的标签,外加上政论性话语逐渐形成强势,所以,从实践出发,从改造社会环境出发是文学"外化"的重要转型。茅盾曾说,在革命白热化的时期,"文艺家的任务不仅在分析现实,描写现实",更要从分析中指示未来生活的发展方向。文艺家的"作品不仅是一面镜子——反映生活",更应该"是一把斧头——创造生活"。① 从这段话中可知,文学不再仅是反映社会生活,更是改造社会生活。同时,改造的武器不再是文字,而是"斧子",也就是从大众群体中去寻找力量源泉。由此,五四新文化运动中的"启蒙"话语,彻底让位于左翼文学思潮中的"革命"话语。

其次,崇高美学的无产阶级"典型化"。

左翼文学思潮中的美感是一种具有强力原型的战斗之美。它的强力原型一方面来自中国远古神话中的盘古、后羿等英雄人物;另一方面也来自在革命的浪潮中勇于牺牲的革命战士。正如沈雁冰在回忆五卅惨案中所记述的,"五月三十日,工人……从几路会合在南京路……都大喊'打倒帝国主义'。南京路老闸捕房的巡捕大批出动,逢人便打,有人受伤,但示威的群众却不退却……"② "在风沙扑面,狼虎成群的时候"③,左翼文学创作中

---

① 《我们所必须创造的文艺作品》(1932年4月22日),《茅盾文艺杂论集》上册,上海文艺出版社1981年版,第330页。
② 茅盾:《我走过的道路》上,人民文学出版社1997年版,第290页。
③ 《小品文的危机》(1933年10月1日),《鲁迅全集》第四卷,人民文学出版社1981年版,第575页。

涌现出一大批展现崇高理想的革命英雄形象,他们崇尚"力",讴歌"力"。但是由于早期的年轻左翼文学作家没有注意到力的表现应该从典型的环境出发,结合典型人物的性格特点层层推进,而只是一出场就将作品的情绪推置顶点,这使得创作仅令人振奋,却并不让人感动。茅盾说:"中国现在不乏咄咄逼人的作品,然而温醇的愈咀嚼愈有力的作品,还是少见。这原因也许是中国新文学到底还没脱离'青年时代'。"① 这种冲撞中稍显温情的创作理念,在当时引起众多争议。但也恰恰是由于他坚持了力与美之间的过渡特征,才使之后的左翼文学创作避免了过度"用力"的倾向。这就是一种"间性"的文学批评。

再次,五四白话的无产阶级大众化。

1930年5月,瞿秋白与苏联汉学家郭质生、尤果夫组成一个专门小组,对中国拉丁化字母方案继续进行研究。这项研究是对五四新文化的"白话文"运动的继承和发展。所谓继承,是指它延续了"中文西文化"等"白话文"的变革手段;所谓发展,是指在白话文运动中,它进一步强调"大众语"等现代口语的普及以及"国语"的标准化实行。从这一点上看,左翼文学的语言变革,是将"书面上的'白话'"转为"口头上的'白话'",由此更加切近群众的阅读水平。

在推行语言变革的过程中,茅盾提出,不需要太过看重语言文字的问题,因为"技术是主,文字是末"。也就是说,如果在怎样建设无产阶级文学上不加变革,"还象前几年的'革命文学',那就不能使大众感动,仍旧不是大众文学"。② 而瞿秋白和周扬则认为,"文学大众化首先就是要创造大

---

① 《力的表现》(1933年12月1日),《茅盾文艺杂论集》上集,上海文艺出版社1981年版,第405—406页。

② 《问题中的大众文艺》(1932年7月10日),《茅盾文艺杂论集》上集,上海文艺出版社1981年版,第342页。

众看得懂的作品,在这里'文字'就成了先决问题。"① 从这两种互相矛盾的观点深究下去,可以发现,"技术是主,文字是末"的争端,实际上是文学的描写手段和文字的表达手段之间的争端。

在文学的描写手段上,早期的中国共产党人强调将"民众",特别是"工人"和"农人"作为主要的描写对象,突出表现他们在社会革命中的思想变化。在文字的表达手段上,以瞿秋白为代表的左翼文学理论家强调建立切实符合人民群众语言习惯的现代白话语。瞿秋白曾经说过,"普洛大众文艺应当立刻实行,应当认真的解决一些现实的问题:第一,用什么话写。第二,写什么东西。第三,为着什么而写。第四,怎么样去写。第五,要干些什么。"② 在这五个问题中,文字的变革排在首位。之所以会出现这种排序,一方面是由于左翼文学时期旧文学的"封建余孽"在继续作祟,《学衡》《甲寅》等大大小小的复古潮流鼓吹"文言复兴";另一方面也是由于五四文学革命所建设的"白话",尽是一些"非驴非马的新式白话",真正的大众语在经过十几年的变革之后,并没有产生实质性的变化。在瞿秋白看来,由于白话文变革的停滞不前,造成五四遗产中的"活文言"和"死白话"依旧盛行,知识分子的精英意识不能受到平民化改造,大众的声音不能进入知识分子的思想体系之中。所以,语言的"群众化"变革势在必行。

这种技术变革为先还是文字变革为先的分歧,在左翼文学内部存在了很长一段时间。直到无产阶级文化革命由高潮转入低潮,由热情呼吁转为冷静沉思之后,兼顾技术与文字的表达"间性"观点应运而生。如茅盾认为,"大众文艺既是文艺,所以在读得出听得懂的起码条件而外,还有一个

---

① 《关于文学大众化》(1932年7月),《周扬文集》第一卷,人民文学出版社1984年版,第26页。
② 《普洛大众文艺的现实问题》(1931年10月25日),《瞿秋白文集·文学编》第一卷,人民文学出版社1985年版,第464页。

主要条件,就是必须能够使听者或读者感动。"① 鲁迅也支持这种说法,他指出:"读者也应当有相当的程度。首先是识字,其次是有普遍的大体的知识,而思想和情感,也须大抵达到相当的水平线。否则,和文艺即不能发生关系。"② 这两段话都在试图消解"技术"与"文字"之间的壁垒。在鲁迅看来,"技术"的表现是要立足在特定大众群体的接受视域之内,而"文字"的表达是要立足在汉字拉丁化方案的基础上,推进中国语言中文与言的合理发展。这实际上是对五四文学革命的变相的继承和发展,只不过他没有使用特别尖锐的"左"倾话语而已。

而瞿秋白不仅致力于将五四新文化运动中带有知识分子精英意识的半文半白的语言大众化,更进一步指出,无产阶级文艺不仅要感动大众,更需要感化大众,甚至需要进一步转变身份——文艺不再是"闲谈杂记",是参与社会变革、改变人的精神世界的重要工具和武器。

这一思想集中体现在瞿秋白晚年的文艺思想之中。在1932年11月瞿秋白的一篇题为《非政治主义》的论文中,他指出:"每一个文学家其实都是政治家。艺术——不论是那一个时代,不论是那一个阶级,不论是那一个派别的——都是意识形态的得力的武器,它反映着现实,同时影响着现实。客观上,某一个阶级的艺术,必定是在组织着自己的情绪,自己的意志,而表现一定的宇宙观和社会观;这个阶级,经过艺术去影响它所领导的阶级(或者,它所要想领导的阶级),并且去捣乱它所反对的阶级。问题只在于艺术和政治之间的联系的方式:有些阶级利于把这种联系隐蔽起来,有些阶级却是相反的。"③

---

① 《问题中的大众文艺》(1932年7月10日),《茅盾文艺杂论集》上集,上海文艺出版社1981年版,第335页。
② 《文艺的大众化》(1930年3月1日),《鲁迅全集》第七卷,人民文学出版社1981年版,第349页。
③ 《非政治主义》(1932年11月),《瞿秋白选集》,人民出版社1985年版,第520页。

瞿秋白指出，当时的艺术家对于艺术的工具论持两种态度："有些艺术家是有意的去做这种手段的工具，有些却是无意的。"①"无意之中做政治手段的工具，做维持剥削制度的工具，这在一般小资产阶级的文学家、艺术家，是常有的事。"② 实际上，瞿秋白非常明确地指出，这些小资产阶级的文学家、艺术家并非没有意识到文艺的政治工具属性，只是，他们不愿意当众承认。正如瞿秋白之前在《文艺的自由和文学家的不自由》中所说的："每一个文学家，不论他们有意的，无意的，不论他是在动笔，或者是沉默着，他始终是某一阶级的意识形态的代表。在这天罗地网的阶级社会里，你逃不到什么地方去，也就做不成什么'第三种人'。"③所以瞿秋白要揭穿这种事实，"无非是要他们自己清醒一下，谨慎一些，认真的挑选自己的道路：究竟同着群众走，还是同着统治阶级走。他们之中有些回头过来，有些一直往死路上走，这是他们的自由，谁也干涉不了"。④

瞿秋白指出："无论什么阶级都在拥护自己的利益。但是，并不是个个阶级都利于公开的承认这个事实。甚至于需要自己骗骗自己。自己的利益和大多数群众冲突的阶级，总在竭力找寻一些假面具。而艺术对于他们往往是很有用的武器，他们正需要能够掩蔽自己的政治手段的艺术。这就是那种'精密的战术'了。"⑤而无产阶级不避讳自己使用文艺作为进攻的"武器"。"现代的人类的领袖阶级——无产阶级，国际的和中国的工人阶级却是绝对不同的，他们的目的不能够不是完全消灭剥削制度，他们不怕承认自己的意识形态是阶级性的，是党派性的。他们要创造新的艺术，他们的艺术要公开的号召斗争，要揭穿一切种种的假面具，要提出自己的理想

---

① 《非政治主义》（1932年11月），《瞿秋白选集》，人民出版社1985年版，第521页。
② 同上。
③ 《文艺的自由和文学家的不自由》（1932年7月），《瞿秋白选集》，人民出版社1985年版，第515页。
④ 《非政治主义》（1932年11月），《瞿秋白选集》，人民出版社1985年版，第521页。
⑤ 同上书，第521—522页。

和目的;他们要不怕现实,要认识现实,要用强大的艺术力量去反映现实,同时要知道这都是为着改造现实的。资产阶级的作家,惯于偷偷摸摸的灌输资产阶级的'目的意识',而表面上戴着雪白的'纯艺术'的假面具;他们冷笑着指摘无产阶级的作家,说:'政治家,政治家,你算得什么艺术家呵!你的艺术是目的意识的!'"①

瞿秋白认为:"自然,有些艺术家主观上甚至于是革命的,但是,他们还没有了解这种理论和倾向的内容。他们也许只看见文学技术方面的问题,他们也许相信定命主义的社会发展。他们以为只要客观的描写出社会的现象,艺术家的任务就完结了。至于社会的发展,那自然而然是光明的势力将要占优胜的,艺术家何必有什么'目的意识'呢!自然,单有革命的'目的意识'是不能够写出革命的文学的,还必须有艺术的力量。然而运用艺术的力量,又必须要有一定的宇宙观和社会观。如果宇宙观和社会观是资产阶级的,那么,那所谓"客观的描写",所谓"艺术的价值"就将要间接的替现存制度服务。同样,那种替"纯艺术"辩护的态度,恰好被反动阶级所利用。"②单有革命的"目的意识"是不能够写出革命的文学的,还必须有艺术的力量。然而运用艺术的力量,又必须要有一定的宇宙观和社会观。

最后,无产阶级文化宣传的自我净化。

1933年8月7日,瞿秋白在中共中央机关刊物《斗争》第五十期发表文章,对无产阶级文化宣传工作提出自己的几点看法。这几点看法,是马克思主义新闻观的雏形,对日后党报、党刊加强无产阶级文化宣传发挥了重要的作用。

一是强调了党刊要参与到党的建设中来,发挥舆论媒体的监督作用。"《红色中华》在最后二十几期已经声明改组为苏维埃临时中央政府、苏区

---

① 《非政治主义》(1932年11月),《瞿秋白选集》,人民出版社1985年版,第522页。
② 同上书,第523页。

党的中央局和全国总工会的中央局的联合机关报,但是,报上所反映的党部在一切政策和群众之中的领导作用是非常之模糊的。'党的建设'——各级党部的情形,各级党部在苏维埃地方政府中的作用,各级党部的发展,各级党部的优点和缺点等,必须反映在这个报纸上。照现在的几期看来,都只有'苏维埃建设',而没有'党的建设'。同样,工会的作用更看不见。"①

二是党报、党刊的报道要详细、具体,同时要给予正确的舆论引导。瞿秋白指出,在这个报纸上,对苏区的工作有一些"自我批评"的声音。这种"自我批评"已经是"有相当的发展"了,但是,还不够。瞿秋白认为:"一些坏的现象倒是具体的指出来的(这当然很好),而群众的积极性,各种伟大的运动,总之,苏区一般的社会改革,从政治经济的大问题直到种种人情风俗、日常生活上的问题,却只有笼统的叙述。往往可以读到这样的通信,说某某乡、区春耕运动'胜利了','田野都是一片绿色',而没有具体的描写,没有'有名有姓的'叙述。这是应当改正的。关于优点和胜利的记载要更具体些。再则'铁锤'栏暴露一切坏现象和缺点的时候,往往不提起党的纠正政策,例如读到'乡苏维埃主席剥削民众'的标题之后,找不到当地党部对于这个主席怎样处置的消息。"②

三是党报、党刊的社论和一般论文要加强指导作用,反对命令主义的倾向。《红色中华》报上对于有些问题的解决,"往往是机械的,至少,说服的性质太缺乏些"。③ 对于婚姻问题、红军家属耕田的问题,《红色中华》报上的文章缺乏指导性的解释文字,而用强迫性的手段来解决问题,容易滋长官僚主义的不良风气。瞿秋白认为,《红色中华》报需要以中央机关报

---

① 《关于〈红色中华〉报的意见》(1933年8月),《瞿秋白选集》,人民出版社1985年版,第564—565页。
② 同上书,第565页。
③ 同上书,第566页。

的名义直接向一般民众说明某种政策的意义和具体的方法。

四是要丰富党报、党刊的内容，浅显易懂，吸引更多的读者。"我们以为工农兵通信运动对于这中央机关报以及一切军营、城市、作坊的小报，可以有很大的帮助，可使苏维埃的新闻事业发展到更高的一个阶段。第一是特约通信（现在已经有一点，然而看来是偶然的外来的投稿，不是《红色中华》自己去组织的），这可以用报馆特派记者到各个重要战线，各个重要的区域，但是这还不是工农兵通信运动的本身。第二是要组织每个地方，每个战线的工农兵通信协会，帮助能够开始写些通信（关于当地的事实和批评的通信）的士兵、贫农、工人组织起来，有系统的'发稿'给各种小报、壁报，而《红色中华》可以利用这些稿子，加以编纂而使得自己的新闻栏更加丰富起来。"① "除《红色中华》之外，还应当由中央局出版一种《工农报》（像联共中央的《工人报》和《贫农报》），就是真正通俗的、可以普及能够勉强读得懂最浅近文字的读者群众的。"②

今天回顾瞿秋白的新民主主义文化理论，可以发现，瞿秋白从唯物史观探寻"文化"的科学内涵；从"反帝反封建"的民族任务确立文化的功利性特点；从"语言大众化"角度拉近精英文化与大众文化的距离。这些努力与毛泽东在《新民主主义论》中提出的"民族的科学的大众的文化"③非常贴合。可知，瞿秋白的新民主主义文化探索对毛泽东的新民主主义文化理论的形成影响重大，对今天有中国特色社会主义文化建设的影响也同样深远。

---

① 《关于〈红色中华〉报的意见》（1933年8月），《瞿秋白选集》，人民出版社1985年版，第566—567页。
② 同上书，第567页。
③ 《新民主主义论》（1940年1月），《毛泽东选集》第二卷，人民出版社1991年版，第708页。

第五章 瞿秋白马克思主义中国化早期探索的贡献和历史局限性

历史本身就是复杂的。对历史的简单图解无助于人民寻找社会演变的真谛，更不可能谈及掌握和驾驭的问题了。尤其是对于近现代的中国而言，中国的一切都与纷繁复杂的世界密切相连。有人说，林则徐是第一位"睁开眼睛看世界"的中国人。那么，他所看见的世界肯定是中国在突然被人为打破封闭的大门之后，迎面而来的强烈的历史落差，以及所带来的无尽的屈辱与伤痛。这种屈辱与伤痛伴随着中国近现代知识分子的成长脚步，每一步都留下了深刻的烙印。在20世纪的大多数时间，这种"创伤性"记忆深深折磨着每一个有良知的中国人。为了迅速治愈这种伤痛，中国无产阶级进步知识分子纷纷寻求"救亡图存"之路。瞿秋白就是其中的典型代表之一。他五百多万字的文稿"再现"了早期中国共产党人立足于中国实际，接受马克思主义、探索马克思主义与中国"土地革命"相结合的历程；也全方位呈现了一个深受传统文化影响的旧式知识分子对马克思主义理论从认识到了解，以致试图掌握的"心路历程"。今天重新梳理和品味这些珍贵的文稿，笔者发现，瞿秋白对马克思主义中国化的早期探索"起"于传播，"成"于应用，"终"于文化建设。这是一条较为科学的研究马克思主义中国化的路径，它对于我们继续推进马克思主义中国化的发展具有重要启示。

　　当然，瞿秋白"同许多革命先行者一样"，他的思想主张"有着历史的、时代的局限甚至缺陷与不足"①。比如，他在20世纪20年代提出了中国革命可以和世界革命"合流直达社会主义"的思想；在1927年"八七"会议后，虽然提出避免盲目的"武装暴动"②，可以采用游击战争的形式，但是依然不放弃"城市中心论"的主张，强调"暴动的城市"是"自发的农民暴动的中心及指导者"③；对民族资产阶级的分析有时也受到来自共产国际的"左"的影响；在文艺创造中虽然他提出过辩证唯物主义的创作方法，但是在个别的文艺批评文章中时常显现过于偏激的话语；甚至在他后来某些被指责为所谓右倾的文章，实际上不乏当时"左"倾思想的影响。之所以出现这些错误，一方面是由于中国共产党当时尚在幼年，缺少经验，在极为复杂困难的情况下对当时的形势和革命的规律认识得不够清楚；另一方面也是由于中国共产党自身理论体系不健全，缺乏自主判断革命形势的自信力，盲目遵从共产国际的指示，造成了中国共产党在六大之前决策的一系列失误，给中国革命带来重大损失。

　　所以对于瞿秋白在这个时期提出的很多见解和主张，作为今天的研究者必须一分为二地看待，审慎、理性地分析和研究。只有这样，才能更好地还原历史现场，了解早期中国共产党人在探索革命道路过程中付出的艰辛努力，才能更好地理解他们所应承受的历史责任，才能更好地明晓所应给予他们的相对公正的评判。

---

　　① 《中共中央隆重召开座谈会　纪念瞿秋白诞辰一百周年》，《人民日报》1999年1月30日。
　　② 《中国现状与共产党的任务决议案》（1927年11月），《瞿秋白文集·政治理论编》第五卷，人民出版社1995年版，第95页。
　　③ 同上书，第96页。

一 瞿秋白马克思主义中国化早期探索的贡献

1. 马克思主义的传播推动了马克思主义中国化的进程

马克思主义传播史与马克思主义中国化史密切相关。在中国革命史上，很多颇有成就的马克思主义中国化的践行者同时也是马克思主义在中国的传播者。从李大钊到张太雷，他们根据中国革命的需要，先后在《新青年》《向导》等刊物上，翻译和介绍了马克思主义理论著作，为马克思主义在中国的传播做出了贡献；从瞿秋白到毛泽东，他们不仅传播马克思主义理论，也身兼中国无产阶级革命的参与者和领导者身份，结合中国的国情，探索马克思主义理论在中国的实际应用问题，推动了马克思主义中国化的发展。

在这些马克思主义传播者中，瞿秋白的传播具有里程碑式的价值和意义。他以苏俄马克思主义哲学为思想来源，以中国的现代化为主题，创造了辩证唯物主义的中国形式、中国内容和中国原则，为中国马克思主义哲学的创造奠定了理论基础；他以苏俄社会主义经济建设、文化建设为现实模板，以中国的辩证唯物主义理论分析中国革命的问题，论证了中国社会主义革命的必然性和可能性，研究了中国无产阶级革命的特点和中国社会变革的特殊道路，揭示了中国新民主主义理论的经验基础，真正实现了由马克思主义"在"中国转变为马克思主义"化"中国，并为马克思主义中国"化"提供了理论和现实的可能。

除了传播之外，瞿秋白还在革命实践中发展了马克思主义理论。这种发展表现在两个方面：其一，通过与各种各样敌对思想、错误观点的斗争，厘清了马克思主义的逻辑脉络，揭示了马克思主义与中国革命的"结合点"，积累了马克思主义中国化的前期实践经验；其二，通过创办大学、编写教材、从事教学工作，在广大青年学生中开展马克思主义的宣传教育工作，进一步推动了马克思主义大众化的发展，扩大了马克思主义理论对中国革命产生影响的"辐射"范围。尽管随着时代的变迁，以瞿秋白为代表的五四新文化运动后的马克思主义传播者们对马克思及马克思主义的传播已经打上了鲜明的历史印记，甚至今天看来，有或多或少的错误或瑕疵，已为"后来者"的传播所超越，但他们在马克思主义传播史上拥有不可替代的历史地位。美国学者菲利普·巴格比在其《文化：历史的投影——比较文明研究》一书中指出："思想运动一般是不会突然出现的，如果勤勉探索，我们无疑会发现这种观念早期的踪迹。"①以瞿秋白为代表的五四新文化运动之后成长起来的马克思主义传播者，通过共同的努力，一方面，促进了马克思主义在中国的广泛研究，提高了中国马克思主义者的理论水平，为马克思主义理论的进一步传播奠定了良好的基础；另一方面，也在一定程度上造就了新一批的马克思主义者，扩大了马克思主义者的队伍，为马克思主义中国化提供了重要的人力、智力保障。所以，从一定意义上讲，马克思主义的传播史对马克思主义中国化史的形成和发展影响巨大。特别是在今天社会主义现代化建设的时代背景下，加强马克思主义的传播成了推动马克思主义中国化历史进程的重要一环。

尽管今天看来，早期马克思主义在中国的传播存在许多"误读"或者"教条化""公式化"问题，在一段时间内使马克思主义在中国的发展陷入以苏联解读为蓝本，以苏联经验为摹本的困境之中。但是，随着"马克思主义中国化"这一命题的提出，中国话语权下的马克思主义理论解读逐渐成为马克思主义在中国传播的重要发展趋势。特别是20世纪80年代，在改革开放的时代洪流下，"后来"的中国马克思主义传播者，不仅站在历史的潮头上尖锐批判"冷战"时期苏联话语权下的马克思主义理论，而且站在

---

① ［美］菲利普·巴格比：《文化：历史的投影——比较文明研究》，夏克等译，上海人民出版社1987年版，第13页。

中国的角度上广泛吸纳西方马克思主义的最新话语。从葛兰西、卢卡奇到马尔库塞、本雅明，从弗罗姆、萨特到阿尔都塞、詹姆逊，西方马克思主义自20世纪20年代至90年代，70多年的理论成果都被全盘介绍到中国来，形成了蔚为壮观的新"马克思"热。应该说，这些"后来"的马克思主义传播者掀起了继五四新文化运动后第二次马克思主义传播热潮，推动了马克思主义中国化的发展进程，使马克思主义的传播真正助力于今天的中国化马克思主义理论成果的形成和发展。

通过回顾马克思主义在中国的传播，特别是研究瞿秋白对马克思主义的接受和传播历程，我们要清醒地意识到，在价值多元化的今天，传播马克思主义必须要做到：

首先，要科学、理性地接受马克思主义的世界观。瞿秋白早在1926年就明确提出："马克思主义是整个儿的宇宙观。"①"马克思主义是对于宇宙、自然界、人类社会之统一的观点，统一的方法。"② 中国的马克思主义传播者作为将马克思主义从西方介绍到中国的"第一"经手人，他们的马克思主义世界观是否确立，至关重要。要真正掌握马克思主义认识世界和改造世界的方法，从哲学层面形成对马克思主义的全新认识，才能保证对马克思主义的解读"原汁原味"。

在瞿秋白接受马克思主义，并自觉成为马克思主义在中国的传播者的过程中，他始终坚持以科学、理性的态度将马克思主义介绍到中国，同时也有意识地以马克思主义为武器论述中国近现代社会。可以说，他不仅是20世纪20年代马克思主义理论界承上启下的马克思主义哲学家、文艺理论家，更是一位承上启下的马克思主义政治理论家。他是关于近现代中国社

---

① 《马克思主义之意义》（1926年初），《瞿秋白文集·政治理论编》第四卷，人民出版社1993年版，第18页。

② 同上。

会的性质和中国革命的性质、"民主革命中无产阶级的领导权，农民运动，武装斗争"、中国共产党的建设等中国新民主主义革命理论的主要开拓者、奠基者。①

其次，要不断扩展马克思主义传播者的接受视域。从传统的马克思主义理论到西方的马克思主义理论，从经典的马克思主义论断到不断丰富和发展的马克思主义理论体系，这些都要引进到中国来。瞿秋白在介绍列宁主义的时候，摒弃了斯大林将列宁主义神圣化的语言，强调：马克思主义是"无产阶级革命前的，工业资本主义时代的社会革命思想之大纲"，而"列宁主义呢，便是无产阶级革命时的帝国主义时代的马克思主义"，是"执行无产阶级革命的实践的原理"②。可见，瞿秋白一直强调要从具体的革命实际出发，全面分析各个时代马克思主义理论发展的内容、特点和趋势，有选择地吸收马克思主义的基本原理和方法，只有如此，才是符合中国实际的马克思主义传播。

再次，要不断扩大传播马克思主义的渠道。打破主流媒体的权威壁垒，渗透到网络等多媒体传播平台之上，让马克思主义的鲜活生命力在群众的土壤上得以保持和延续。在瞿秋白传播马克思主义的过程中，他不仅在主流媒体上翻译马克思主义理论文章，如《新青年》《向导》《热血》《布尔塞维克》等刊物，而且将马克思主义理论编入大学教材，在青年学生的"聚集地"全面、系统地介绍马克思主义，宣传马克思主义。他不仅在学校传播马克思主义，也在各种媒体上参与论争，从舆论上提高马克思主义在社会上的认知程度。这种主动"进攻"的传播策略在今天价值多元化的信息时代同样适用。今天的马克思主义声音，不应该仅限于主流媒体范围内

---

① 《中国共产党历史》上卷，人民出版社1991年版，第94、139、175、177页。
② 《列宁主义概说——改译施达林著之〈列宁与列宁主义〉里的一部》（1925年2月），《瞿秋白文集·政治理论编》第三卷，人民出版社1989年版，第24页。

的"自娱自乐",还要参与到各种新兴媒体的舆论声音之中,从而潜移默化地影响更多、更年轻一代人的思维方式和精神世界,保证马克思主义在当下不陷入大众"失语"或网络"失语"的困境之中,从而获得更多人的关注和认知,形成全民的"马克思"热。

最后,要不断研究传播马克思主义的方法。将马克思主义的理论、主张通过与人民群众能够读懂的语言传达到基层,传播到群众的心里。马克思主义理论从五四时期传入中国以来,由于传播主体是知识分子,造成传播语言的"精英化"痕迹明显。通过"后五四"时期"大众语"的改良,精英话语逐渐被替代。到了毛泽东时期,马克思主义的理论语言愈加生活化、日常化,拉近了人们与马克思主义理论之间的距离。瞿秋白作为在"后五四"时期参与马克思主义译介的重要代表人之一,他在译介马克思主义的过程中也综合使用了多种译介手段。瞿秋白主要运用了研讨式译介、普及式译介、跟进式译介和审美式译介四种方式,全方位传播马克思主义。

研讨式译介是指将马克思主义与资产阶级人道主义、民主主义等思想在对比辨析中进行的翻译和推介;普及式译介是指对历史唯物主义和辩证唯物主义的"大众化"译介;跟进式译介是指针对无产阶级革命运动中诸多有关革命道路和方案的论争,用马克思主义的观点参与辨析;审美式译介是指在坚持无产阶级文学的工具性、党派性和阶级性的基础之上,用美学的眼光重新诠释马克思主义的理论价值。

这四种译介方式被瞿秋白综合运用在不同的传播马克思主义的平台和渠道上,针对不同的传播群体,采用不同的译介方式,收到了良好的传播效果。这一点对于今天的马克思主义传播者非常受用。研究接受者的文化基础和审美趣味,研究接受者最需要解决的人生问题,有针对性地向其介绍和传播马克思主义,真正为其所接受,才是有效的传播,才能真正将马克思主义从历史的框架下、从教科书的公式里"解放"出来,还其本来面目。

马克思主义在当下的传播不再仅是学院派的理论传播，而应该是进一步的大众化传播。所以，研究瞿秋白的传播经验，提高中国马克思主义传播者的理论高度、拓展马克思主义的传播渠道、丰富马克思主义的传播方式和改进马克思主义的传播语言，才能真正推动马克思主义在中国的发展，推动中国化马克思主义理论成果的形成，最终促成中国化的马克思主义理论体系的形成和发展。

2. 无产阶级的实践丰富了马克思主义中国化的内容

马克思主义理论作为无产阶级的指导思想，它的理论创新源于无产阶级的创造性实践。在马克思主义中国化的每一个历史阶段，中国共产党的每一代领导人都在从中国具体国情出发，运用马克思主义理论解决中国生存和发展的问题，并且通过不断地实践，验证马克思主义的基本原理，丰富马克思主义的理论宝库。他们的一切实践都是围绕着"是什么""为什么"和"怎么做"三个问题展开的。

瞿秋白作为马克思主义政治理论家，一方面坚持"革命的理论永不能和革命的实践相离"[①]，"马克思列宁主义的理论问题——理论、主义的问题，当然不能离开实践"；另一方面坚持中国的马克思主义者必须在"应用革命理论于革命实践"的过程中，要注意研究"中国国情"，"断不可一日或缓"[②]。前者强调马克思主义中国化的实践性特点；后者强调马克思主义中国化的民族性特点。应该说，这两个方面的论述体现了当时中国马克思主义者对马克思主义的认识水平，代表了当时中国马克思主义者的理论高度。

首先，瞿秋白强调了马克思主义中国"化"，即实践性特点。瞿秋白非

---

① 《〈瞿秋白论文集〉自序》（1927年2月17日），《瞿秋白文集·政治理论编》第四卷，人民出版社1993年版，第414页。

② 同上书，第415页。

常注重从实践角度来论证任何一种理论的价值和存在意义。早在1922年他在莫斯科报道苏俄社会革命与建设中,就非常注重理论与现实的紧密结合。他强调,任何一种理论在应用于现实的过程中时,要稳扎稳打,讲究应用的策略和进度。在报道俄共第十次代表大会列宁提议并通过的新经济政策的决议时,瞿秋白没有受当时西方某些资产阶级报刊故意歪曲污蔑苏俄共产党的言论所影响,而是全面研究分析了苏俄经济政策上的转变以及实现的重要意义。他用大量事实报道了苏俄工人、农民在列宁和共产党的领导下,恢复生产,发展国民经济的工作情景,并颇有预见性地提出:"十月革命,在人类文化上,在俄国劳动者的利益上之真价值,一天一天明显出来。"① 一方面瞿秋白理性地提出,苏俄在社会主义建设过程中遇见的诸多问题和困难;但另一方面也指出,"共产主义是'理想',实行共产主义的是'人',是'人间的',他们所以不免有流弊,也是自然不可免的现象","哪能一跳便入天堂"②。于是他提出,俄国共产党一定要抱有高度的警惕性,坚定不移地去实行将理想付之于现实的努力。他坚信,"共产党人办事热心努力,其中有能力有觉悟的领袖,那忠于所事的态度",足以成就他们的理想。③ 正是因为有了这种态度和热情,瞿秋白认为,共产主义"从此不能仍旧是社会主义丛书里的一个目录了。……这一层中国人应当用一用心,俄国革命史是一部很好的参考书呵!"④

瞿秋白这种从实践角度来联结理论与现实的观点,在他之后对唯物辩证法的介绍中得到了理论层面更好的提升,对他日后投身于革命运动也产生了重要影响。从1923年瞿秋白归国参加革命活动开始,他经常应用列宁

---

① 《知识阶级与劳农国家》(1922年6月27日、7月3日),《瞿秋白文集·政治理论编》第一卷,人民出版社1987年版,第363页。
② 《共产主义之人间化—第十次全俄共产党大会》(1921年3月31日—4月15日),《瞿秋白文集·政治理论编》第一卷,人民出版社1987年版,第194页。
③ 同上书,第227页。
④ 同上书,第229—230页。

的名言,"自然……与其写革命,毋宁做革命。"他用了极大的精力从书斋中走出来,从讲坛上对马克思主义理论特别是哲学理论的讲授中抽离出来,投身到无产阶级革命运动之中,用自己的身体力行来"做革命",以印证马克思主义理论的科学性。在瞿秋白自己编撰的《瞿秋白论文集》中,他提出,之所以要将自己的著述编辑成册,"目的是在于呈显中国的马克思主义者应用革命理论于革命实践上的成绩,并且理出一个相当的系统,使读者易于找着我的思想的线索"。①他强调,这些思想不是个人的思想,而是"集体的(Collective)工作",然而"我确是这一集体中的一个个体,整理我的思想,批评我的思想,亦许对于中国革命的实践不为无益。况且集体的革命工作之意义,正在于其自我批评的发展;而集体的革命思想之形成,亦正在于其各个个体之间的切磋。"②于是,他要将自己的思想呈现出来,以推动中国革命的发展,而不能"藏之名山,传诸其人"。虽然,瞿秋白当时对马克思主义理论的借鉴、模仿的痕迹略胜于创造性的应用,基本上处于以苏俄式马克思主义为教科书的传播心态之下,但是,只要有实践的意识,就为日后摆脱教科书的影响打下了基础。

其次,瞿秋白强调马克思主义"中国"化,即本土性特点的论述。所谓本土性特点,是指瞿秋白注重从中国具体国情出发,用马克思主义的方法论研究中国的社会性质、阶级成分、革命的策略和手段等问题。《〈瞿秋白论文集〉自序》中,瞿秋白指出,马克思主义的书籍不是"书斋里的装饰品",更不是"明窗净几闭户著书的余暇"时闲来无事翻看的,而是在"革命潮流汹涌的时机"③用来作为观察和解决中国问题的思想武器。他认为,不能把马克思主义当作教条,而是要作为行动的指南。"马克思主义的

---

① 《〈瞿秋白论文集〉自序》(1927年2月17日),《瞿秋白文集·政治理论编》第四卷,人民出版社1993年版,第415页。
② 同上。
③ 同上书,第416页。

应用于中国国情,自然要观察中国社会的发展,政治上的统治阶级,经济状况中的资本主义的趋势,以及中国革命史上的策略战术问题。"① 针对自五卅运动以来,中国无产阶级革命中出现的新的问题,瞿秋白指出,现在尤其重要的是要研究"国民革命中无产阶级之责任;五卅以前无产阶级应当参加国民革命,准备取得其领袖权,认定国民革命的目的,是在于建立革命平民的民权独裁制……五卅以后,无产阶级领袖国民革命的问题,更加成了实际斗争的现实问题……"② 正是依凭较为扎实的马克思主义理论功底和对革命发展趋向敏锐的洞察力,使瞿秋白在中共五大上散发了《中共革命中之争论问题》,及时纠正了陈独秀的右倾机会主义错误,解决了中国革命的必然性问题,中国革命的党纲与政纲问题,中国革命之战术问题、策略问题,以及中国共产党党内的问题。虽然在这个76000字的小册子中,瞿秋白没有明确表示反对陈独秀,仅点了紧紧跟随陈独秀的彭述之的名字,但却系统总结了几年来他与陈独秀思想路线的斗争,指出:"中国自辛亥以来,一直是在革命状态之中,中国革命是中国无产阶级率领农民的中国'民族',革那官僚买办地主阶级的命,亦就是世界无产阶级领导着中国无产阶级革那世界资产阶级的命;中国革命只有无产阶级能领导到胜利的道路上去;无产阶级应当首先联合工匠、农民、兵士的小资产阶级,领着一般的城市小资产阶级,反对那妥协卖民的民族资产阶级,以此正确的策略日益组织团结更广泛的群众——这样去领袖中国的革命。"③ 在这些问题上,瞿秋白认为,以陈独秀、彭述之以及共产国际代表维经斯基为代表的党中央在当时犯了右倾妥协的错误。由此,瞿秋白从马克思列宁主义的宣传家、

---

① 《〈瞿秋白论文集〉自序》(1927年2月17日),《瞿秋白文集·政治理论编》第四卷,人民出版社1993年版,第416页。
② 同上。
③ 《中国革命中之争论问题 第三国际还是第零国际?—中国革命中之孟雪维克主义》(1927年2月),《瞿秋白文集·政治理论编》第四卷,人民出版社1993年版,第527—528页。

共产国际代表的助手转变为中国无产阶级革命家。虽然在他的这个小册子中，也存在错误观点，比如对民族资产阶级的评价等，但是他能够从中国革命的阶段问题出发，特别是能从中国共产党党内的问题出发来探讨中国无产阶级革命的策略和发展方向，是将立足本土革命发展的现实应用马克思主义理论的有益尝试。

从上述两个方面的分析可知，瞿秋白的马克思主义中国化思想主要是从"化"中国，即"理论与实践相结合"和"中国"化，即"应用马克思主义理论于中国"这两个方面展开论述。他并没有形成如我们今天所说的马克思主义中国化思想的全貌，甚至有的时候模仿苏俄的痕迹略重，但是这并不影响他把它作为马克思主义中国化理论形成的雏形。毕竟对于刚刚成立不久的中国共产党而言，想要有充分的理论自信是需要一段时间培养的，特别是革命的"血与火"考验的。1941年7月，刘少奇曾与孙冶方讨论过建党初期理论建设的状况。他认为，与俄国布尔什维克党相比，中国共产党在组织能力和奋斗精神方面并不差，"然而，中国党有一极大的弱点，这个弱点就是党在思想上的准备、理论上的修养是不够的，是比较幼稚的"。他还具体分析了造成理论准备不足的三个方面原因。[①] 可见，在这个时期走上革命道路的瞿秋白还不具备足够的自信，当然革命的紧迫性也没有提供给他充裕的时间去考量将马克思主义从苏俄"拿来"之后，如何更好应用的问题。

今天来看，瞿秋白在20世纪20年代探索应用马克思主义于中国的实践历程，就是要回答中国的无产阶级革命"是什么""为什么"以及"怎么做"的问题。由此进一步展开，在新民主主义革命时期，中国的马克思主义者运用马克思主义理论分析中国的国情、经济状况和阶级成分，认清了中国社会和革命的性质，从实践中摸索出来农村包围城市的革命道路，摆

---

① 《刘少奇选集》上卷，人民出版社1981年版，第220页。

脱了教条式马克思主义的束缚，纠正了将共产国际的决议和苏联社会主义革命经验神圣化的不良倾向，确立了毛泽东思想在中国革命中的重要地位。在新中国成立之后，中国的马克思主义者要回答中国的社会主义建设"是什么""为什么"以及"怎么做"的问题。中国共产党坚持独立自主、自力更生的基本原则，大力推进社会主义经济的转型；在改革开放之初，从思想、政治、组织路线上全面拨乱反正，批判了"两个凡是"的错误方针，果断停止了"以阶级斗争为纲"的口号，把工作重心转移到社会主义现代化建设上来，开始了马克思主义中国化的新历程。"一个中心、两个基本点"的基本路线，"南方讲话"的精神指引，明确了中国特色社会主义理论的基本内涵。在改革进入新的千年，"三个代表"重要思想和科学发展观进一步回答了社会主义是什么、怎么发展社会主义的问题。可以说，重实践的中国马克思主义者们时刻没有忘记，真正的马克思主义者应该是能够天才地回答"人类先进思想已经提出的种种问题"①。

党的十八大以来，随着改革进入"深水区"，以习近平同志为总书记的党中央从坚持和发展中国特色社会主义全局出发，提出并形成了全面建成小康社会、全面深化改革、全面依法治国、全面从严治党的战略布局，确立了新形势下党和国家工作的战略目标和战略举措，为实现"两个一百年"奋斗目标、实现中华民族伟大复兴的中国梦提供了理论指导和实践指南。习近平总书记围绕全面深化改革作出了一系列精辟论述，深刻回答了为什么要全面深化改革、怎样全面深化改革等重大理论和现实问题，特别是站在时代高度，对改革进行了多角度、全方位的理论思考，将中国共产党的改革理论的系统探索推向了新的高度。习近平总书记指出，改革开放只有进行时、没有完成时。这些改革的问题来自生活，解决这些问题的方法也

---

① 《马克思主义的三个来源和三个组成部分》（1913年3月），《列宁选集》第二卷，人民出版社1995年版，第309页。

来自改造生活的实践。答案没有现成的，它要靠有远见的马克思主义者用身体力行的工作去回答，并且从中提炼出理论性的内容，以丰富和发展马克思主义。

3. "大众文艺"的发展明确了马克思主义中国化的文化属性

瞿秋白曾经在《饿乡纪程》中坦言："我将成什么？盼望'我'成一人类新文化的胚胎。"① 这个"胚胎"结合了两种互补的文化——东方文化与西方文化，摒弃了的缺点，经历了时代发展变化的洗礼，孕育而生了一种新的"世界的"文化。这种文化，既可以"光复四千余年文物灿烂的中国文化"②，又开辟了"全人类文化的新道路"。③ 在20世纪30年代的左翼文化运动中，瞿秋白认为，这种新的"世界的"文化就是"革命的大众文艺"，是"用劳动群众自己的言语，针对着劳动群众实际生活里所需要答复的一切问题"④，而创造性形成的劳动群众自己的文艺。由此可知，如何让文化建设的主体由知识分子转变为人民大众，真正实现大众文艺，才是瞿秋白文化建设的核心旨归，而这也恰恰成为马克思主义文化建设的核心内容。

在经历过从五四文化的启蒙思潮、左翼文化的革命思潮之后，马克思主义已经由精英化向大众化转型，并在人民群众心理层面形成先验性的主体期待。这种主体期待即便带有历史遗留下的阶级斗争的痕迹，但是由于它不再需要发生接受视野的变化，必然会导致一旦马克思主义文艺理论弱化其之前的政治功利论、制度范畴论的色彩而强化多极圆融论色彩，自然会形成人民群众新的审美感受。这种马克思主义文论的转型已经出现端倪。

---

① 《饿乡纪程·三三·"我"》，《瞿秋白文集·文学编》第一卷，人民文学出版社1985年版，第213页。
② 同上。
③ 同上。
④ 《大众文艺的问题》（1932年6月），《瞿秋白文集·文学编》第三卷，人民文学出版社1989年版，第14页。

如新时期以来在大众传媒领域里出现的主旋律题材的影视剧作品、文学作品、绘画、音乐等艺术作品都试图将欣赏者——大众的审美需求置于首位，不再是单向性、口号性的宣讲而是双向性、内化性的渗透。从而出现了如《亮剑》《建国大业》《建党大业》《辛亥革命》等一批既具有鲜明意识形态色彩，又有大众接受空间的主旋律艺术作品。这样的文艺创作"能够满足熟识的美的再生产需求，巩固熟悉的情感"①，让观众产生一种"喜闻乐见"的观感，同时又受到了革命史的正面教育，产生了"红色文化"所预期的传播效果。可知，当马克思主义文艺思想不再成为经典而被束之高阁的时候，当人民能够通过自己的理解形成对马克思主义文艺理论和文化建设新的期待视野的时候，"艺术是属于人民的"② 才真正落到实处。人民是中国特色社会主义现代化建设的主力军，他们精神世界的改观、人文素养的提高才是确保马克思主义理论永葆青春的动力。

瞿秋白从"以文化救中国"始到"革命的大众的文艺"，他一生探索新文化建设，目的就是为了给大众新的话语空间。这一夙愿在21世纪的今天，中国特色社会主义文化建设的过程中得以实现。中国特色社会主义文化的建设，扭转了革命战争年代的文化"工具论"倾向，强化了和平建设时期"人的现代化"意识，真正实现了精英文化与大众文化的"共融"。这种崭新的文化，以强大的思辨能力，坚实的群众基础和蓬勃的发展潜力，必将成为未来人类社会共同的"精神财富"。

2014年10月15日，习近平总书记在北京主持召开文艺工作座谈会并发表重要讲话。他在讲话中提到，"人民是文艺创作的源头活水，一旦离开人民，文艺就会变成无根的浮萍、无病的呻吟、无魂的躯壳"。其中"根"

---

① ［德］H. R. 姚斯、［美］R. C. 霍拉勃：《接受美学与接受理论》，周宁、金元浦译，辽宁人民出版社1987年版，第32页。
② ［德］蔡特金：《列宁印象记》，马清槐译，生活·读书·新知三联书店1954年版，第66页。

"病""魂"的提出,实际上是对新时期中国特色社会主义文艺发展困境的总结和归纳。"无根"之作源于脱离人民群众的现实生活,"无病呻吟"之作源于不顾人民群众的现实需求,"无魂"之作源于忽视社会主义核心价值观的塑造,一味追求经济效益,失去了文艺的大众之根和本应有的思想高度、精神高度。从习近平总书记对文艺工作的重要讲话中,我们清醒地认识到,要想在世界文化激荡中站稳脚跟,必须要坚持马克思主义文艺观的创新性发展、新时期文艺创作的前瞻性发展和中国特色社会主义文艺作品的精品化发展之路。只有如此,才能实现习近平总书记提出的"努力创作生产更多传播当代中国价值观念、体现中华文化精神、反映中国人审美追求,思想性、艺术性、观赏性有机统一的优秀作品"这一远大目标。

推动马克思主义文艺观的创新性发展。马克思主义文艺观是在历史唯物主义和辩证唯物主义的基础上对文艺性质、规律及影响进行理性判断之后形成的一套较为完整的思想体系。它科学地揭示了文艺的社会本质和功能,辩证地说明了文艺与生活、文艺与政治及经济的关系,为探讨审美意识的起源、研究文艺的产生及其发展规律指出了正确的途径。从马克思在《〈政治经济学批判〉导言》中提出的"经济与文化艺术发展的不平衡规律"到恩格斯的"典型论"(典型环境中的典型人物)和列宁的"托尔斯泰是俄国革命的一面镜子"说,可以看出马克思主义极为重视文艺创作的经济基础和社会功用。从恩格斯的文艺要有"倾向性"到列宁的"艺术属于人民",可以看出人民是文学艺术取之不尽的重要源泉。从毛泽东的"二为方向"(即"文艺为工农兵服务"和"文艺为无产阶级政治服务")到邓小平的新"二为方向"(即文艺"为人民服务,为社会主义服务")可以看出,它开放且多元,随着文艺创作的实践不断被丰富和发展,并非如传统的马克思主义理论学者所认为的,是一个闭锁的、偏重于工具理性的思想体系。这一思想体系发展到了今天,必然要为新一代的马克思主义者们继续丰富和发展。由此，马克思主义文艺观的创新性发展势在必行。

如何推动马克思主义文艺观的创新性发展？习近平总书记在文艺工作座谈会上针对尚长荣提出的传统与创新这一问题，表明了他的看法。这一看法也可以作为马克思主义文艺观创新发展的总体原则，即"古为今用，以古见今"。这恰与马克思主义关于艺术发展的规律性和历史继承性相契合。恩格斯曾说："没有希腊文化和罗马帝国所奠定的基础，也就没有现代的欧洲。"可见，马克思主义文艺观的创新，首要解决的就是继承与发展的问题。

如何继承与发展？就是要坚持"古为今用，以古见今"，要立足现实，深耕细作。所谓"现实"就是要结合中国改革开放以来的世情、国情和党情的重大变化，强化文艺创作的时代色彩和现实针对性；所谓"深耕"就是要进一步挖掘中国传统文艺理论中的精髓，将其与马克思主义文艺理论结合，发展成为具有中国特色的社会主义文艺理论。比如传统文艺理论中的"兴、观、群、怨"说可以与马克思主义文艺批评的"工具论"相结合，突出文艺作品针砭时弊的特点；再比如传统文艺理论中的"与民偕乐"观可以与马克思主义文艺创作的"去席勒化"创作相结合，强化人民群众是文艺创作的主体，反对极端个人主义倾向等。这些中国化的马克思主义文艺观，不是简单地照抄、照搬马克思主义经典论述，更不是牵强附会地让"古训"换"新颜"，而是要找到两者在文化、精神方面的契合点，融会贯通，真正形成具有中国作风和中国气派的马克思主义文艺理论思想体系。

推动新时期文艺创作的前瞻性发展。新时期文艺要有前瞻性主要是指在社会主义现代化建设时期的文艺创作，应该通过艺术实践，塑造更鲜活的时代形象，实现习近平总书记提出的"用现实主义精神和浪漫主义情怀观照现实生活，用光明驱散黑暗，用美善战胜丑恶"的创作要求。前瞻性的文艺创作要在尊重历史发展规律的基础上，掀起广大社会主义现代化建设者的参与热情,并以前瞻性的美好寓言引领更广大的人民群众参与其中,为最终实现马克思提出的"每个人的全面而自由的发展"这一目标而努力。

如何塑造具有前瞻性品格的文艺作品?这就需要充分发挥广大文艺工作者的聪明才智,从中华民族的传统精神智库中寻求能够为当下的社会主义现代化建设运用和发展的新时代品格。中华民族在每一个时期都不乏特有的时代精神。从新民主主义革命时期形成的井冈山精神、长征精神、延安精神、红岩精神到新中国成立后所形成的大庆精神、"两弹一星"精神、红旗渠精神、雷锋精神等,再到改革开放以来形成的"两弹一星"精神、抗洪抢险精神、抗击"非典"精神、"载人航天"精神、青藏铁路精神等都是中华民族精神在新的时代条件下的集中体现。这些优秀的民族精神要在新时期的文艺作品中被"浓墨重彩"地渲染出来,才能唤醒更多社会主义参与者和建设者的工作热情和激情,才能真正发挥以文艺聚集民意,聚拢民心的强大推动作用。

在塑造时代精神的同时,还要坚持服务人民、引领人民的创作态度。用老百姓喜闻乐见的形式反映人民的现实生活,这样的作品,吸引读者,有可读性;用高尚的道德力量重塑人民的精神生活,这样的作品,打动读者,有启发性。优秀的文艺作品应该植根于人民现实生活的沃土之中,挖掘人民群众的想法,满足人民群众的需求,用现实主义描写再现人民生活,用浪漫主义情怀预见美好生活,让人民群众从文艺作品中"看到美好、看到希望、看到梦想就在前方"。中国新时期的文艺创作者要对历史发展趋向或者趋势准确把握,不就事论事,不对人生社会浮光掠影地"浅唱低吟",要深入描写人的灵魂本质,充分揭示形成种种性格的社会环境,尽可能透视人物历史运行的前景,给人民提供更美好、更真实的现实关爱和精神抚慰。"力透纸背"的优秀作品不是凭空而来的,而是如习近平总书记所说的,是"扎根人民、扎根生活",从人民热火朝天的建设热潮中迸发出来的。

推动中国特色社会主义文艺的精品化发展。在谈到新时期文艺创作存在的问题时，习近平总书记指出："在文艺创作方面，存在着有数量缺质量、有'高原'缺'高峰'的现象，存在着抄袭模仿、千篇一律的问题，存在着机械化生产、快餐式消费的问题。"这句话点出了当下文艺创作在貌似繁荣背后存在的主要问题。特别是随着市场经济体制的建立和日趋成熟，艺术的市场化已是无可规避的时代现象。艺术作品的大批量生产，使艺术的"精英化打造"成为过往。虽然这在一定程度上降低了艺术消费的门槛，形成了大众消费文艺的热潮，但同时，我们也必须看到，艺术生产的商品化对文学艺术和人类精神家园带来的负面影响。马克思对此曾有过警告，艺术生产与商品生产的合谋，会使它越来越失去艺术性质。因此，调整艺术生产的商品化价值取向，把被边缘的人文精神重新摆到艺术创作的核心地位，挖掘中外古今的人文精神理论资源，系统梳理具有中华民族特质的人文精神复归脉络，不仅是对文化产业负面影响的补救，更是新时期文艺工作者的时代责任。

如何降低文化产业的负面影响，打造代表新时期人文精神的"高峰"之作、"精品"之作？习近平总书记在文艺工作座谈会的讲话中已经明确提出，文艺"精品"要做到"思想精深、艺术精湛、制作精良"。

首先，"思想精深"是指文艺作品要立意深远，提高人民群众的思想境界。早在20世纪40年代，毛泽东就提出，文艺作品应该"比普通的实际生活更高，更强烈，更有集中性，更典型，更理想，因此就更带普遍性"。邓小平也曾指出，要用文艺作品"来激发广大群众的社会主义积极性，推动他们从事四个现代化建设的历史性创造活动"。可见，中国特色社会主义文艺的精品之作一定要弘扬积极向上的、健康的人生观和价值观，促进人的理性、全面发展。当下，全球化时代各种思想文化相互激荡，文学创作呈现多样活跃的态势，中国新时期文艺工作者一定要站在历史的制高点上发现和把握社会进步思想发展的脉络，挖掘优秀文艺作品所蕴含的进步成分并促进一批优秀艺术家见贤思齐，塑造出一批能够弘扬社会主义正能量的优秀文艺作品。

其次，"艺术精湛"是指文艺作品要动心动情，让社会主义主旋律深入人心。在文化产品日常化消费日益盛行的今天，日常化诉求部分导致了文化产品质量的下降，而对于民众来说，也存在着把文化艺术消费等同于娱乐、消闲消费的倾向。这在一定程度上滋生了媚俗、低俗的快餐式文化消费、盲动式文化消费的不良现象。在种种的文艺乱象之中，我们要保持理性的、审慎的创作态度，不人云亦云、不随波逐流，坚持创作有蕴含的、能调适人民心理，陶冶人民情操的优秀文艺作品。这些作品或展现新的时代风貌，如电影《歼10出击》《飞天》《北川重生》等；或讴歌新的时代楷模，如电影《郭明义》《杨善洲》《焦裕禄》等。这些作品依靠并运用了艺术的积极力量，把艺术的精神转化为社会的精神，既有助于解决社会生活中存在的一些问题，又有助于消除人与人之间的现代性冷漠，潜移默化地改变着人们的精神世界。

最后，"制作精良"是指文艺作品要精益求精，提升大众文化的审美品格。在中国艺术产业快速发展的过程中，很多艺术工作者逐渐意识到，简单、廉价和粗糙的作品不可能带动文艺创作的可持续发展。必须要着力打造品牌艺术、创造精品艺术，才能一方面获得高额的利润回报；另一方面推动知识产权转让和产品开发等艺术产业的后续发展。电视纪录片《舌尖上的中国》传递出蕴藏在东方美食中的文化传统，受到海内外海量"粉丝"的追捧，拉动了国内民俗产业的发展。2013年，全国餐饮收入25392亿元，同比增长9%，传统饮食和各地的小吃特色带动了各地旅游产业的发展，产生了巨大的社会效益和文化效益。可见，精致的艺术作品并不排斥市场化运作。只要它是具有人性魅力的、具有民族特色和文化品格的优秀作品。正如习近平总书记指出的:"优秀的文艺作品,最好是既能在思想上、艺术上取得成功,又能在市场上受到欢迎。"这样的精品之作一定能够成为市场的"宠儿"。

在全国各族人民团结一心、努力实现中华民族伟大复兴中国梦的过程中,广大文艺工作者一定要勇立潮头迎接各种挑战,以社会主义核心价值观引领创作,用一批"有高度""有深度""有温度"的优秀作品记录下中华民族伟大复兴的全过程。

二 瞿秋白马克思主义中国化早期探索的历史局限性

在分析瞿秋白探索应用马克思主义于中国实际的过程中,不可回避的是,1930年瞿秋白出现的"左"倾错误思想。是年,他为中共六届三中全会起草了决议案,分析了苏联的社会主义建设和西方资本主义造成的"全世界的经济危机",提出"社会主义国家的日益兴盛和资本主义制度的日益动摇"① 是当前世界的主要矛盾。西方世界的经济危机直接引发了"政治的危机",使"全世界工人运动和殖民地劳动群众的革命高涨已经开始"②。他由此指出,中国革命因为是世界无产阶级革命中的一个组成部分,所以,世界的"革命高潮"必然会带来中国无产阶级革命的高潮。为了进一步证明这一论点,他分析了中国经济的发展情况,指出中国工业发展"停滞和衰落"③、饥饿人口增加、失业率提升、金融业衰落和米价等生活消费品价

---

① 《中共三中全会关于政治状况和党的总任务决议案——一九三〇年九月,接受共产国际执行委员会政治秘书处一九三〇年七月的中国问题决议案的决议》,《瞿秋白文集·政治理论编》第七卷,人民出版社1991年版,第35页。
② 同上书,第36页。
③ 同上书,第37页。

格上涨,这些经济衰落的迹象都伴随着世界的经济危机日益显示出来,激化了国内各阶级之间的矛盾。这些矛盾不仅发生在剥削阶级与被剥削阶级之间,也发生在剥削阶级内部。为了保护各自的利益集团,豪绅地主阶级的政党即国民党以及各派军阀政客,互相倾轧和排挤,加紧对工农贫民群众的剥削。各派之间战争不断,造成中国国内出现了"几个互相排挤互相战斗的政府",正如瞿秋白所指出的:"中国全国的政治经济危机,国民党军阀制度的崩溃进到了更高的阶段。"①

在这种形势下,瞿秋白认为,革命要充分"发动群众斗争,集中革命力量,组织革命战争,积极准备革命暴动,去为全国苏维埃政权而斗争"②。在此思想指引下,瞿秋白指出,在农村要"集中农民斗争的力量,加强无产阶级对于工农红军的直接领导,建立苏维埃根据地的临时中央政府,去组织革命的战争——争取一省几省的首先胜利"③;在城市要积极加强中心城市群众运动的工作力度,"组织和领导无产阶级日常的经济斗争",并且把经济斗争与政治斗争相联系。同时,瞿秋白要求,农村和城市的两股斗争力量要实现"合流","将工业城市群众运动,与革命的农民运动以及红军的行动配合起来,创造总罢工武装暴动的必要条件,巩固并且扩大苏维埃区域的根据地"④。虽然瞿秋白在这里提出要巩固和扩大苏维埃区域,但是他依然将革命的重心放在中心城市工人的武装暴动之上,这一点埋下了日后"左"倾盲动主义错误的隐患。

这种错误在瞿秋白之后指导革命的思路中一直存在。1930年11月2日,瞿秋白发表了《中国革命战争的组织和领导问题——长沙战争的教训

---

① 《中共三中全会关于政治状况和党的总任务决议案——一九三〇年九月,接受共产国际执行委员会政治秘书处一九三〇年七月的中国问题决议案的决议》,《瞿秋白文集·政治理论编》第七卷,人民出版社1991年版,第38页。
② 同上书,第43页。
③ 同上书,第45页。
④ 同上书,第43页。

和苏维埃根据地建立的任务》一文。文中指出,"农民战争的开展和胜利,尤其是苏维埃政权普遍到全中国的斗争,必须有胜利的城市无产阶级的暴动来完成"[①];"无产阶级和中心城市,是中国革命之中决定胜负的力量"[②]。这些都是典型的"城市中心论"思想的表现。

之所以会出现这些错误,除了帝国主义和地主买办势力强大等外部原因之外,瞿秋白自身的问题和党的建设内部的问题也颇值得深思。

首先,瞿秋白自身心理建设不足。瞿秋白曾在《多余的话》中称自己是"半吊子的'文人'"[③]。直到生命的最后,他也认为自己"文人结(积)习未除"[④]。虽然这段自我评论是瞿秋白身陷牢狱之中,回顾自己在党内斗争中所受到的排挤时,由此产生的带有"激愤"色彩的言辞,但是也从一个侧面了解到瞿秋白自身心理建设方面出现的问题。他在旧式传统文化影响下成长起来,性格上偏于保守,才能上缺少实战锻炼提高的机会,学识上对马克思主义理论的掌控也存在一定的历史局限性。特别是对马克思主义理论的掌握方面,瞿秋白虽然在五四新文化运动中从传统文化的禁锢中挣脱出来,自觉接受了更先进的马克思主义理论,但是由于时间紧、革命任务重,对马克思主义的接受大多从"实用"的角度入手,希望从中能够直接获取中国革命的经验,或者从苏俄革命模式中"复制"出中国模式。这种"以俄为师"的心理定式造成瞿秋白在面对来自共产国际和苏联方面的有关中国问题的"决议"之时,遵从多于反思,认同多于批判。这在一定程度上也显示出早期中国共产党人在最初建党和领导中国土地革命的过程中,对独立自主领导革命的自信心严重不足,缺少理性分析的态度。这

---

① 《中国革命战争的组织和领导问题——长沙战争的教训和苏维埃根据地建立的任务》(1930年11月2日),《瞿秋白文集·政治理论编》第七卷,人民出版社1991年版,第77页。
② 同上书,第93页。
③ 《多余的话·"历史的误会"》(1935年5月17日),《瞿秋白文集·政治理论编》第七卷,人民出版社1991年版,第699页。
④ 同上。

是以瞿秋白为代表的早期共产党人的"通病",它在一定程度上也是我们党在初创时期不成熟的表现。

其次,党的理论建设不足。从1921年中国共产党成立到1935年遵义会议的十几年间,中国革命经历了两起两落,即北伐战争的胜利和大革命的失败、土地革命战争的兴起和第五次反"围剿"的失败。为什么会有两起两落?为什么在纠正了右的错误之后又出现了三次"左"的错误,并且一次比一次后果严重呢?这些错误的教训是什么?毛泽东在延安时期通过发表如《矛盾论》《实践论》《改造我们的学习》《整顿党的作风》和《反对党八股》等著名报告和演说,从哲学高度进行了分析。在物质条件上,中国革命最初的十几年中,中国共产党面对的是受西方帝国主义控制的军阀、官僚资产阶级等强大敌人,物质基础严重薄弱;在理论准备上,当时对马克思主义理论的接受并不系统,特别是对辩证唯物论的认识还很不全面。也就是毛泽东所说的:"一切大的政治错误没有不是离开辩证唯物论的。"[①]因此,中国共产党在当时解决具体问题的时候,往往就事论事,或者就"俄"论事,不能从世界观和方法论的角度总结经验,从根本上端正思想路线。正是因为思想路线不够端正,造成了军事路线和政治路线均出现了错误。在军事路线上,"左"倾错误主张只要求研究一般革命战争规律、俄国革命战争的经验,或者北伐战争的经验和特点,用长驱直入夺取大城市的方法来指导军事战争。这样的观点脱离了中国当时具体的社会环境。当时的中国,在政治路线上、党组织的成员构成和路线选择上,"左"倾思想主张革命力量摆脱任何非工人阶级成分的存在,革命的道路不允许有任何退步或保守思想的存在,这就使在反对"左"倾的同时,陷入进一步"左"的困境之中。应该说,军事路线和政治路线上的"左"是与思想上的"左"

---

① 中共中央文献研究室编:《毛泽东哲学批注集》,中央文献出版社1988年版,第311—312页。

密切相关的。"左"倾的观点容易陷入唯书、唯上、唯洋的教条主义之中。这种思想会将马克思主义理论奉为圣经，从书本中查找解决问题的答案，而拒绝研究中国社会、中华文化、中国无产阶级革命的特点及规律，更拒绝研究中国无产阶级革命战争的特点和经验。

最后，党的领导核心能力不强。早期的中国共产党领导人由于知识分子出身和实践经验的缺乏，外加上当时共产国际一直试图掌控中国革命领导权，使当时的一些决策与中国具体的国情不符，出现了或"左"或右的偏差。正如邓小平所指出的那样："遵义会议以前，我们的党没有形成过一个成熟的党中央。从陈独秀、瞿秋白、向忠发、李立三到王明，都没有形成过有能力的中央。"① 这一点在瞿秋白论文的自序中有一个非常鲜明的表述，"没有牛时，迫得狗去耕田"②。同时，由于以瞿秋白为代表的早期中国共产党领导人一直将自身列入共产国际的统一管理序列之内，造成共产国际内部的路线之争也影响到了中国共产党党内，这就使路线之争成了早期中国共产党在领导国内土地革命时，既要加强同党外各种势力或斗争或团结，又要在党内划分较大精力开展斗争，这在一定程度上也消耗了党的领导力量。可见，当时的中国共产党领导人，都不同程度地存在对马克思主义理论的不自信，不仅不能自觉抵制来自共产国际的各种关于中国革命发展方向、策略等的命令，同时也没有足够的自信制定符合中国实际的方针、政策。

历史是不容假设的。尽管在1930年，我们党受"左"倾思想的影响，在指挥革命方面出现了重大问题，但我们必须承认，"许多共产党人在极端

---

① 《第三代领导集体的当务之急》（1989年6月16日），《邓小平文选》第三卷，人民出版社1993年版，第309页。

② 《〈瞿秋白论文集〉自序》（1927年2月17日），《瞿秋白文集·政治理论编》第四卷，人民出版社1993年版，第415页。

困难的条件下把斗争坚持了下来,这是了不起的"①。虽然早期共产党人在领导革命的经验上严重不足,在处理复杂问题的过程中容易出现错误,"只看到事情的一个方面,而忽略事情的另一个方面,由一个极端走向另一个极端"②,但是这些都是"难以完全避免的历史现象"③。要想把握中国革命发展的规律,就必须经过多次的摸索和"试验"。这是一种"摸着石头过河"的过程。即便中间出现了问题,也都是为最终获得成功所必须付出的代价。在这段历史中,如何评价瞿秋白一直存在争议。如果单纯从瞿秋白个人来讲,他思想的不成熟自然是出现这些错误的内部原因,但是如果从当时中国革命整体的外部环境而言,共产国际在这其中也不可推卸其责任。1999年尉健行在纪念瞿秋白诞辰一百周年的座谈会上对这一问题进行了明确表态:"瞿秋白同许多革命先行者一样,他的思想主张有着历史的、时代的局限,甚至带着早期探索者的缺陷与不足;但对一个在理论领域内披荆斩棘的开拓者来说,这是难以完全避免的。"④"(他)是艰苦探索中国革命道路的优秀先行者。他致力于马克思主义中国化,对毛泽东思想的形成做出了重要贡献。"⑤ 这是从正反两个方面对瞿秋白做出的符合历史事实的中肯评价,它在一定程度上再一次确认了瞿秋白在马克思主义中国化历史中的地位和价值。

　　大革命时期和土地革命初期中国共产党探索马克思主义中国化,虽然出现了"方向性错误",给中国革命造成巨大损失,但仍不失为毛泽东思想发展史中不可或缺的一个"段落"。出现这个曲折的"段落",促使了毛泽

---

① 胡绳:《中国共产党的七十年》,中共党史出版社1991年版,第75页。
② 同上。
③ 同上。
④ 尉健行:《在中共中央纪念瞿秋白诞辰一百周年座谈会上的讲话》,《瞿秋白百周年纪念:全国瞿秋白生平和思想研讨会论文集》,《瞿秋白百周年纪念》编辑组编,中央文献出版社1999年版,第5页。
⑤ 同上。

东思想的萌芽，让毛泽东思想在日后的提出更有说服力和针对性。同时也锻炼了我们党的领导能力，使年幼的中国共产党在挫折之中迅速成熟，克服理论、思想、自身领导能力等方面的局限性，深入研究中国的特殊国情，准确从革命经验中总结革命规律，为日后独立自主地解决中国革命问题打下了坚实的基础。

第六章 结语

160多年前,马克思和恩格斯《共产党宣言》的发表,标志着马克思主义的诞生。马克思、恩格斯通过他们的研究,揭示了人类社会发展的客观规律,表明了资本主义必然灭亡、共产主义必然胜利的人类发展大趋势。他们还为无产阶级指明了一条通过暴力革命和无产阶级专政从而消灭阶级向无阶级社会过渡、消灭私有制和剥削制度实现阶级解放和人类解放、最终实现共产主义的道路。90多年来,马克思主义在中国得到了广泛的传播,并与中国工人运动相结合,孕育出中国的无产阶级政党——中国共产党。中国共产党从成立之日起,就把马克思主义写在自己的旗帜上,用马克思主义的基本原理研究和解决中国革命、建设和发展中的问题。应该说,将马克思主义赋予中国特色、中国风格和中国气派是中国共产党人理论认识的飞跃,也是中国共产党领导中国人民逐步认识和把握中国革命和建设的规律,从胜利走向胜利的经验总结。

瞿秋白作为探索马克思主义中国化的"先行者",在理论与实践两方面较早探索了马克思主义中国化的历史可能性。特别是他为中国的马克思主义哲学体系补充了辩证唯物主义的部分;提供了无产阶级革命的哲学依据,改造了无产阶级的宇宙观和世界观;开创了马克思主义文艺理论中国化的历史进程。他在与各种思潮的论争中,普及了马克思主义理论思想;在对各种政治、经济、社会、文化事件的评论中,强化了马克思主义的具体实践标准;在与自身传统思想的辩驳中,深化了马克思主义对无产阶级政党建设的认识。瞿秋白对马克思主义中国化的早期探索,是马克思主义中国化史中不可磨灭的历史"印记"。特别是世情、国情、党情的不断变化,全面建设小康社会的步伐不断加快,为更好推进马克思主义与中国社会主义现代化建设事业的紧密结合,有必要回过头来,以史为鉴。通过梳理瞿秋白对马克思主义中国化的早期探索,可以得出如下四点规律性认识:

第一,必须加强马克思主义中国化的实践主体建设。

马克思主义中国化的实践主体是信仰马克思主义、自觉践行马克思主义的共产党人。要想在中国进一步推动马克思主义中国化,必须要加强实践主体——马克思主义者自身的思想建设。

从1920年10月16日远赴苏俄,到1935年6月18日被害于福建长汀,瞿秋白用15年的革命工作不断提高马克思主义的理论和实践水平,实现了当初入党时的誓词。1921年,瞿秋白在《赤都心史》的《"我"》中这样描述自己:"我将成为什么?"①"我的职任很明瞭"②,"'我'不是旧时代之孝子顺孙,而是'新时代'的活泼稚儿"③。接受了马克思主义理论的瞿秋白认为,马克思主义的主要内容,就在于它不是什么教条,而是行动的指南。同时,在指导行动的过程中不断修正自己的思想,不盲信权威,保持独立的思考。他曾指出,"理论、主义的问题,当然不能离开实践"④,但是在实践的过程中,真正的马克思主义者应该保持冷静的头脑,不遵从于所谓的权威论断,而是要从国家民族的利益出发思考中国革命发展道路的问题。

---

① 《赤都心史·三三·"我"》(1921年12月3日),《瞿秋白文集·文学编》第一卷,人民文学出版社1987年版,第213页。
② 同上。
③ 同上。
④ 《〈瞿秋白论文集〉自序》(1927年2月17日),《瞿秋白文集·政治理论编》第四卷,人民出版社1993年版,第419页。

他说过："如果说我喜欢得罪伟人，那么，我可以顺便在这里'道歉'一声，只好根据于孔夫子的圣经贤传，说声'大义灭亲'了！"①"伟人与可笑的人相差原只有一步呵。"② 在我们党还是十分缺乏马克思主义理论准备的幼年时期，瞿秋白为提高全党的理论水平，笔耕不辍，运用马克思主义基本原理分析中国的实际国情，对中国革命的基本问题进行了广泛深入的钻研，提出了许多精辟的观点。特别是在党的思想建设方面，他自觉推行批评与自我批评，指出，"马克思主义者之理论里，可以有许多没有成熟的、不甚正确的思想"③，但是只要发展"中国社会思想的自我批评"，就一定会"有利于革命的实践的"。④ 为此，瞿秋白在短短的十五年革命生涯中不断回头反顾，时刻审视自己的理论主张，这种"批评与自我批评"，"提高与自我提高"的精神对今天的党的建设仍然具有借鉴的价值和意义。

在中国共产党90多年的发展历程中，坚持马克思列宁主义基本原理，以科学的态度理解和运用马克思主义于中国革命和建设的实践之中，是党保持长久生命力的重要原因。瞿秋白在1925年发表的《列宁主义概说》中明确指出，"党是无产阶级之先进的战队"⑤，"是工人阶级的阶级组织之最高形式"⑥。可知，马克思主义理论首先要灌输到少数革命知识分子、革命领袖的头脑中，随后才能普及于广大人民群众之中。这种情况导致创建、掌握、运用和发展马克思主义的人，不能是普通的工人、农民，也不可能是专门从事理论研究的学者、教授，而是以发动和组织工人阶级，以马克思主义为根本指导思想、以民主集中制为组织原则、以无产阶级领导民主

---

① 《〈瞿秋白论文集〉自序》（1927年2月17日），《瞿秋白文集·政治理论编》第四卷，人民出版社1993年版，第419—420页。
② 同上书，第420页。
③ 同上书，第416页。
④ 同上。
⑤ 《列宁主义概说——改译施达林著之〈列宁与列宁主义〉》（1925年2月），《瞿秋白文集·政治理论编》第三卷，人民出版社1989年版，第44页。
⑥ 同上。

革命取得胜利并开创社会主义道路为现实任务、以实现共产主义为最终目标的无产阶级政党。所以，党的建设直接关系到一个国家社会主义事业的成败。在当今时代，有中国特色社会主义的发展更需要意识形态方面的指导，更需要进一步加强无产阶级政党的思想建设，只有如此，才能在新的时代发展格局下，咬定"社会主义"的"青山"不放松，"立根原在"马克思主义的理论指导体系中。

第二，必须加强对中国国情的认识和掌握。

所谓国情，不仅是指自然地理状况、社会阶级关系，也包括自然和社会、现实和历史等诸多要素。它既有社会面貌、经济结构、阶级关系、政治斗争、文化教育等方面的问题，也有自然状况、人口构成、民族传统、宗教信仰、历史发展等方面的内容。认识国情，才能从总体上把握社会性质和发展规律，制定正确的理论、路线、方针和政策。关于这一点，瞿秋白很早就已经注意到。瞿秋白探索马克思主义中国化的早期实践正处于中国半封建半殖民地时期，他呼吁人们，"应当考察中国现时的革命运动之发展和世界革命的无产阶级及列宁主义的关系"[①]。从列宁领导的"十月革命"经验中汲取营养，推动中国的无产阶级革命运动的发展。在这一思想指引下，瞿秋白分析了中国所处的国际、国内环境，中国社会的经济状况以及阶级关系，提出"只有巩固的革命势力大同盟（无产阶级、农民、革命的知识分子及一般被压迫平民之大联合），组织国民的武装势力，那时中国民族解放的革命才能有彻底的胜利，代表大多数人民利益的国民会议的政府才能成立巩固，一切不平等条约才能废除"。[②] 随着中国革命形势的发展变化，瞿秋白不断调整他的理论主张，最早提出中国民主革命与旧式资产阶

---

① 《列宁主义与中国的国民革命》（改译）（1926年1月17日），《瞿秋白文集·政治理论编》第三卷，人民出版社1989年版，第405页。

② 同上书，第411页。

级革命在性质上的区别问题，在关于无产阶级在民主革命中的领导权问题、农民问题在中国革命中的重要地位问题、武装斗争在中国革命中的特殊作用问题等方面都进行了艰苦的理论探索，为毛泽东思想的形成做出了重要贡献。应该说，这是瞿秋白在马克思主义中国化史中最重要的价值体现，同时也是他从事革命实践活动的经验总结。

在今天的社会主义现代化建设过程中，坚持马克思主义为指导也必须要基于对中国具体国情的深入考察。联系当前我国的改革开放，深入研究深化改革中所遇到的问题，才能自觉把思想认识从不合时宜的观念、做法和体制下解放出来，找到进一步推动中国政治体制、经济体制等一系列改革的根本途径和方法。

第三，必须坚持理论与实践的有机结合。

马克思主义理论与实践相结合，就是要学会用辩证唯物主义和历史唯物主义的方法分析和解决中国各个历史时期所面临的各种现实问题，总结实践中积累的经验，制定合乎中国实际需要的路线、纲领、方针和政策，使马克思主义在中国进一步时代化、民族化和具体化。从一定意义上说，只有实践才能检验理论与现实之间的距离，同样，也只有实践才能进一步推动理论的向前发展。

关于理论与实践相结合的观点，在瞿秋白的《列宁主义概说》中有一段明确的表述："革命的理论必须与革命的实践密切联结起来，否则理论变成空谈。然而实行革命运动而没有理论，也就要变成盲目的妄动，不相适应，绝无全盘规划的行动而已。"[①] 在这一思想的引导下，瞿秋白大力倡导对马克思主义的科学方法论的研究，用科学的方法认识世界、改造世界。除此之外，瞿秋白还一直强调要将理论与时代特征、实践特征三者联系起

---

① 《列宁主义概说——改译施达林著之〈列宁与列宁主义〉里的一部》（1925年2月），《瞿秋白文集·政治理论编》第三卷，人民出版社1989年版，第29页。

来分析问题和解决问题。他评价列宁主义，认为"列宁主义之中有许多成分是马克思主义中原来所没有的，或者虽有亦很不详尽"。[①]列宁主义是发展了的马克思主义。他从实际斗争中总结经验，提出在帝国主义时代无产阶级革命的具体策略问题，如无产阶级独裁制问题、处理工人与农民之间关系的问题，无产阶级社会革命与殖民地民族革命之间的关系问题等。列宁对这些问题的研究更为详尽也更具有现实意义。基于此，瞿秋白总结说："马克思列宁主义是世界无产阶级的革命理论，亦是世界唯一的社会科学的正确的科学方法。"[②]由此可见，理论与实践相结合的重点在于，要掌握理论提出的时代背景以及应用理论于实践的方式和方法，只有如此才既符合马克思主义理论的基本精神，又推动中国马克思主义理论的进一步发展。

在改革开放的今天，理论与实践相结合同样是马克思主义中国化的重要指导思想和原则。从进一步深化改革的历史任务出发，随时随地依据具体历史条件的转移、社会人民需求的变化来调整改革的方法和策略，这就是在改革时期中国化了的马克思主义。

第四，必须坚持理论创新，建设中国化的马克思主义理论体系。

理论创新来源于马克思主义者的理论自信和理论自觉。马克思、恩格斯创立的马克思主义，一方面源于理论自信，他们摄取了历史上已有的丰富理论资源，继承人类文明的优秀成果；另一方面也源于理论自觉，他们与时俱进，适应世界历史发展和各国实际革命工作的需要，解放思想，创立严谨缜密、决不同任何思想迷信与反动势力相妥协的科学理论。随着历史的发展，一代代马克思主义者不断提高理论自信和理论自觉，通过不懈的努力，在不同的历史时期和时代背景下，丰富和发展了马克思主义理论

---

① 《列宁主义概说——改译施达林著之〈列宁与列宁主义〉里的一部》(1925年2月)，《瞿秋白文集·政治理论编》第三卷，人民出版社1989年版，第23页。
② 《马克思主义还是民生主义?》(1927年12月9日—1928年1月5日)，《瞿秋白文集·政治理论编》第五卷，人民出版社1995年版，第180页。

体系，留给人类社会巨大的精神财富。

为此，中国的马克思主义者必须坚持这一理论品质，不断加强对马克思主义理论的学习，牢固树立马克思主义的世界观、宇宙观和人生观；不断解决社会主义现代化建设过程的具体问题，从中归纳、总结、提炼中国化马克思主义的特点和规律；不断开拓马克思主义的理论视野，从世界经济、政治、文化的多元向度，提出有中国特色社会主义现代化建设的科学发展策略；不断推进中华民族传统文化与马克思主义文化的"融合"，为代表未来发展趋向的"世界"文化建设贡献力量。

中国的马克思主义者已经有足够的理论自信，因为我们在九十多年的风雨洗礼下形成了两大重要的理论成果——毛泽东思想和中国特色社会主义理论体系；中国的马克思主义者同样也有充分的理论自觉，在不久的将来，一定会有新的理论成果加入马克思主义的理论宝库之中，共同建构中国化的马克思主义理论体系。这将是几代中国共产党人共同努力奋斗的目标，为了实现这一目标，我们一直在努力。马克思主义中国化的历程，任重而道远。

参考文献

一 中文资料(含译著)

(一)经典著作

1. 中共中央马克思恩格斯列宁斯大林著作编译局编:《马克思恩格斯文集》(1、2、9、10卷),人民出版社2009年版。

2. 中共中央马克思恩格斯列宁斯大林著作编译局编:《列宁选集》(2卷),人民出版社1995年版。

3. 中共中央马克思恩格斯列宁斯大林著作编译局编:《列宁专题文集》(1、2卷),人民出版社2009年版。

4. 广东省社会科学院历史教研室、中国社会科学院近代史研究所中华民国史研究室、中山大学历史系孙中山研究室合编:《孙中山全集》(第1、2卷)、中华书局1981年版。

5. 中国李大钊研究会编注:《李大钊文集》(上、下卷),人民出版社1984年版。

6. 中国李大钊研究会编注:《李大钊全集》(1—5卷),人民出版社2006年版。

7. 中共中央文献编辑委员会编:《毛泽东选集》(1—4卷),人民出版社1991年版。

8. 《刘少奇选集》编写组编:《刘少奇选集》(上卷),人民出版社1981年版。

9. 中共中央文献编辑委员会编:《邓小平文选》(1—3卷),人民出版社1994年版。

(二) 基础文献

1. 张宗良口译、王韬辑撰:《普法战纪卷六》,中华印务总局1873年版。

2. [日] 村井知至:《社会主义》,罗大维译,上海广智书局1902年版。

3. [日] 福井准造:《近世社会主义》,赵必振译,上海时代书局1927年版。

4. 中共中央党校党史教研室选编:《中共党史参考资料》(第1、2册),人民出版社1979年版。

5. 中国社会科学院近代史研究翻译室译:《苏联顾问在中国(1923—1927)》,中国社会科学出版社1980年版。

6. 中共中央书记处编:《六大以前——党的历史材料》,人民出版社1980年版。

7. 中共中央书记处编:《六大以来》(上、下册),人民出版社1980年版。

8. 中国社会科学院外国文学研究所、外国文学研究资料丛刊编辑委员会编:《"拉普"资料汇编》(上),中国社会科学出版社1981年版。

9. 中国社会科学院近代史研究所翻译室译:《共产国际有关中国革命的文献资料(1919—1928)》第1辑,中国社会科学出版社1981年版。

10. 中国社会科学院近代史研究所翻译室译:《共产国际有关中国革命

的文献资料（1929—1936）》第2辑，中国社会科学出版社1982年版。

11. 张德彝：《随使法国记》，湖南人民出版社1982年版。

12. 陈公博著，韦慕庭编，中国社会科学院近代史研究所翻译室译：《共产主义运动在中国》，中国社会科学出版社1982年版。

13. 中国社会科学院外国文学研究所、外国文学研究资料丛刊编辑委员会编：《无产阶级文化派资料选编》，中国社会科学出版社1983年版。

14. 孙武霞、许俊基等选编：《共产国际与中国革命资料选辑（1919—1924）》，人民出版社1985年版。

15. 孙武霞、许俊基等选编：《共产国际与中国革命资料选辑（1925—1927）》，人民出版社1985年版。

16. 《瞿秋白文集》编写组编：《瞿秋白文集·文学编》第一卷，人民文学出版社1985年版。

17. 《瞿秋白文集》编写组编：《瞿秋白文集·文学编》第二卷，人民文学出版社1986年版。

18. 《瞿秋白文集》编写组编：《瞿秋白文集·文学编》第三卷，人民文学出版社1989年版。

19. 《瞿秋白文集》编写组编：《瞿秋白文集·文学编》第四卷，人民文学出版社1986年版。

20. 《瞿秋白文集》编写组编：《瞿秋白文集·文学编》第五卷，人民文学出版社1987年版。

21. 《瞿秋白文集》编写组编：《瞿秋白文集·文学编》第六卷，人民文学出版社1988年版。

22. 《瞿秋白文集》编写组编：《瞿秋白文集·政治理论编》第一卷，人民出版社1987年版。

23. 《瞿秋白文集》编写组编：《瞿秋白文集·政治理论编》第二卷，

人民出版社 1988 年版。

24.《瞿秋白文集》编写组编:《瞿秋白文集·政治理论编》第三卷,人民出版社 1989 年版。

25.《瞿秋白文集》编写组编:《瞿秋白文集·政治理论编》第四卷,人民出版社 1993 年版。

26.《瞿秋白文集》编写组编:《瞿秋白文集·政治理论编》第五卷,人民出版社 1995 年版。

27.《瞿秋白文集》编写组编:《瞿秋白文集·政治理论编》第六卷,人民出版社 1996 年版。

28.《瞿秋白文集》编写组编:《瞿秋白文集·政治理论编》第七卷,人民出版社 1991 年版。

29.《瞿秋白文集》编写组编:《瞿秋白文集·政治理论编》第八卷,人民出版社 1998 年版。

30.《瞿秋白选集》编写组编:《瞿秋白选集》,人民出版社 1985 年版。

31. 郑惠、瞿勃编:《瞿秋白译文集》,译林出版社 1999 年版。

32. 中国人民大学科学社会主义系编:《国际共产主义运动史文献资料选编》(第 1、2 卷),中国人民大学出版社 1986 年版。

33. 中央档案馆编:《中共中央文件选集》(第一册),中共中央党校出版社 1989 年版。

34. 中国社会科学院近代史研究所翻译室译:《共产国际有关中国革命的文献资料(1926—1943)(1921—1936)补编》第 3 辑,中国社会科学出版社 1990 年版。

35. 中共中央文献研究室编:《建国以来重要文献选编》(第 1、2、3 册),中央文献出版社 1992—1997 年版。

36. [日] 幸德秋水:《社会主义深髓》,马采译,商务印书馆 2009 年版。

37. 中共中央文献研究室编：《建党以来重要文献选编（1921—1949)》（第1、2、3册），中央文献出版社2011年版。

38. 中共中央党史研究室：《中国共产党历史》第一卷（1921—1949），中共党史出版社2011年版。

（三）研究专著

1. 丁守和、殷叙彝：《从"五四"启蒙运动到马克思主义的传播》，生活·读书·新知三联书店1979年版。

2. 纪怀民编：《马列主义文艺论著选讲》，中国人民大学出版社1982年版。

3. 陆梅林辑注：《马克思恩格斯论文学与艺术》（一），人民文学出版社1982年版。

4. 陆梅林辑注：《马克思恩格斯论文学与艺术》（二），人民文学出版社1983年版。

5. 马良春、张大明编：《30年代左翼文艺资料选编》，四川人民出版社1983年版。

6. 王铁仙：《瞿秋白论稿》，华东师范大学出版社1984年版。

7. 王士菁：《关于瞿秋白的评价问题》，《北京师范大学中文系中国现代文学教研室·现代文学讲演集》，北京师范大学出版社1984年版。

8. 丁景唐等编：《瞿秋白研究文选》，天津人民出版社1984年版。

9. 丁守和：《瞿秋白思想研究》，四川人民出版社1985年版。

10. ［俄］米·里夫希茨编，程代熙译编：《马克思恩格斯论文艺》（第1—4卷），中国社会科学出版社1985年版。

11. 北京大学中文系文艺理论教研室编：《马克思、恩格斯、列宁、斯大林论文艺》，人民文学出版社1986年版。

12. 陈铁健编：《瞿秋白研究文集》，中共党史资料出版社1987年版。

13. 温儒敏：《中国现代文学30年》，上海文艺出版社1987年版。

14. 李泽厚：《中国古代思想史论》，东方出版社1987年版。

15. 李泽厚：《中国现代思想史论》，东方出版社1987年版。

16. 温儒敏：《新文学现实主义的流变》，北京大学出版社1988年版

17. 胡绳主编：《中国共产党的七十年》，中共党史出版社1991年版。

18. 王观泉：《一个人和一个时代：瞿秋白传》，天津人民出版社1991年版。

19. 艾晓明：《中国左翼文学思潮探源》，湖南文艺出版社1991年版。

20. 柳鸣九编：《20世纪现实主义》，中国社会科学出版社1992年版。

21. 姚海：《俄罗斯文化之路》，浙江人民出版社1992年版。

22. 周永祥：《瞿秋白年谱》，广东教育出版社1992年版。

23. 邓中好：《瞿秋白哲学研究》，中国文史出版社1992年版。

24. 温儒敏：《中国现代文学批评史》，北京大学出版社1993年版。

25. 姚守中等编：《瞿秋白年谱长编》，江苏人民出版社1993年版。

26. 刘福勤：《心忧书·多余的话》，上海社会科学院出版社1993年版。

27. 叶水夫编：《苏联文学史》（第1卷），中国社会科学出版社1994年版。

28. 朱辉军：《西风东渐——马克思主义文艺理论在中国》，燕山出版社，1994年版。

29. 陈铁健：《从书生到领袖：瞿秋白传》，上海人民出版社1995年版。

30. 唐宝林、陈铁健：《陈独秀与瞿秋白》，中国青年出版社1997年版。

31. 季甄馥：《瞿秋白哲学思想评析》，华东师范大学出版社1998年版。

32. 王文强：《瞿秋白杂文研究》，华东师范大学出版社1998年版。

33. 马驰：《新马克思主义文论》，山东教育出版社1998年版。

34. 胡绳：《胡绳全书》，（第 1—7 卷），人民出版社 1998 年版。

35. 梁启超、张品兴主编：《梁启超全集》（第一册），北京出版社 1999 年版。

36. 许明等：《马克思主义美学思想史》（1—4），中央编译出版社 1999 年版。

37. 朱钧侃编：《总想为大家辟一条光明路》，南京大学出版社 1999 年版。

38. 孙淑编：《瞿秋白与他同时代人》，南京大学出版社 1999 年版。

39. 韩斌生：《文人瞿秋白》，中央文献出版社 2000 年版。

40. 程民：《瞿秋白写作艺术论》，南京大学出版社 2001 年版。

41. 刘小中：《瞿秋白与中国现代文学运动》，南京大学出版社 2002 年版。

42. 张秋实：《瞿秋白与共产国际》，中共党史出版社 2004 年版。

43. 杨建生：《瞿秋白政论文研究》，中央文献出版社 2004 年版。

44. 龙德成：《马克思主义者瞿秋白》，中共党史出版社 2005 年版。

45. 何一成：《马克思主义中国化专题研究》，湖南人民出版社 2005 年版。

46. 周忠厚等：《马克思主义文艺学发展史》（上、下），中国人民大学出版社 2007 年版。

47. 陈铁健：《瞿秋白传》，红旗出版社 2009 年版。

48. 任建树编：《陈独秀著作选编》（第 1—3 卷），上海人民出版社 2010 年版。

49. 王占仁：《共产国际、联共（布）与马克思主义中国化研究（1919—1943）》，中央文献出版社 2010 年版。

50. 陈春生：《瞿秋白与俄苏文学》，中国社会科学出版社 2011 年版。

51. 张胜利：《中国五四时期自由主义》，人民出版社 2011 年版。

52. 陈亮：《中国青年与百年思潮》，浙江工商大学出版社 2011 年版。

53. 杨慧：《思想的行走：瞿秋白"文化革命"思想研究》，商务印书馆 2012 年版。

54. 瞿秋白纪念馆编：《瞿秋白研究》第 2 辑，学林出版社 1990 年版。

55. 瞿秋白纪念馆编：《瞿秋白研究》第 3 辑，学林出版社 1991 年版。

56. 瞿秋白纪念馆编：《瞿秋白研究》第 4 辑，学林出版社 1992 年版。

57. 瞿秋白纪念馆编：《瞿秋白研究》第 5 辑，学林出版社 1993 年版。

58. 瞿秋白纪念馆编：《瞿秋白研究》第 6 辑，学林出版社 1994 年版。

59. 瞿秋白纪念馆编：《瞿秋白研究》第 7 辑，学林出版社 1995 年版。

60. 瞿秋白纪念馆编：《瞿秋白研究》第 8 辑，学林出版社 1996 年版。

61. 瞿秋白纪念馆编：《瞿秋白研究》第 9 辑，学林出版社 1998 年版。

62. 瞿秋白纪念馆编：《瞿秋白研究》第 10 辑，学林出版社 1998 年版。

63. 瞿秋白纪念馆编：《瞿秋白研究》第 11 辑，学林出版社 2000 年版。

64. 瞿秋白纪念馆编：《瞿秋白研究》第 12 辑，学林出版社 2002 年版。

65. 瞿秋白纪念馆编：《瞿秋白研究》第 13 辑，学林出版社 2005 年版。

66. 瞿秋白纪念馆编：《瞿秋白研究》第 14 辑，学林出版社 2007 年版。

67. 江苏省瞿秋白研究会编：《瞿秋白研究新探》，南京大学出版社 2003 年版。

68. 江苏省瞿秋白研究会编：《瞿秋白诗歌鉴赏》，中国文联出版社 2005 年版。

69. 江苏省瞿秋白研究会编：《瞿秋白研究文丛》第 1 辑，中央文献出版社 2007 年版。

70. 江苏省瞿秋白研究会编：《瞿秋白研究文丛》第 2 辑，大众文艺出版社 2008 年版。

71. 江苏省瞿秋白研究会编：《瞿秋白研究文丛》第 3 辑，中国文联出版社 2009 年版。

（四）期刊论文

1. 钱杏邨：《中国新文化的海燕：〈瞿秋白全集〉发刊预告》，《文献》1939 年第 4 期。

2. 陈铁健：《重评〈多余的话〉》，《历史研究》1979 年第 3 期。

3. 李维汉：《对瞿秋白"左"倾盲动主义的回顾与研究》，《中国社会科学》1983 年第 3 期。

4. 《〈中共中央办公厅·关于瞿秋白同志被捕问题的复查报告〉的通知》，《党史通讯》1985 第 6 期。

5. 王观泉：《是领导，还是被尊为领导？》，《鲁迅研究月刊》1988 年第 4 期。

6. 刘福勤：《文学家瞿秋白和革命政治家瞿秋白》，《文学评论》1991 年第 3 期。

7. 剑秋：《瞿秋白在党史上的八个第一》，《上海师范大学学报》1992 年第 1 期。

8. 钱理群：《瞿秋白：从"多余的人"到"多余的话"》，《海南师范学院学报》（社科版）1993 年第 1 期。

9. 李辉：《秋白茫茫——关于这个人的絮语》，《上海文学》1994 年第 7 期。

10. 刘康：《瞿秋白与葛兰西——未相会的战友》，《读书》1995 年第 10 期。

11. 刘康：《文化霸权与文化革命的谱系学》，《花城》1996 年第 5 期。

12. 王宏志：《论瞿秋白翻译理论的中心思想》，《中国比较文学》1998 年第 3 期。

13. 熊月之：《瞿秋白与上海》，《瞿秋白研究论丛》2001 年第 2 期。

14. 王铁仙：《瞿秋白的大众文艺论与葛兰西的文化霸权思想》，《华东师范大学学报》（哲学社会科学版）2005 年第 5 期。

（五）学位论文

1. 张亚骥：《瞿秋白的文艺思想与文化领导权》，博士学位论文，苏州大学，2010 年。

2. 蒋霞：《论瞿秋白与马克思主义中国化》，硕士学位论文，南京师范大学，2004 年。

3. 全燕黎：《马克思主义在中国的确立——从李大钊、瞿秋白到毛泽东》，硕士学位论文，陕西师范大学，2005 年。

4. 谭洋：《瞿秋白的马克思主义观研究》，硕士学位论文，山东大学，2009 年。

5. 高岚：《论瞿秋白在毛泽东思想形成过程中的探索》，硕士学位论文，湘潭大学，2010 年。

6. 王丽梅：《瞿秋白对马克思主义中国化的贡献研究》，硕士学位论文，陕西师范大学，2011 年。

7. 郭灵颖：《瞿秋白的文化领导权思想及其当代价值研究》，硕士学位论文，西南交通大学，2012 年。

（六）报刊资料

1. 《中国文联、作协、社会科学院联合举行座谈会　纪念瞿秋白同志就义四十五周年》，《人民日报》1980 年 6 月 18 日。

2. 《伟大的马克思主义者瞿秋白就义五十周年　党中央举行纪念会作

出公正评价》,《人民日报》1985 年 6 月 19 日。

3.《中共中央隆重召开座谈会 纪念瞿秋白诞辰一百周年》,《人民日报》1999 年 1 月 30 日。

4.《永远的丰碑·瞿秋白》,《人民日报》2005 年 2 月 18 日。

5. 杨胜群:《关于瞿秋白研究的意义和方法的几点看法——并以此纪念瞿秋白就义 70 周年》,《光明日报》2005 年 8 月 9 日。

二 英文资料

1. Ellen W. Idemer, "*Qu Qiubai and Russian Literature*", *Modern Chinese Literature in the May Fourth Era*, Edited by Merle Goldman, Harvard University Press, 1977.

2. Nick Knight, "*Marxist Philosophy in China: From Qu Qiubai to Mao Zedong（1923—1945）*", Springer Netherlands, 2005.